LOS ENGARCES
DE LAS SABIDURÍAS

ARCA DE SABIDURÍA

IBN ʿARABÎ

LOS ENGARCES DE LAS SABIDURÍAS

Traducción, edición y notas de Andrés Guijarro

EDAF

MADRID - MÉXICO - BUENOS AIRES - SAN JUAN - SANTIAGO - MIAMI
2008

© 2009. Traducción, edición y notas, Andrés Guijarro
© 2009. De esta edición, Editorial EDAF, S. L.

Diseño de cubierta: David Reneses

Editorial Edaf, S. L.
Jorge Juan, 30. 28001 Madrid
http://www.edaf.net
edaf@edaf.net

Ediciones-Distribuciones Antonio Fossati, S. A. de C. V.
Sócrates, 141, 5.º piso
Colonia Polanco
11540 México D. F.
edafmex@edaf.net

Edaf del Plata, S. A.
Chile, 2222
1227 Buenos Aires (Argentina)
edafdelplata@edaf.net

Edaf Antillas, Inc.
Av. J. T. Piñero, 1594 - Caparra Terrace (00921-1413)
San Juan, Puerto Rico
edafantillas@edaf.net

Edaf Antillas
247 S. E. First Street
Miami, FL 33131
edafantillas@edaf.net

Edaf Chile, S. A.
Exequiel Fernández, 2765, Macul
Santiago, Chile
edafchile@edaf.net

Mayo de 2009

ISBN: 978-84-414-2100-4
Depósito legal: M-18.062-2009

PRINTED IN SPAIN   IMPRESO EN ESPAÑA
Imprime Closas-Orcoyen, S. L. - Paracuellos de Jarama (Madrid)

Índice

Introducción

Por ANDRÉS GUIJARRO

ABÚ Bakr Muhammad ibn 'Arabî es sin duda uno de los principales maestros espirituales de la historia de la humanidad. Conocido ya en vida como *Muhyiddin* («el vivificador de la religión») y como *al-shayj al-akbar* («el mayor de los maestros»), nació en Murcia el año 1165 y murió en Damasco en el 1240. Su rango espiritual se manifestó desde muy temprana edad, y pronto su fama se extendió a causa de su inmensa capacidad visionaria y sus cualidades de maestro espiritual. En el año 1200 se le ordenó en una visión encaminarse hacia Oriente, y en 1202 realizó una peregrinación a La Meca. A partir de entonces, viajó de ciudad en ciudad por los territorios del mundo islámico hasta instalarse definitivamente en Damasco, donde murió. Ibn 'Arabî escribió más de cuatrocientas obras, entre las que destacan *Al-Futûhât al-Makkiyya* («Las revelaciones de La Meca»), una vastísima enciclopedia de sabiduría esotérica y conocimiento espiritual, y sus *Fusûs al-hikam* («Los engarces de las sabidurías»), cuya traducción nos complacemos en presentar aquí al público de habla hispana. El conjunto de su obra nos proporciona una maravillosa exposición de la doctrina de la Unidad de la Existencia, esa Realidad única e indivisible que se manifiesta en las múltiples formas del mundo. Otro tema fundamental, presente a lo largo de toda su obra, es que el hombre, en su perfección, no es sino la imagen perfecta de esa Realidad única y múltiple. Por tanto, aquellos seres que alcanzan el perfecto conocimiento de sí mismos alcanzan el conocimiento de Dios y, lo que es lo mismo, su realización en Él.

A pesar de estar firmemente enraizado en el Corán, el texto sagrado de los musulmanes, la obra de Ibn 'Arabî posee un carácter universal, y hace hincapié en el hecho de que cada ser humano tiene un camino único hacia la Verdad («las vías hacia Dios son tan numerosas como las almas de los hijos de Adán»), Verdad que, en última instancia, une a todos los caminos en sí misma.

La presente obra de Ibn 'Arabî fue escrita después de una visión recibida en sueños, acaecida en el año 627 de la Hégira, equivalente al 1230 de la era cristiana. El profeta Muhammad se apareció a Ibn 'Arabî sosteniendo un libro en su mano; le comunicó su título y le ordenó pusiera por escrito su enseñanza para bien de sus discípulos. Evocada así la visión que dio origen al libro, el autor precisa con qué espíritu se puso al trabajo: «No soy ni un profeta, ni un enviado de Dios, sino un heredero y un "cultivador" que mira hacia la existencia futura».

Los veintisiete Profetas (de Adán a Muhammad), a los que se consagran, respectivamente, otros tantos capítulos del libro, no son en absoluto considerados en su realidad empírica de personajes históricos. Son más bien tipificaciones de «sabidurías» a las que su nombre da título, a la vez que sugiere su contenido o su tono. Se trata de una visión de los Profetas que podríamos denominar como «avatárica», propia del sufismo pero de la que, en algunos aspectos, participa también lo que podríamos denominar «islam exterior» o «exotérico». Debemos recordar aquí que, a pesar de la vocación del islam como culminación de las revelaciones anteriores, y de Muhammad como «Sello de la Revelación», asimilado en el sufismo al Logos como tal, esta tradición espiritual considera también que los anteriores Profetas y Enviados de Dios ejercen un tipo de función dentro del marco del islam mismo, una función a menudo de inspiración esotérica. No es de extrañar, por tanto, que esta obra del «mayor de los maestros» tenga a los Profetas como tema: cada capítulo está centrado en un aspecto particular de la Sabiduría Divina y en el profeta que es su medio específico. Cada profeta es un *fass* (pl. *fusus*), un engaste o cavidad que se hace en un anillo u otro ornamento para sujetar una piedra preciosa, especialmente formado para ser el receptáculo de la sabiduría en cuestión.

En el islam, y con mayor profundidad en el sufismo, cada profeta es una fuente de orientación y un modo de perfección humana. Aquellos que siguen los pasos de un profeta tienen la posibilidad de obtener de él una «herencia» (en árabe *wirâta*), que posee tres dimensiones básicas: obras, que manifiestan los nobles rasgos de un noble carácter; estados o experiencias interiores de realidades ocultas a los ojos de la mayoría de los creyentes, y el Conocimiento, la gnosis, la comprensión directa de las diversas modalidades de la Realidad.

Todas las modalidades de perfección humana establecidas por los Profetas conllevan el conocimiento de una cierta configuración de lo que se conoce como «las realidades», y que no son sino todas las cosas del Universo tal y como Dios las conoce. Las «realidades» son, claro está, infinitas, por lo que solo Dios puede conocerlas de forma simultánea. Sin embargo, los hombres cuentan con la posibilidad de conocer los principios de las realidades manifiestas y ocultas, apareciendo estos principios denotados por los Nombres de Dios. Según Ibn 'Arabî, los grandes Profetas conocen todos los Nombres de Dios, pero tienen una «conexión» especial en lo que se refiere a cómo ciertos nombres divinos específicos ejercen sus efectos sobre el Universo.

Este libro, el mejor compendio de la doctrina esotérica de Ibn ʿArabî, es, sin duda, una de las obras más difíciles de la literatura del sufismo, con pasajes de enorme complejidad tanto estilística como de contenido, lo que se traduce en una gran dificultad tanto en la lectura como en la interpretación. Es también la obra de Ibn ʿArabî más atacada y perseguida por los adversarios del sufismo, pasados y presentes, incapaces de comprender la profundidad espiritual de la obra de aquel que fue conocido como el «Azufre Rojo». A pesar de esto, su influencia ha sido inmensa, siendo objeto de gran número de comentarios en todas las lenguas del islam, tanto en el ámbito suní como en el chií.

Para la presente traducción he empleado la edición árabe de Dâr al-kitâb al-ʿarabî, Beirut, s. f. Las enormes dificultades de traducción que contiene esta obra han hecho indispensable cotejar mi versión con la francesa de Charles-André Gilis (Beirut, 1998), con el resultado de algunos disentimientos en la interpretación del texto, pero con el reconocimiento y valoración del inmenso mérito de este gran sabio francés, de cuyo esfuerzo sin duda nos beneficiaremos de ahora en adelante todos los que emprendamos la ardua tarea de traducir esta obra.

No es necesario extenderse explicando la inconveniencia de recargar la traducción con excesivas notas o referencias coránicas. Tal ha sido el criterio seguido. Sin embargo, siempre que ha sido preciso aclarar conceptos o informar sobre lugares o personajes, situándolos en el tiempo y en el espacio, se ha hecho.

EL LIBRO
DE LOS ENGARCES
DE LAS SABIDURÍAS

En el nombre de Dios, el Infinitamente Misericordioso, el Misericordioso sin límites.

La alabanza es de Dios, que ha hecho descender las Sabidurías sobre los corazones de los Verbos, en la unidad de la Vía axial, desde la Estación más antigua, a pesar de la diferencia de las formas y de las religiones de las comunidades. Que Dios derrame Su Gracia y Su Paz sobre el que asiste las aspiraciones espirituales gracias a los tesoros de la liberalidad y de la generosidad por la Palabra más eficaz, es decir, Muhammad, así como sobre su Familia.

Vi al Enviado de Dios en un sueño que tuve durante la última década del mes de Muharram [1] el año 627, en la ciudad de Damasco. Tenía en su mano un libro. Me dijo: «Este es el libro de los engarces de las sabidurías; tómalo y manifiéstalo a los hombres, para que puedan sacar provecho de él». Respondí: «Escuchar y obedecer es nuestro deber para con Dios, para con Su Enviado y para con aquellos de entre nosotros que poseen la Orden divina, tal como nos ha sido mandado».

Realicé el deseo, purifiqué la intención, concentré el esfuerzo y la aspiración en la publicación de este libro dentro de los límites trazados para mí por el Enviado de Dios, sin añadir ni quitar nada.

---

[1] Primer mes del año islámico.

Pedí a Dios Altísimo que hiciera de mí en esta circunstancia, como en todas las demás, uno de Sus servidores sobre los cuales el demonio no tiene poder, y me otorgara la gracia especial de arrojar una inspiración trascendente y un soplo espiritual en el interior de mi alma por medio de una confirmación preservadora, en todo lo que escribieran mis dedos, lo que expresara mi lengua y encerrara mi corazón, de tal manera que yo fuera un mero intérprete, y no alguien que decide. Y esto a fin de que aquellos de entre las Gentes de Dios que sean los maestros de los corazones realicen con certeza, cuando tomen conocimiento de ello, que estas palabras provienen de la Estación más santa, desprovistas de elementos del ego que introducirían en ella el equívoco.

Espero que Dios, cuando oiga mi oración, responda a mi llamada. Yo transmito únicamente lo que me ha sido trasmitido, e inserto en estas líneas únicamente lo que me ha sido revelado progresivamente.

No soy ni un profeta ni un enviado de Dios, sino un heredero y un «cultivador» que mira hacia la vida futura.

Así pues, lo que viene de de Dios, escúchalo
y haz que a Dios vuelva.
Cuando hayáis oído lo que
yo os anuncio, conservadlo cuidadosamente.
Luego, encontrad una comprensión distintiva
y realizad la síntesis.
Finalmente, haced que se beneficien
aquellos que Lo buscan, no los rechacéis.
Tal es la misericordia que se ha extendido hasta vosotros.
Expandidla vosotros también.

De Dios espero que me haga estar entre aquellos que se han beneficiado de la confirmación divina, son confirmados y pueden confirmar a los otros, entre aquellos que han sido sometidos a la purísima Ley muhammadí, si se han sometido a ella por propia voluntad y, a su vez, han sometido a los otros. ¡Ojalá podamos estar reunidos en su grupo de la misma forma que hemos formado parte de su comunidad!

La primera cosa que el Rey ha transmitido a este servidor es:

1

El engarce de una sabiduría divina en un verbo de Adán

DIOS quiso ver en Sus Más Bellos Nombres (cuyo número es incontable), sus esencias (o, si quieres, puedes decir «quiso ver Su Esencia»), en un ser que encerrara la realidad total, por estar cualificada por la existencia total, a fin de manifestar por él Su propio secreto a Sí mismo.

La visión que una cosa tiene de sí misma por sí misma no es comparable a la que ella tiene de sí misma en otra que le hace las veces de espejo, porque su visión tiene lugar entonces en la forma que le confiere el soporte de su mirada. Sin la existencia de este soporte, no podría ni manifestarse ni revelarse a ella misma.

Dios ha traído el mundo a la existencia, en su totalidad, como un esbozo armonioso, pero desprovisto de espíritu, semejante a un espejo no bruñido. Está en la naturaleza de la Orden divina no disponer nunca armoniosamente de un receptáculo si no es para acoger un espíritu divino, lo que es evocado por la idea de «insuflación» o «soplo». Esto no es otra cosa que el fruto de la predisposición inherente a esta forma así dispuesta, a fin de que la Efusión santísima de las determinaciones primordiales pueda recibir la manifestación divina permanente, que no ha cesado nunca y no cesará jamás. En efecto, no subsiste en realidad más que un receptáculo, y no hay receptáculo que no proceda de la Efusión santísima. La Orden manifestada en su totalidad forma parte de Él, en su comienzo y en su fin: **Y a Él es conducida la Orden** [2] (Cor. 11, 123) en su totalidad, del mismo modo que todo tiene en Él su origen.

La Orden implicaba el pulimento del espejo del mundo, y Adán es la esencia de la pureza transparente de este espejo, así como el espíritu de esta forma.

Los ángeles representan ciertas facultades de esta forma que es el Universo, y que los iniciados designan, en el lenguaje que les es propio, como el «macrocosmos». Los ángeles son para el Universo lo que las facultades espirituales y sensibles son en la constitución del hombre. Cada una está velada por ella misma y no ve nada mejor que su propia esencia. Cada una pretende ser digna de las posiciones más elevadas, de los grados más sublimes al lado de Dios, por el hecho de que participa en la cualidad divina sintética por los diferentes aspectos que rige: el que se refiere a Dios, el que se refiere a la Verdad de las verdades y (en la condición de existencia que incluye estas cualificaciones) el que se refiere a la Naturaleza total que incluye el conjunto de los receptáculos del Universo, desde lo superior hasta lo inferior.

El intelecto no puede comprender todo esto por la vía de la especulación racional. Una comprensión de este tipo no se produce más que por medio de una intuición divina que permita conocer el origen de las formas del universo, que son los receptáculos de los espíritus que les rigen.

Este ser que acabamos de mencionar lleva los nombres de «hombre» y de «representante (de Dios)».

«Hombre» por la universalidad de su constitución, que incluye todas las verdades. Él es a Dios lo que la pupila es al ojo, que es el órgano de la visión. Como esta fa-

---

[2] Las frases en negrita corresponden a aleyas (versículos) del Corán.

cultad es designada como «la vista», la pupila recibe en
árabe el nombre de «hombre»: por él, Dios mira a las criaturas y lleva a cabo con ellas su Misericordia infinita.

Él es el hombre nuevo y eterno, el generado sin principio ni fin, el Verbo que separa y que une.

El mundo ha sido acabado por su ser, que forma parte
de él del mismo modo en que el engarce forma parte del
anillo. Él es el grabado y el signo en el sello que el rey
pone sobre sus tesoros. El Altísimo le ha llamado «representante» (en árabe *jalîfa*, «califa») por esta razón. Preserva para él Sus criaturas, como el sello preserva los tesoros. En tanto que el sello del Rey esté puesto, nadie
tendrá la audacia de abrir Sus cofres sin Su permiso. Lo ha
encargado de la guarda del Reino. El mundo no dejará de
estar guardado mientras el Hombre Perfecto viva allí.

¿No lo ves? Cuando desaparezca, cuando el sello sea
roto en el cofre de este mundo, lo que Dios atesora en él
no permanecerá allí más y saldrá de él. Cada parte reco-
gerá la que le corresponda, la Orden manifestada se trans-
portará a la Próxima Existencia. El representante de Dios
será entonces el Sello de los tesoros de esta Próxima Existencia, su Sello para siempre.

El conjunto de los Nombres unidos a las formas divinas se manifiesta en la condición humana que engloba y
que une por medio de este ser adánico. Gracias a él, Dios
Altísimo lo ha defendido en Su argumentación contra los
ángeles. ¡Cuidado, porque es a ti a quien Él amonesta con
el ejemplo de otro! Considera el origen de su derrota: los
ángeles han perdido de vista la constitución privilegiada
de este representante de Dios, así como la adoración esencial requerida por la Dignidad divina, porque nadie puede
conocer de Dios más que lo que le confiere su propia esencia, y los ángeles no poseían la cualidad sintética de Adán.
Perdieron de vista que los Nombres divinos, por medio de
los cuales celebraban la trascendencia y la santidad divinas,

les eran particulares, desconociendo que Dios posee Nombres que no habían sido conseguidos por medio de la ciencia, de modo que no podían celebrar Su trascendencia y Su santidad de la misma manera que Adán. Dominados por las limitaciones que hemos mencionado, bajo la influencia de su estado y de su propia condición, dijeron: «¿Vas a establecer allí (en la Tierra) a alguien que siembre la corrupción?», aludiendo de este modo únicamente a la oposición que implicaba la naturaleza de Adán, cuando eran ellos mismos quienes la manifestaban. Su acusación contra Adán se aplicaba a su propia actitud con respecto a Dios. Era su naturaleza quien se lo inducía sin que ellos tuvieran conciencia de ello. Si se hubieran conocido a sí mismos, lo habrían sabido, y si lo hubieran sabido, habrían sido preservados. Añadieron la pretensión a la difamación, evocando su propia manera de celebrar la trascendencia y la santidad, cuando había en la constitución de Adán Nombres divinos que ellos ignoraban, de modo que no podían rivalizar con él en esta celebración.

Dios nos ha transmitido este relato a fin de que nos detengamos en él, que conozcamos el sentido de las conveniencias espirituales para con Él y que, teniendo en cuenta nuestra condición, no establezcamos ninguna pretensión respecto a lo que hemos realizado y dominado. Por otra parte, ¿cómo podríamos permitirnos enunciar una pretensión que se extendería a aquello de lo que no tenemos, ni el estado correspondiente ni el conocimiento, sin cubrirnos de ridículo? Esta enseñanza es de aquellas por medio de las cuales Dios educa a Sus servidores que tienen el sentido de las conveniencias espirituales, los hombres de confianza de Dios, Sus representantes.

Dicho esto, volvamos a la Sabiduría. Has de saber que las Ideas universales están desprovistas de realidad propia, pero, sin embargo, pueden, sin duda alguna, ser concebidas y conocidas en el dominio mental. Ellas permanecen siempre interiores con relación a la existencia determinada, ejerciendo su poder y su efecto sobre todo aquello de lo que forman parte. Más bien, no son otra cosa sino las cualificaciones de esta existencia. No dejan de ser inteligibles por ellas mismas: son «exteriores» desde el punto de vista de las determinaciones existenciales, e «interiores» bajo el aspecto de su inteligibilidad.

Toda cualificación de la existencia determinada depende de las Ideas universales, que no pueden ni ser separadas del intelecto, ni dejar de ser inteligibles debido a su actualización en modo determinado. Poco importa que esta cualificación sea sometida o no a la condición temporal porque, en los dos casos, su relación con la Idea universal es la misma. Por otra parte, esta se halla regida a su vez por las cualificaciones de la existencia determinada, según lo que requieren las realidades correspondientes. Por ejemplo, la ciencia en relación con el sabio o la vida en su relación con el viviente. La vida es una realidad inteligible y la ciencia es otra, distinta de la vida, de igual modo que la vida es distinta de ella. Ahora bien, decimos del Altísimo que Él posee ciencia y vida, y que es «el Viviente, el Infinitamente Sabio», y decimos exactamente lo mismo del ángel y del hombre, es decir, que están vivos y que son sabios. Las nociones de ciencia y de vida permanecen idénticas en todos los casos, de igual modo que la relación de la primera con el sabio y de la segunda con el viviente. Sin embargo, decimos de la Ciencia de Dios que es eterna y de la ciencia del hombre que es efímera. ¡Considera ese poder de la atribución sobre la realidad inteligible! ¡Considera esta conexión entre los principios inteligibles y las cualificaciones de la existencia determinada! Por una parte, la ciencia rige a aquel al que ella se refiere y lo hace sabio. Por otra parte, este rige la ciencia haciéndola efímera en el caso de un ser efímero, y eterno en el caso de un ser eterno. Cada uno es, pues, a la vez, «regente» y «regido».

Es bien sabido que, a pesar de su inteligibilidad, las Ideas universales están desprovistas de realidad propia y que no existen más que por su función atributiva. Son regidas por los seres determinados a los que se aplican, sin estar sometidas por ello a la separación y a la divisibilidad, lo que les sería imposible. Su esencia está presente en todo ser al que ellas cualifican. Por ejemplo, la cualidad humana está presente en toda persona que forma parte del género humano sin estar ni dividida ni sometida al número, porque ella concierne a una pluralidad de personas, y sin dejar tampoco de ser inteligible.

Si se puede afirmar así una conexión entre lo que está provisto de realidad determinada y lo que está desprovisto de ella —puesto que se trata de relaciones puramente conceptuales—, con mayor motivo se podrá concebir de ahí una relación entre seres que están provistos de ella, puesto que hay siempre entre ellos un elemento común —que es la realidad determinada—, ausente en el primer caso. Si existe la conexión en ausencia de elemento común, será más fuerte y más verdadera cuando existe este elemento. Ahora bien, es indudable que el ser efímero es un ser «producido» que, por el hecho de ser contingente, está bajo la dependencia de un ser «productor». Su realidad viene de otro que no es él, al cual está ligado por su dependencia. En cambio, la realidad de Aquel del que depende no puede ser más que necesaria, porque le es esencial. Él Se basta a Sí mismo en Su Realidad y no está sujeto a nadie. Es, más bien, Él quien, por su Esencia, confiere la realidad a este ser efímero que tiene en Él su origen. Como Él implica este ser por Su Esencia, este es necesario para Él. Como, por otra parte, su dependencia respecto a Aquel del que procede su manifestación es debida también a Su Esencia, esta dependencia implica que sea según Su Forma en todo lo que le es atribuido, bien se trate de un nombre o de de un atributo. La excepción, sin embargo, es la necesidad esencial, que es incompatible con el ser efímero. Aunque este sea necesario, no lo es por sí mismo, sino por otro que él.

Puesto que esto es así, puesto que, como acabamos de decir, el ser efímero es manifestado según Su Forma, has de saber también que el Altísimo nos ha invitado, para lograr la ciencia en Su aspecto, a contemplar este ser. Él ha mencionado, en efecto, que nos había hecho ver Sus Signos en nosotros mismos, de suerte que busquemos en nosotros mismos las indicaciones que Le conciernen. Las cualificaciones que Le otorgamos no son otras que nosotros mismos, con excepción del privilegio de la necesidad esencial. Como la ciencia que tenemos de Él es obtenida por nosotros y a partir de nosotros, somos nosotros los que Le atribuimos todo aquello que nos atribuimos a nosotros mismos.

De esta forma es como nos llegan los Mensajes divinos comunicados por boca de los intérpretes (es decir, los Profetas y Enviados). Dios se describe para nosotros por nosotros. Cuando Lo contemplamos, nos contemplamos a nosotros mismos, y cuando Él nos contempla, se contempla a Sí mismo.

Sin embargo, no dudamos de que nosotros somos numerosos, en tanto que individuos y en tanto que modelos. Sabemos muy bien que, a pesar de nuestra pertenencia a una realidad que nos une, existe un factor de separación que vuelve a los individuos distintos unos de otros sin el que, por lo demás, no habría multiplicidad en la unidad. Del mismo modo, aunque Él nos atribuye las cualificaciones que Él Se da a Sí mismo bajo todos los aspectos, existe necesariamente un factor de separación que no es otro que la necesidad que nosotros tenemos de Él en el seno de la realidad actual. Nuestra existencia depende de Él a causa de nuestra contingencia, mientras que Él es libre de toda necesidad comparable a la nuestra: la eternidad Le pertenece, así como la primordialidad, que no hay que confundir con ese comienzo que define el principio de la existencia a partir de un estado de no-manifestación.

Aunque él sea el Primero, no se Le puede atribuir ningún comienzo. Por eso es por lo que se dice también de Él que es el Último. Si Su comienzo fuera el que marca la existencia de un condicionamiento, no podría ser el Último respecto a la realidad condicionada, porque no hay «último» en el dominio de la contingencia; los seres contingentes son una multitud indefinida que no puede tener fin. Es, pues, «último» únicamente por el hecho de que toda la realidad retorna a Él después de habernos sido atribuida: Él es el Último en aquello que es la esencia de Su cualidad de Primero, y Él es el Primero en aquello que es la esencia de Su cualidad de Último.

Has de saber igualmente que Dios es descrito como Exterior e Interior. De ahí, Él ha dado la existencia al mundo como algo oculto y manifiesto, a fin de que comprendamos «el Interior» por nuestro aspecto oculto y «el Exterior» por nuestro aspecto manifiesto. Se ha cualificado a Sí mismo también por la Satisfacción y la Cólera. Por eso ha traído el mundo a la existencia dotado de temor y de esperanza: el temor de Su Cólera y la esperanza de Su Satisfacción. Se ha descrito incluso como Bello y dotado de Majestad; por eso nos ha traído a la existencia en el temor reverencial y a la vez en la intimidad familiar. Y lo mismo sirve para todo lo que el Altísimo se ha atribuido y por lo que Él se ha designado. Estas cualificaciones complementarias están representadas por las dos Manos tendidas por Él a la vista de la creación del Hombre Perfecto, porque este reúne tanto las realidades universales del mundo como sus elementos.

El mundo es lo manifestado y el representante es el misterio oculto. Por eso el soberano permanece invisible y Dios Se describe como oculto por los «velos de sombra», que son los cuerpos físicos, «y de luz», que son los espíritus sutiles. El mundo está compuesto de estos dos aspectos; tiene en sí mismo su propio velo y no puede comprender a Dios como él se comprende a sí mismo. Permanece oculto para siempre, aunque sabe que es distinto de su Existenciador por el hecho de su dependencia. No tiene parte alguna en la necesidad esencial que es propia en la Realidad de Dios y no podrá nunca comprenderlo. Esta verdad esencial hace a Dios incognoscible para siempre para la «degustación espiritual» y la contemplación directa; lo efímero no puede acceder allí.

Dios ha juntado Sus dos Manos para la creación de Adán únicamente con el fin de mostrar su excelencia; por eso ha dicho a Iblîs (Satán): **¿Qué es lo que te impide prosternarte delante del que Yo he creado con Mis dos Manos?** (Cor. 38, 75). Con esta expresión no designaba sino la reunión de las dos formas: la forma del mundo y la Forma de Dios, que son las dos Manos de Dios. Iblîs es un elemento del mundo y no posee esta cualificación sintética.

Por eso Adán es Representante de Dios. Si no hubiera sido manifestado en la Forma de Aquel que lo ha encargado e investido, no habría sido Representante. Si no hubiera tenido en él todo lo que buscan sus súbditos —porque es de él de quienes ellos dependen, de tal suerte que debe satisfacer necesariamente todas sus necesidades—, no habría sido establecido sobre ellos como Representante de Dios. Solo el Hombre Perfecto es digno de esta función, porque el Altísimo ha constituido su forma exterior a partir de las realidades esenciales del mundo y a partir de sus formas, y su forma interior según Su propia Forma. Por eso ha dicho a este respecto: «Yo soy su oído y su vista»; no ha dicho: «Yo soy su ojo y su oído». Él ha distinguido las dos formas. Por lo demás, es así para todo existente que forma parte del mundo, en la medida de aquel que requiere la esencia particular de este ser. No obstante, nadie posee la reunión sintética de lo que pertenece al Representante: es por la síntesis por la que él la toma.

Si Dios no fuera omnipresente en los seres traídos a la existencia, por medio de la Forma total, el mundo no tendría ninguna realidad. De igual modo que, sin esas realidades inteligibles y universales que hemos mencionado antes, ninguna función atributiva podría manifestarse en las cualificaciones de la existencia determinada. Esa es la verdad que explica la dependencia del mundo respecto a Dios, en su realidad.

> *El Todo es dependiente. Nada puede ser suficiente.*
> *Esa es la verdad que decimos sin rodeos.*
> *Si tú mencionas un «Ser que se basta a Sí Mismo»,*
> *   [sin ninguna dependencia,*
> *significa que conoces muy bien a Aquel del que*
> *   [hablamos.*
> *El todo está unido al Todo; ninguna separación*
> *es posible. ¡Haced vuestro lo que os he contado!*

Tú conoces ahora la sabiduría de la constitución de Adán, es decir, de su forma exterior. Conoces la constitución del espíritu de Adán, es decir, de su forma interior, porque es Dios-criatura. Conoces la constitución de su rango, que es la «reunión sintética» que lo hace digno de ser el Representante de Dios.

Dios es el «alma única» a partir de la cual el género humano ha sido creado, según la Palabra del Altísimo: **Hombres, temed a vuestro Señor que os ha creado a partir de un alma única, que ha creado de ella a su esposa, y que ha producido a partir de esta pareja una multitud de hombres y de mujeres** (Cor. 4, 1). Su frase «temed a vuestro Señor» significa: «haced de vuestro exterior una salvaguarda para vuestro Señor y de vuestro interior, que es vuestro Señor mismo, una salvaguarda para vosotros, porque la Orden comporta censura y alabanza. Sed Su salvaguarda para la censura y haced de Él vuestra Salvaguarda para la alabanza, seréis así de aquellos que respetan las conveniencias espirituales y poseen la ciencia verdadera».

Después, el Altísimo le ha mostrado lo que Él le había confiado, y que Él había colocado en Sus dos Manos cerradas: en la una tenía el mundo, y en la otra, a Adán y a su descendencia. Ha mostrado detalladamente los rangos que ocupaban en él.

Cuando Dios me mostró, en mi secreto, lo que Él había confiado a este guía, el engendrador supremo, transcribí en este libro la parte de la que Él me ha trazado los límites, no aquella de la que yo he tenido conocimiento, porque aquella ningún libro, ni el mundo presente, podría contenerlos.

Entre lo que yo he contemplado y trascrito en este libro en los límites que había trazado para mí el Enviado de Dios hay una sabiduría divina en un Verbo de Adán, y que es el presente capítulo, una sabiduría del hálito de encantamiento en un Verbo de Set, una sabiduría trascendente en un verbo de Noé, una sabiduría santísima en un Verbo de Enoc, una sabiduría loca de amor en un Verbo de Abraham, una sabiduría de Verdad en un Verbo de Isaac, una sabiduría sublime en un Verbo de Ismael, una sabiduría espiritual en un Verbo de Jacob, una sabiduría luminosa en un Verbo de José, una sabiduría de unidad en un Verbo de Hûd, una sabiduría de iluminaciones en un Verbo de Sâlih, una sabiduría del corazón en un Verbo de Jetro, una sabiduría de la fuerza intensa en un Verbo de Lot, una sabiduría de asignación existencial en un Verbo de Esdras, una sabiduría profética en un Verbo de Jesús, una sabiduría infinitamente misericordiosa en un Verbo de Salomón, una sabiduría de la realidad en un Verbo de David, una sabiduría del alma en un Verbo de Jonás, una sabiduría secreta en un Verbo de Job, una sabiduría majestuosa en un Verbo de Juan el Bautista, una sabiduría real en un Verbo de Zacarías, una sabiduría íntima en un Verbo de Elías, una sabiduría del realización perfecta de un Verbo de Luqmân, una sabiduría de la dirección en un Verbo de Aarón, una sabiduría de eminencia en un Verbo de Moisés, una sabiduría del sostenimiento universal en un Verbo de Jâlid, y una sabiduría incomparable en un Verbo de Muhammad.

El engarce de toda sabiduría es el Verbo al cual ella corresponde. Yo me he limitado, en todo lo que he mencionado sobre el tema de estas sabidurías en este libro, en el límite fijado en la Madre del Libro. He obedecido a lo que se me ha prescrito, he respetado los límites que se me han fijado. Si hubiera deseado añadir algo, no habría podido, porque la Presencia Divina me lo habría impedido.

Y Dios otorga el éxito. No hay otro Señor que Él.

2

El engarce de una sabiduría del hálito de encantamiento en un verbo de Set

———

Has de saber que los favores manifestados en el mundo, tanto por mediación de los servidores como por otros medios, son de dos clases: los que provienen de la Esencia y los que provienen de los Nombres divinos. Las Gentes de la «degustación espiritual» saben distinguir ambos.

Algunos dones proceden de una petición, determinada en cuanto a su objeto o indeterminada. Otras no van precedidas de ninguna petición, y poco importa que se trate de un don proveniente de la Esencia o de un don proveniente de los Nombres.

Una petición determinada es la de aquel que dice: «Señor, dame esto», precisando una cosa y excluyendo otra; una petición indeterminada es la del que dice: «Dame lo que Tú sabes que es bueno para mí, para todo mi ser, sutil o material», sin otra precisión. Los que piden son de dos clases: los incitados por una precipitación natural, porque **el hombre ha sido creado en tensión** (Cor. 21, 37), y aquellos que son incitados porque saben que hay junto a Dios cosas que, según la Presciencia divina, no pueden obtenerse más que tras una petición. Ellos dicen entonces: «Quizá lo que Le pedimos es de esta índole», y formulan una petición global que tiene en cuenta todas las posibilidades, porque ignoran lo que hay en la Ciencia de Dios, y su predisposición les confiere la capacidad de recibir este don.

La predisposición de la persona en el momento preciso es una de las cosas más difíciles de conocer; por lo demás, si su predisposición no les hubiera permitido pedir, no habrían pedido. Las Gentes de la Presencia que no tienen el privilegio de poseer esta ciencia conocen, como mucho, su predisposición en el momento en que se encuentran. Gracias a la Presencia divina, saben lo que Dios les confiere, y ellos mismos no pueden recibirLo más que en virtud de su propia predisposición. Son igualmente de dos clases: los que conocen su predisposición por lo que reciben y los que conocen por su predisposición lo que van a recibir. Los últimos son aquellos cuyo conocimiento en materia de predisposición es la más perfecta. Entre ellos, algunos no piden ni para precipitar la obtención ni para examinar todas las posibilidades, sino únicamente para obedecer a la orden de Dios expresada en Su Palabra: **Pedidme, y Yo os responderé** (Cor. 40, 60). Ese es el servidor puro: no tiene ninguna preocupación por obtener lo que pide, ni porque el objeto de su petición sea determinado o no. Su única preocupación es obedecer a las órdenes de su Señor: si su estado presente implica la petición, pide por espíritu de servicio; si implica, por el contrario, el abandono y el silencio, se calla. Job y otros han sido probados sin que hayan pedido a Dios que pusiera fin a sus pruebas, hasta que llega otro momento en que su estado implica esta petición, de modo que Dios le ha puesto fin.

Lo demandado se adelantará o retrasará según lo que Dios haya determinado: si la petición ha sido hecha en el momento conveniente, Él se apresurará a responder. Por el contrario, si ese momento es posterior a la demanda, en ese momento o en otro la respuesta será también retrasada. Me refiero al objeto de la demanda, no la respuesta que es la respuesta de Dios. ¡Entiende bien esto!

La segunda categoría es la que mencionamos al hablar de los «dones que no vienen precedidos de ninguna demanda», queriendo decir con eso «ninguna petición formulada expresamente», porque, en realidad, hay necesariamente una petición que puede, bien ser formulada, bien derivarse de un estado o de una predisposición. Asimismo, una alabanza no es nunca incondicionada o absoluta más que verbalmente, porque, según su verdadero significado, está necesariamente ligada a un estado. Lo que te incita a alabar a Dios es un condicionamiento que viene impulsado por ti por medio de un Nombre de acción o de un Nombre de trascendencia.

El servidor no tiene consciencia de su predisposición, mientras que es consciente de su estado, puesto que sabe lo que le impulsa a pedir. La predisposición es la petición más secreta.

Lo que impide a aquellos que pertenecen a esta categoría formular una petición es saber que Dios ha decidido lo que les concierne para toda la eternidad. Están preparados para aceptar lo que Él les reserva, se han despojado de sus almas egoicas y de sus deseos individuales. Entre ellos, algunos saben que la ciencia que Dios tiene de ellos en el conjunto de sus estados sucesivos no es nada más que lo que ellos son en su estado primero, antes de que su ser apareciera en la existencia. Saben que Dios les confiere únicamente lo que Él confiere a la ciencia de su ser, es decir, lo que son en su estado primordial. Saben de dónde proviene la ciencia que Dios posee de ellos. No hay entre las «Gentes de Dios» seres más eminentes ni más dotados de intuición que estos, porque han alcanzado el secreto de la predestinación.

Estos son igualmente de dos clases: los que poseen esta ciencia de manera global, sintética, y los que la poseen de forma detallada. Estos últimos son más eminentes y más perfectos que los primeros, porque saben lo que contiene la ciencia de Dios a este respecto, bien porque Dios les comunica la que Él ha conferido a su ser, bien porque Él les desvela directamente su ser esencial y los cambios de estado en los cuales este transita indefinidamente. Estos últimos son los más eminentes de todos, porque el conocimiento que tienen de sí mismos está al nivel que Dios posee de ellos: la fuente es la misma, aunque, considerada desde el punto de vista del servidor, esta ciencia aparece como una ayuda providencial de Dios, predestinada y formando parte también de los estados de su ser. El que goza de esta iluminación tiene conocimiento de esta ayuda cuando Dios le muestra estos estados. En efecto, no es en la capacidad de una criatura en quien Dios desvela aquellos estados de su ser que han revestido la forma de la realidad que permite, en esta situación, la Visión divina de las esencias particulares en su estado de no manifestación, porque estas son, en el seno de la Esencia suprema, relaciones desprovistas de forma. He ahí por qué decimos que este servidor debe beneficiarse de una ayuda providencial para poder ser colocado en pie de igualdad con Dios y tener la comunicación de la ciencia conferida por las esencias inmutables.

Por eso, Dios Altísimo ha dicho: **Hasta lo que sepamos** (Cor. 47, 31). Se trata de una frase cuyo sentido es verdadero, contrariamente a lo que imaginan aquellos que no han probado esta bebida iniciática. Lo mejor que puede hacer aquel que tiene el cuidado de preservar la trascendencia divina es atribuir esta contingencia en la ciencia divina a la relación particular de la ciencia divina con un objeto contingente. Ese es el aspecto más elevado que la teología pueda alcanzar sobre esta cuestión por medio del intelecto creado. Si, al menos, no afirma que la ciencia está sobreañadida a la Esencia, hasta el punto de atribuir esta relación a la ciencia y no a la Esencia... Es en eso donde se separa de los que han alcanzado la realización de entre las

Gentes de Dios, aquellos que poseen la revelación intuitiva y la realización efectiva.

Volvamos ahora a los dones que, como hemos dicho, provienen bien de la Esencia, bien de los Nombres.

Los favores, los presentes y los dones que provienen de la Esencia proceden siempre de una manifestación divina, y una manifestación divina esencial se efectúa siempre por medio de la forma de la predisposición de aquel que es su beneficiario, y no puede ser de otro modo. Resulta de ello que este no ve otra cosa que su propia forma en el espejo de Dios. Él no ve a Dios y no puede verlo, aunque sepa que no ve su propia forma más que en Él. Es como el espejo para el que lo contempla: si ves en él imágenes, no ves el espejo, aunque sepas que ves esas imágenes, o tu propia imagen, únicamente en el espejo. Dios ha manifestado ese fenómeno como un símbolo de la manifestación divina, a fin de que el que se beneficie de él sepa ciertamente que no Lo ha visto. No hay símbolo más directo, y más conforme a la vez a la visión sensible y a la manifestación divina, que el del espejo. Trata, pues, cuando veas una imagen en el espejo, de ver al mismo tiempo el espejo en tanto que objeto: nunca lo conseguirás. Hasta el punto de que uno de los que había comprendido esto ha llegado a pretender que la imagen percibida está situada entre la vista del que mira y el espejo… Esa era toda la capacidad de su ciencia, mientras que es nuestra doctrina la que está en conformidad con la realidad. La he expuesto en mi obra *Las revelaciones de La Meca*. Si tienes esa capacidad de «degustación» espiritual, has llegado al límite supremo que una criatura puede alcanzar: no ambiciones subir más alto de este grado. No fatigues tu alma para llegar a ello, porque no hay nada, después de eso, más que la pura No-Manifestación. Él es tu espejo en el que tú te ves, y tú eres Su Espejo, en el que Él ve Sus Nombres y la manifestación de sus funciones, que no son otras que Su Ser.

Esta cuestión es compleja y oscura. Entre nosotros existe el que es ignorante en su ciencia y que dice: «La imposibilidad en llegar hasta el fin de la comprensión es una comprensión». Pero existe también el que sabe y que no dice nada semejante, aunque se trate de la palabra suprema. La ciencia le aporta el silencio y no la impotencia. Ese es el más eminente de los sabios de Dios.

Esta ciencia pertenece exclusivamente al Sello de los Enviados y al Sello de los santos. Ningún profeta ni ningún enviado puede verla más que a partir del Nicho del Enviado que sella. Ningún santo puede verla más que a partir del Nicho del santo que sella, hasta el punto que los Enviados no pueden verla, cuando la ven, más que a partir del Nicho del Sello de los santos, porque la misión divina de los que traen una Ley sagrada y la profecía han finalizado, mientras que la santidad nunca cesa: los que son comisionados, en tanto que son también santos, no pueden ver más que a partir del Nicho del Sello de los santos lo que acabamos de mencionar. Con mayor razón, ¿cómo podría ser de otro modo para los santos que les son inferiores?

Aunque el Sello de los santos permanezca sometido a la autoridad de las prescripciones legales promulgadas por el Sello de los Enviados, eso no menoscaba en nada su propia estación espiritual, y no contradice lo que afirmamos: es inferior bajo un aspecto y superior bajo otro. Por lo demás, nuestra Ley confirma exteriormente lo que afirmamos, por el hecho de que el juicio de 'Umar lo ha llevado a la cuestión de los prisioneros de Bakr [3], y también

---

[3] Abú Bakr deseaba liberar a los prisioneros hechos durante esta batalla a cambio de un rescate, mientras que 'Umar prefería ejecutarlos. En un primer momento, el Profeta aceptó la propuesta de Abú Bakr, pero un versículo se reveló entonces, que confirmaba la opción de 'Umar: **No le corresponde a un Profeta el hacer prisioneros** (Cor. VIII, 67).

a propósito de la polinización de la palmera [4]. La perfección no implica en nada la primacía en todo y en cualquier grado. Los realizados consideran únicamente la primacía en los grados de la ciencia respecto a Dios: es eso lo que ellos buscan. Las contingencias de la existencia no les preocupan en modo alguno. Realiza lo que decimos aquí.

El Profeta ha comparado la Profecía en un muro de ladrillos enteramente acabado a excepción de la colocación de un ladrillo, y él mismo era este ladrillo. Allí donde no ha visto, como ha dicho, más que un solo ladrillo, el Sello de los santos, que se beneficia necesariamente de la misma visión, ve en el muro el lugar de dos ladrillos, uno de oro y otro de plata. Y se ve él mismo en el emplazamiento de los dos ladrillos que faltan: el Sello de los santos no es otro que esos ladrillos, de modo que el muro está acabado.

La razón por la que ve dos ladrillos es la siguiente: exteriormente, él sigue la Ley del Sello de los enviados. Es el emplazamiento del ladrillo de plata que representa su aspecto exterior y el hecho que él sigue las prescripciones de esta Ley. Por otra parte, saca secretamente de Dios lo que sigue según la forma aparente, porque ve la Orden divina según lo que es en realidad, y no puede verla más que de este modo. Es el emplazamiento del ladrillo de oro en el interior, porque él bebe en la misma fuente de la que el ángel obtiene lo que inspira al Enviado. Si comprendes bien a lo que hago alusión, habrás adquirido la «ciencia útil» de todas las cosas.

No hay un solo profeta, desde Adán hasta el último de entre ellos, que no beba en el Nicho del Sello de los Profetas. Incluso si la existencia corporal de este solo ha sido

---

[4] El Profeta había impedido la polinización de las palmeras, y la cosecha, año tras año, daba menos fruto. Finalmente, dijo: «Vosotros conocéis mejor que yo los asuntos de vuestro mundo».

actualizada más tarde, su realidad esencial estaba ya presente. Eso es lo que dijo (Muhammad) con sus palabras: «Yo ya era profeta cuando Adán estaba entre el agua y la arcilla». Sin embargo, los demás Profetas no lo han sido más que en el momento en que han sido creados. Asimismo, el Sello de los Santos ya era santo cuando Adán estaba entre el agua y la arcilla, a diferencia de los otros santos, que no lo han sido hasta que no han obtenido las condiciones de la santidad, adoptando los Caracteres divinos. De ahí que Dios Altísimo haya sido llamado **el Santísimo, el Infinitamente Alabado** (Cor. 42, 28).

Desde el punto de vista de su santidad, el Sello de los Enviados está, con respecto al que sella la santidad, en una posición análoga a la de los Profetas y de los Enviados con respecto a sí mismo: él es el santo, el Enviado, el Profeta, mientras que el Sello de los Santos es el santo, el heredero, el que bebe en la fuente principal, el que contempla directamente los grados espirituales. Es una de las perfecciones del Sello de los Enviados, Muhammad que detenta el señorío victorioso en esta estación espiritual particular. Aquel que tenga la comprensión de los grados y de las estaciones no tendrá dificultad en aceptar mis palabras.

Hablaremos ahora de los favores que proceden de los Nombres. Has de saber que el favor de Dios respecto a sus criaturas es una misericordia que procede enteramente de los Nombres, ya sea una misericordia sin mezcla, como un excelente alimento, sabroso en este mundo y puro en el Día de la Resurrección (eso es lo que confiere el Nombre «el Infinitamente Misericordioso», porque se trata de un don «misericordioso»), ya sea una misericordia mezclada, como el hecho de beber una poción desagradable pero que proporciona un consuelo (y eso es un don propiamente «divino»).

El don divino no puede ser conferido de otra forma más que por mediación de uno de los guardianes del

Templo, que son los Nombres de Dios. Unas veces Dios hace una donación al siervo por mediación del Nombre «el Infinitamente Misericordioso»: se trata entonces de un don puro, sin mezcla, con lo que, en un principio, repele la naturaleza o aleja del fin buscado, o de otras cosas de este género. Otras veces, le hace un don por mediación del Nombre «el Amplio sin límites», y entonces se trata de un don que engloba todo el ser, o por mediación del Nombre «el Infinitamente Sabio», y considera entonces lo que es más útil en ese momento, o por mediación del Nombre «el Donador universal», y da entonces por pura gracia, sin obligar al beneficiario a una contrapartida que le obligaría a expresar gratitud o a realizar algún trabajo, o por mediación del Nombre «El que pone fin al desorden», y considera entonces el medio cósmico y el trato que merece, o por mediación del Nombre «El que perdona sin límite», y considera entonces el estado actual del servidor: si este estado merece el castigo, lo protege de él, y si no lo merece, lo protege de un castigo eventual y lo preserva, objeto de la Providencia divina, y así sucesivamente.

El Donador es Dios en tanto que guardián de los tesoros que están en Él. No sale nada de Él más que «en una medida conocida» por mediación del Nombre correspondiente: **Y Él confiere a todo Su creación** (Cor. 20, 50) por mediación del Nombre «el Infinitamente Justo» y de sus hermanos, los otros Nombres que desempeñan la misma función. Los Nombres de Dios son innumerables, porque son conocidos por aquel que procede de ellos, y lo que procede de ellos no tiene límite. Sin embargo, pueden ser reducidos a algunos principios definidos, que son las matrices y las Dignidades fundamentales de los Nombres. Por lo demás, en realidad, no hay allí más que un Principio único que comprende el conjunto de las relaciones y de las atribuciones que reciben el nombre de «los Nombres divinos». Este Principio confiere a cada uno de los Nombres manifestados, en multitud indefinida, una verdad esencial que lo distingue de cualquier otro y que es este Nombre mismo, sin nada que pueda implicar una asociación cualquiera. Del mismo modo, los dones se distinguen unos de otros por su personalidad, aunque proceden igualmente de un Principio único: es bien conocido que un don no es otro en razón de la diferenciación de los Nombres. Nada se repite nunca en el seno de la Dignidad divina, que es infinita. Tal es la verdad en la que podemos confiar.

Esta ciencia es la de Set. Su espíritu asiste a todo espíritu que posee este lenguaje, con la excepción del espíritu del Sello. Este recibe la gracia directamente de Dios, no de un espíritu particular, y además es a partir de él como es conferida luego a todos los espíritus, incluso si su intelecto no puede comprenderla a partir de su individualidad, de la composición de su cuerpo compuesto a partir de los elementos naturales. Él conoce todo eso por su ser propio en virtud de la cualificación esencial y de su grado de realización, ignorándolo desde el punto de vista de su composición a partir de los elementos. Es pues, a la vez, sabio e ignorante. Puede ser cualificado por los contrarios a semejanza del Principio Supremo, que es el Majestuoso y el Bello, **el Exterior, el Interior, el Primero y el Último** (Cor. 57, 3). Es Su Ser, ningún otro; sabe y no sabe, comprende y no comprende, contempla y no contempla.

Por esta ciencia es por la que ha sido llamado «Set», porque el significado de este nombre es «el don de Dios». En su mano está la llave de los dones, en la diversidad de sus modos y de sus relaciones. Dios se lo dio a Adán. Es el primer don que le hizo, y se lo dio únicamente a partir de él mismo, porque el hijo es el secreto de su padre. De él procede y a él retorna, no es un extranjero que le llega, para el que obtiene su inteligencia de Dios.

Todo don manifestado en el mundo tiene lugar de esta forma. No hay nada que venga de Dios, sea lo que sea, no hay nada que venga de otro, que no sea Él mismo, incluso si uno se imagina una diversidad de formas. No todos tienen este conocimiento, ni saben que la realidad es así, a excepción de algunos pocos entre las Gentes de Dios. Si ves a alguien que posee este conocimiento, descansa enteramente sobre él, porque se trata de la pura quintaesencia de la Élite de la Élite de entre las Gentes de Dios. Cuando el beneficiario de una revelación intuitiva, cualquiera que sea, contempla una forma que le comunica conocimientos que no tiene, y le da lo que antes no poseía, es que esta forma es su ser y ningún otro: es el árbol en el que recoge el fruto de lo que ha plantado. Como su imagen reflejada por una superficie bruñida no es otra más que la suya propia. Excepto que el soporte o la Dignidad divina que le devuelve esta imagen la alteren de una cierta forma en razón de la realidad distintiva propia de esta Dignidad: lo que es grande parece pequeño en un espejo pequeño, grande en un espejo grande, en movimiento en un espejo que se cambia de sitio, etc. Unas veces le devuelven una imagen invertida, y otras la devuelven tal como es, de modo que su derecha está enfrente de la derecha del que mira. Cuando la derecha de la imagen está enfrente de su izquierda, lo que es el caso normal en los espejos, eso está en conformidad con la regla común y habitual. En el caso contrario, hay una ruptura con la ley ordinaria y la inversión aparece.

Todo eso viene conferido por la realidad propia de la Dignidad en la que la visión se produce y que hemos comparado a un espejo. El que conoce su predisposición conoce igualmente lo que puede recibir. En cambio, todo iniciado que conoce lo que puede recibir no conoce forzosamente su predisposición antes de haberla recibido, sino de una manera global.

Sin embargo, pensadores de inteligencia débil, convencidos de que Dios **hace universalmente lo que quiere** (Cor. 85, 16), admiten que el Altísimo puede actuar contrariamente a la Sabiduría y a lo que las cosas son en ellas mismas. Algunos de entre ellos llegan incluso hasta negar la contingencia afirmando la necesidad absoluta, por Sí mismo o por Otro. El hombre realizado, por su parte, afirma la contingencia y conoce su dignidad propia. Sabe lo que es el ser contingente, lo que le hace contingente mientras que él es esencialmente necesario por Otro, y de donde proviene ese nombre de Otro que implica para él esta necesidad. Son una serie de cuestiones que solo conocen los Sabios de Dios.

Sobre las huellas de Set nacerá el último engendrado del género humano. Será portador de sus secretos. Después de él no habrá más hijos entre los hombres, porque él es el Sello de los engendrados. Con él nacerá una hermana. Ella vendrá al mundo antes que él, y él después de ella, con su cabeza cerca de los pies de ella. Su nacimiento tendrá lugar en China y su lengua será la de las gentes de ese país. Tras esto, la esterilidad se extenderá entre los hombres, y las uniones sin nacimiento se multiplicarán. Clamarán los hombres a Dios, pero no recibirá respuesta alguna. Cuando Dios Altísimo le haga morir, así como a los creyentes de su tiempo, los que queden serán como bestias, sin ninguna consideración por lo que es lícito y por lo que no lo es. Obrarán gobernados por la naturaleza, víctima de una codicia que no podrá ser controlada, ni por el intelecto, ni por la Ley. En sus días tendrá lugar la Hora [5].

---

[5] A este respecto, sugiero al lector la consulta de mi obra *Los signos del fin de los tiempos según el islam*, Edaf, Madrid, 2007.

3

El engarce de una sabiduría trascendente en un verbo de Noé

———

HAS de saber —que Dios te confirme por un espíritu que proceda de Él— que, para las Gentes de las realidades ocultas, aplicar a Dios la trascendencia es la esencia misma de la limitación y del condicionamiento. El concepto de trascendencia divina, cuando es profesado sin reservas, es producto de una ignorancia o de una inconveniencia. El creyente que pretende seguir las Leyes reveladas, pero se atiene a la trascendencia divina y no ve nada más, da pruebas de inconveniencia y acusa de mentirosos a Dios y Sus Enviados, sin ser consciente de ello. Se imagina haber ganado, cuando en realidad ha perdido, y es semejante al que cree en una parte y no cree en la otra. Tanto más cuanto que es bien conocido que las Leyes sagradas: cuando se expresan sobre el tema de Dios Altísimo, utilizan un lenguaje que presenta para el común de los creyentes únicamente un sentido aparente, mientras que la élite comprende la totalidad de los sentidos implicados en su formulación, cualquiera que sea la lengua en la que han sido reveladas. Hay una manifestación de Dios en toda creación: Él es el Exterior en todo lo que es comprendido, y es el Interior que escapa a toda comprensión, salvo a la comprensión del que afirma que el mundo es Su Forma y Su Esencia. «Él» es el Nombre «el Exterior», como Él es, en cuanto a la realidad esencial, el Espíritu de la manifestación, y es también «el Interior». Su relación con las formas manifestadas del mundo es la del Espíritu que rige la Forma.

La definición del hombre comprende a la vez su exterior y su interior. Y eso no es más que un ejemplo, porque ocurre lo mismo para todo lo que es definido. Dios es definido por todo lo que es definible. Ahora bien, las formas del mundo son innumerables e inagotables. Nadie puede conocer la definición de cada una, si no es en la medida de lo que esas formas comunican a cada sabio. Por esa razón se ignora la definición de Dios. Para conocerla, sería preciso conocer también la de toda forma, lo que es imposible; la definición de Dios es, pues, imposible.

De manera análoga, el que no considera más que Su inmanencia, con exclusión de su trascendencia, Lo condiciona, Lo limita y no Lo conoce realmente.

El que reúne estos dos aspectos del conocimiento de una forma sintética (no en modo distintivo, porque eso es imposible, pues las formas presentes en el mundo son inagotables), Lo conoce también de un modo no distintivo. Del mismo modo que se conoce él mismo de una forma sintética y no analítica. Por eso el Profeta ha unido el conocimiento de Dios al conocimiento de sí mismo diciendo: «El que se conoce a sí mismo conoce a su Señor». Y el Altísimo ha dicho: **Les haremos ver nuestros signos en los horizontes** (es decir, en lo que es exterior a ti) **y en sus propias almas** (es decir, en tu ser) **hasta que sea evidente para ellos** (es decir, para los que consideran esos signos) **que Él es Dios** (Cor. 41, 53), en tanto que tú eres Su Forma y Él es tu espíritu. En efecto, tú eres para Él lo que la forma corporal es para ti, y Él es para ti como el espíritu que gobierna la forma de tu cuerpo. La definición del hombre comprende a la vez lo que es exterior e interior a ti: si el espíritu cesa de gobernar la forma, lo que permanece de esta no es un hombre, aunque se dice de ella «la forma de un hombre» (semejante a lo que es una forma de madera o de piedra), solo se la designa por el nombre de «hombre» de forma metafórica, no según la verdadera realidad. Al contrario, tratándose de las formas del mundo, Dios nunca puede ser separado de ellas: la cualidad divina forma parte de su definición según la verdadera realidad, no metafóricamente. En tanto que ella forma parte de la definición del hombre, permanece viva.

Del mismo modo que la forma exterior del hombre ensalza, por medio del lenguaje que le es propio, su espíritu, su alma y al que la gobierna, asimismo Dios ha procurado que las formas del mundo celebren Su trascendencia por Su propia alabanza, pero nosotros no comprendemos su celebración porque no podemos agotar las formas que el mundo encierra. Sin embargo, todas son el lenguaje de Dios y hablan para celebrar Su alabanza. Por eso ha dicho: **La alabanza pertenece a Dios, el Señor de los Mundos** (Cor. 1, 2). Es decir, que es en Él donde recaen todas las alabanzas, Él es El que alaba y El alabado.

Por la trascendencia, tú Lo condicionas
y por la inmanencia, Lo limitas.
Si profesas las dos, estás en el buen camino;
eres un guía y un maestro de conocimientos espirituales.
El que habla de «dualidad» es un asociador,
el que habla de «uno» es un unificador.
Ten cuidado con la inmanencia si eres un «segundo»,
ten cuidado con la trascendencia si singularizas.
Tú no eres Él y, sin embargo, tú eres Él: Lo ves
en el corazón de las cosas, libre y condicionado.

Dios Altísimo ha dicho: **Nada Le es semejante** (Corán 42, 11) (proclamando así Su trascendencia), **y Él es el que todo lo oye y el que todo lo ve** (proclamando así su inmanencia). El Altísimo ha dicho: **Ninguna cosa es como Su semejante** (proclamando así la inmanencia y la existencia de un doble) **y Él** (es decir, Su semejante) **es el que todo lo oye y el que todo lo ve** (proclamando así Su trascendencia y Su incomparabilidad).

Si Noé hubiera reunido para su pueblo las dos modalidades de llamamiento, le habrían respondido, pero él los llamó **en voz alta,** luego los llamó **en secreto,** y luego les dijo: **Implorad el perdón de vuestro Señor: Él es, en verdad, El que todo lo perdona** (Cor. 71, 9-10). Dijo igualmente: **He llamado a mi pueblo de noche y de día y mi llamada no ha hecho más que aumentar su aversión** (Cor. 71, 5-6). Mencionó incluso que su pueblo daba muestras de estar sordo a su llamada, sabiendo lo que le incumbiría si respondía a ello favorablemente.

Los sabios por Dios saben a qué hacía alusión Noé cuando alabó a su pueblo utilizando un lenguaje de censura. Saben que las gentes de su pueblo no respondieron a su llamada únicamente a causa de la discriminación (*furqân*) que implicaba, mientras que la realidad verdadera es a la vez discriminación (*furqân*) y síntesis (*qur'ân*). Lo que se ha establecido en la síntesis no otorga más interés a la discriminación, aunque esta esté comprendida en la primera. El *qur'ân* incluye *el furqân,* mientras que no ocurre así a la inversa. Por este motivo, el *qur'ân,* la síntesis, aparece como un privilegio de Muhammad, así como de esta Comunidad, que es **la mejor que haya existido para los hombres** (Cor. 3, 110), porque el concepto de que «nada Le es semejante» une los dos aspectos. Si Noé hubiera formulado oralmente un versículo similar, ellos le habrían respondido. El Profeta ha proclamado la inminencia y la trascendencia en un solo versículo (en realidad, en medio versículo). Cuando Noé llamó a su pueblo **de noche,** dirigiéndose a sus inteligencias y a sus facultades espirituales que son realidades ocultas, **y de día,** dirigiéndose a sus formas exteriores y a sus sensibilidades, no reunió esas dos modalidades de llamamiento como el hecho de que «**nada Le es semejante**». Esta discriminación los ha descompuesto interiormente y ha **aumentado su aversión.** Luego, dijo de sí mismo que los había llamado para que Él **los perdonara,** no para que les otorgara la revelación. Comprendieron lo que él había dicho de forma literal, y **pusieron sus dedos en sus orejas y cubrieron su cabeza con sus vestidos** (Cor. 71, 7), todo eso para manifestar la forma del velo que les había pedido. Ellos respondieron a su llamada por medio de actos exteriores, no diciendo: «Henos aquí».

«**Nada Le es semejante**» implica a la vez la afirmación y la negación de algo semejante a Dios. Por eso el Profeta pudo decir de sí mismo que había recibido las Palabras Sintéticas: Muhammad no ha llamado a su pueblo **de noche y de día,** sino de noche durante el día y de día durante la noche.

Noé dice a su pueblo, siguiendo la Sabiduría que le es propia: **Enviará el Cielo sobre vosotros lluvias abundantes** (Cor. 71, 11), es decir, conocimientos que proceden del intelecto y que conciernen a las significaciones espirituales, así como la especulación utilizada a la vista de la interpretación esotérica. **Él os ayudará con riquezas** (Cor. 71, 12), es decir, lo que os atrae hacia Él, de modo que podáis ver vuestra propia forma en Él, porque aquel de entre vosotros que se imagine que Lo ve, no tiene el conocimiento. El gnóstico es aquel de entre vosotros que sabe que es a sí mismo a quien ve; eso es lo que diferencia a los hombres en ignorantes y sabios.

[...] **Y su hijo** (es decir, el producto de su especulación racional, porque la realidad de la que la ciencia viene dada por la contemplación está muy alejada de los productos de la facultad reflexiva) **no ha hecho más que acrecentar su pérdida** [...]. **Su comercio no les ha pro-**

ducido nada (Cor. 2, 16) (es decir, lo que estaba entre sus manos, y que imaginaban era su propiedad, les ha sido arrebatado). Esto corresponde, entre los seguidores de Muhammad, al versículo: **Y gastad de lo que Él os ha confiado a título de depósito** (Cor. 57, 7), y a Noé, al versículo: **No toméis un representante distinto a Mí** (Cor. 17, 3). El Altísimo confirmaba que, según el pueblo de Noé, ellos eran los verdaderos propietarios legítimos, y que es Dios quien administra sus bienes, cuando, según los seguidores de Muhammad, son ellos únicamente los representantes, mientras que es Dios el verdadero propietario. Sin embargo, Él es también su Representante: la posesión les pertenece pero les ha sido confiada como depósito; por eso Él es posesión de la posesión, como ha dicho Tirmidhî[6].

Y ellos han maquinado un ardid inmenso (Cor. 71, 22), porque el hecho de llamar a Dios Altísimo es un ardid para el que es llamado de este modo: no estando ausente al comienzo, no puede ser un fin al cual se acuda. **Llamo a Dios** (esto es la esencia misma del ardid) **según una visión sutil** (Cor. 12, 108), es decir, atrayendo la atención mediante estas palabras sobre el hecho de que la Orden en su totalidad Le pertenece. Respondieron a Noé recurriendo al ardid, del mismo modo que él les había llamado. El muhammadí (es decir, el Profeta, designado así por el hecho de que su espíritu, que rige el conjunto del ciclo humano, representa la norma y la excelencia que marcan los límites de la estación espiritual simbolizada por Noé) vino entonces. Él sabía que la llamada a Dios no se hace desde el punto de vista de Su esencia, sino únicamente bajo el de Sus Nombres, y dijo: **El día en que**

---

[6] Al-Hakim al-Tirmidhî (820-910), fue un célebre maestro sufí nacido en Tirmidh, una localidad próxima a Balkh, en el actual Afganistán. Sus obras tuvieron una notable influencia en maestros posteriores.

Nosotros reuniremos a aquellos que tienen el santo temor, conduciéndolos en grupo hacia el Infinitamente Misericordioso (Cor. 19, 85). Ha utilizado la partícula «hacia» y la ha emparejado con el Nombre «el Infinitamente Misericordioso». Así pues, sabemos que el mundo está rodeado de un Nombre divino que les impone tener el santo temor.

Expresaron su ardid diciendo: **No abandonéis nunca vuestras divinidades; no abandonéis nunca, ni a Wadd, ni a Suwâ, ni a Yagûz, ni a Ya'ûq, ni a Nasr.** En efecto, este abandono los habría privado del conocimiento de Dios en una medida correspondiente, porque todo objeto de adoración lleva consigo un aspecto divino conocido por aquel que conoce este objeto, e ignorado por el que lo ignora. Los seguidores de Muhammad dicen: **Tu Señor ha decretado desde la eternidad que no adoréis más que a Él** (Cor. 17, 23). Es decir, ha establecido la cosa así. El sabio por Dios sabe Quién es adorado, y en qué forma se ha manifestado para ser adorado, y que la separación y la pluralidad son semejantes a las de los órganos en la forma material del hombre y en la de las facultades sutiles en su forma espiritual, de modo que en todo objeto de adoración es Dios solo el adorado.

El que tiene un conocimiento inferior se imagina que la cualidad divina está en estos mismos objetos. Sin esta imaginación, ni piedra, ni cosa alguna semejante habría sido nunca adorada. Por eso el Altísimo ha dicho: **¡Nombradlos!** (Cor. 13, 33), pues si los hubieran nombrado, les habrían llamado «piedra», «árbol», «astro», y si se les hubiera preguntado: «¿A quién adoráis?». Habrían respondido: «a una divinidad», no habrían dicho ni «a Dios», ni a «la Divinidad».

Aquel cuyo conocimiento es superior no es juguete de su imaginación, y dice: «Este es un soporte de la manifestación divina, al que conviene venerar».

El inferior, el que recurre a la imaginación, declara: **Los adoramos únicamente para que nos acerquen a Dios** (Cor. 39, 3). El superior, el sabio verdadero, dice: **Vuestra divinidad no puede ser más que una Divinidad única: someteos a ella** (Cor. 21, 34), allí donde ella se manifieste, **y anuncia la buena nueva a los humildes**, es decir, aquellos en los que el fuego de su naturaleza ha sido extinguido, de modo que dicen «una divinidad» y no «un elemento natural».

Han extraviado en verdad a un gran número (Corán 71, 24) (es decir, les han sumergido en la confusión enumerando al Único en medio de aspectos y relaciones diversas), **y Tú no has aumentado los injustos** (es decir, quienes son injustos para con ellos mismos), **los elegidos, aquellos que han recibido el Libro en herencia** (Cor. 41, 14). Los injustos forman la primera de las tres categorías, aquella que Él ha colocado delante del **que sigue una vía media** (Cor. 35, 32) y **el que precede, si no es errando** (Cor. 71, 24). (Es decir, la perplejidad del seguidor de Muhammad, perplejidad que expresa diciendo: «Aumenta mi maravillamiento en Ti»). **Cada vez que el relámpago brilla para ellos, caminan en su claridad, y cuando la oscuridad cae sobre ellos, se detienen** (Cor. 2, 20)[7].

El que está en la perplejidad sigue el círculo, y el movimiento circular se efectúa alrededor del Polo, de modo que no se aleja nunca. Por el contrario, el que recorre un camino rectilíneo sigue la tangente, se aparta del objeto de la Búsqueda, sale en busca de lo que ya está en él y permanece prisionero de la imaginación, que es el límite de lo que él puede alcanzar. Para él, hay un «desde», un «hasta» y un «entre los dos», mientras que, para el que sigue el movimiento circular, no hay ni punto de partida

---

[7] Todo este párrafo es un comentario, aparentemente caótico en la forma y terriblemente difícil de traducir, de Corán XXXV, 32.

que implicaría un «desde», ni punto de llegada que sería
dirigido por un «hasta». Ha obtenido la realización espiritual más perfecta. A él le han sido dadas las Palabras y
las Sabidurías sintéticas.

A causa de sus transgresiones (Cor. 71, 25), que les
hacen avanzar hasta anegarse en los mares de la Ciencia por
Dios, que es perplejidad, **son introducidos en un fuego,**
que consiste en la esencia misma del agua para los seguidores de Muhammad. **Cuando los mares estén en ebullición** (Cor. 81, 6) (el atanor entra en ebullición cuando lo
enciendes) **y ellos no encuentren fuera de Dios a nadie
que les socorra,** porque Dios es la esencia de aquellos que
los socorren. Ellos mismos han perecido en Él para siempre. Si los hubiera sacado de esos mares para guiarlos hacia
la orilla, la orilla de la Naturaleza, Él les habría hecho descender de ese Grado supremo, aunque el Todo sea en Dios
y por Dios, o mejor dicho, aunque sea Dios.

Noé dice: «Mi Señor» (Cor. 71, 26). No ha dicho:
«mi Dios», porque el Señor posee la estabilidad, cuando
la Divinidad se diferencia por los Nombres, de modo que
cada día Él está en alguna acción (Cor. 55, 29). Por el
término «señor» ha querido aludir al dominio de la «alteración de los colores», por el hecho de que no hay en
realidad nada más que Él.

No [los] deja sobre la Tierra, es decir, los invita a entrar en sus entrañas. Del mismo modo, dice el hadiz: «Si
hicierais descender una cuerda, caería sobre Dios». **Él es
dueño de los Cielos y la Tierra** (Cor. 2, 52): mientras
estás enterrado en ella, tú estarás en su interior y ella será
tu envoltura. **A ella os haremos volver y de ella os haremos salir de nuevo** (Cor. 20, 55), debido a la diferencia de los aspectos.

**De entre los velados [...], aquellos que han cubierto
su cabeza y sus vestidos y que han puesto sus dedos
en sus orejas**, buscaban así un velo protector, porque

los había llamado para ser perdonados, y el perdón es el velo.

[...] **Ningún habitante solitario**, es decir, ninguno de entre ellos en particular, a fin de que el beneficio sea universal, como lo había sido la llamada [...] **porque si Tú los proteges, Tú [...]**, es decir, si Tú te liberas de ello y les dejas hacer [...] **confundirán a Tus servidores,** sumergiéndolos en la perplejidad, sacándolos de la servidumbre para llevarlos a los misterios del señorío divino, que están en su propio interior. Se considerarán como señores después de haber sido, para ellos mismos, simples servidores; se convertirán, pues, en los «siervos-señores» **y no engendrarán,** es decir, no producirán y no harán aparecer más que **niños sin pudor**, es decir, «niños» que mostrarán lo que había sido ocultado, **totalmente incrédulos**, es decir, ocultando de nuevo lo que había sido manifestado. Aparecerá lo que estaba oculto, ocultándolo de nuevo, de modo que el que los estime se encontrará en una completa perplejidad, no sabiendo en absoluto qué busca el impúdico (es decir, el que «desvela») con su impudicia y el velado (es decir, el que vela, el que oculta) con su ceguera, cuando se trata de la misma persona.

Señor mío, perdóname, es decir, cúbreme y cúbrelos por mí, a fin de que ignoren mi valor y mi estación espiritual, del mismo modo que Tu propio valor es ignorado, según tus propias palabras: **Y ellos no han dado a Dios Su justo valor** (Cor. 6, 91).

[...] **Así como a mis padres**, los dos de los que soy el fruto, y que son el Intelecto y la Naturaleza[8], **y al que ha entrado en mi casa** (es decir, en mi corazón) **como creyente** (es decir, añadiendo fe a las Notificaciones divinas, que se encuentran allí, es decir, eso de lo que informan

---

[8] Es decir, el «polo activo» y el «polo pasivo» de la existencia individual.

sus almas), **así como a los creyentes** de entre los intelectos **y a los creyentes** de entre las almas **y no aumente para aquellos que son injustos.** Ese término de «injusto» (en árabe, *zâlimín*) viene de las tinieblas superiores (en árabe, *zulumât*) propias de las Gentes del Misterio, que están protegidos por los velos tenebrosos. Cuando dice «**su perdición**» (Cor. 28, 88), se refiere a su anonadamiento, de modo que no tengan más conocimiento de ellos mismos, porque contemplan el Rostro de Dios a su placer. Eso, en los seguidores de Muhammad, se expresa con el versículo: **Todo perece salvo Su Rostro** (Cor. 28, 88).

El que quiera profundizar los misterios de Noé, que suba hasta el cielo de Yûh, tal como aparece en nuestra obra *Las revelaciones de Mosul*.

Y Dios dice la Verdad.

4

El engarce de una sabiduría santísima en un verbo de Idrîs (Enoc)

L A elevación es atribuida al lugar o al rango. La elevación del lugar es: **Y nosotros lo hemos exaltado en un lugar elevado** (Cor. 19, 57). El lugar más elevado es aquel alrededor del cual gira la rueda del mundo de los cuerpos celestes: es el cielo del Sol, sede simbólica de la estación espiritual de Idrîs. Siete esferas están por debajo y siete por encima de la suya, que es la decimoquinta. Por encima se encuentran el cielo de Marte, el cielo de Júpiter, el cielo de Saturno, el cielo de las mansiones lunares, el cielo no estrellado que es el de las torres zodiacales, el cielo del Escabel y el cielo del Trono. Por debajo se encuentran el cielo de Venus, el cielo de Mercurio, el cielo de la Luna, la esfera del Éter, la esfera del Aire, la esfera del Agua y la esfera de la Tierra. En tanto que Polo de los Cielos, Idrîs es exaltado por el lugar donde él reside.

En cuanto a la elevación del rango, nos pertenece a nosotros, es decir, a los herederos de Muhammad. Dios Altísimo ha dicho: **Vosotros sois los más elevados y Dios está con vosotros** (Cor. 47, 35) en esta elevación. Así pues, si Él es demasiado sublime para ocupar un lugar, no lo es para ocupar un grado. Como las almas de aquellos de entre nosotros que cumplen los trabajos podrían experimentar temor, Él ha hecho seguir la mención «con vosotros» de las palabras «**no os privará de vues-**

tras obras». En efecto, la obra requiere el lugar, y la ciencia requiere el grado. Dios ha reunido para nosotros en este versículo las dos elevaciones: la del lugar, que se obtiene por las obras, y la del grado, que se obtiene por la ciencia. Por otra parte, a fin de evitar que la asociación sugerida por el término «con» atente contra la trascendencia, ha dicho: **Proclama la trascendencia del Nombre de tu Señor el más elevado** (Cor. 87, 1), es decir, respecto a esta asociación esencial.

Esa es una de las cosas más extrañas: el hombre es el más elevado de los seres de la existencia (me refiero, claro está, al Hombre Perfecto), y, sin embargo, la elevación no le es atribuida más que por relación al lugar o respecto al rango, es decir, al grado. No pertenece a su esencia: es «el elevado», bien por la elevación del lugar, bien por la del rango, porque la elevación pertenece a estos dos. La elevación del lugar es, por ejemplo: **el Infinitamente Misericordioso está sentado en majestad sobre el Trono** (Cor. 20, 5), porque este es el más elevado de los Cielos. La elevación del rango es: **Toda cosa perece salvo Su Rostro** (Cor. 28, 88) y: **A Él pertenece la Orden en su totalidad** (Cor. 11, 123), o: **¿Hay otro Dios con Dios?** (Cor. 27, 60). En cuanto a Dios Altísimo, dice: **Y Nosotros lo hemos exaltado en un lugar elevado**. Él hace de la elevación un atributo del lugar. Pero cuando dice: **Y cuando tu Señor ha dicho a los ángeles: En verdad, voy a establecer sobre la Tierra un representante** (Cor. 2, 30), se trata de la elevación del rango.

También ha dicho: **¿Te has vanagloriado o estás entre los elevados?** (Cor. 38, 75). En este caso, atribuye la elevación a los ángeles. Sin embargo, si les pertenecía, en tanto que son ángeles, les concerniría a todos indistintamente. Como ese no es el caso para algunos, aunque estén asociados a los otros en la misma definición, podemos concluir que esta elevación es la del rango, que es el suyo, al lado de Dios. Es de igual modo para los representantes de Dios en la Tierra: si su elevación por su función les perteneciera en modo esencial, todo hombre sería representante de Dios. Como ese no es el caso, sabemos entonces que esta elevación es la del rango.

Entre Sus Nombres Más Hermosos está «el Elevado». ¿Pero a quién es Él superior, cuando no existe más que Él? Él es «el Elevado» por Su Esencia. ¿Elevado con relación a qué, cuando no hay otra realidad más que Él? Su elevación pertenece a Él mismo. Desde el punto de vista de la realidad, Él es la esencia propia de los seres existentes. Aquellos que se denominan «los seres producidos» son, pues, elevados por esencia, y no son más que Él. Él es «el Elevado», pero no en virtud de una relación, porque las esencias, inmutablemente desprovistas de realidad actual, no respiran jamás su perfume: permanecen en su estado a despecho de la multitud de las formas que aparecen en la existencia individual. La esencia propia de la existencia es única en el seno del conjunto y en el conjunto. La multiplicidad es inherente a los Nombres, que son relaciones desprovistas de realidad propia: no hay verdaderamente más que el Ser, que es Él mismo la Esencia suprema. Es, pues, «el Elevado» por Él mismo, y no en virtud de una relación. En este punto de vista, no hay en el mundo elevación relativa, aunque ciertos aspectos existenciales pueden ser considerados como superiores con relación a otros: la elevación relativa existe en la Esencia única solamente desde el punto de vista de la multiplicidad de los aspectos. Por eso decimos a este respecto: es Él y ese no es Él; es tú y ese no es tú.

Al-Jarrâz [9], que era uno de los rostros de Dios y una de Sus lenguas, dijo, hablando de sí mismo: «Dios no puede ser conocido más que por la reunión de los contra-

---

[9] Se trata de Abû Saʾid al-Jarrâz, célebre sufí del siglo IX.

rios», contrarios que Le son aplicados porque **Él es el Primero y el Último, el Exterior y el Interior** (Cor. 57, 3). Es la esencia de lo que es aparente y la esencia de lo que permanece interior en Su estado de manifestación. No hay nadie más que Él para verlo, y nadie con respecto a quien Él podría permanecer interior, es Él quien se aparece a Sí mismo y quien se oculta a Sí mismo, es Él quien tiene por nombre Abû Sa'îd al-Jarrâz, y los nombres de los demás seres producidos son igualmente los Suyos. Cuando «el Exterior» dice: «Yo», «el Interior» dice: «¡No!». Cuando «el Interior» dice: «¡Yo!», «el Exterior» dice: «¡No!», y esto sirve para todos los contrarios. El que habla es único, y Él es la esencia del que escucha. El Profeta dijo en un hadiz: «Y eso con lo que ha mantenido sus propias almas». Ella es a la vez la que habla, la que escucha el discurso y la que tiene la ciencia de eso de lo que ha mantenido sus propias almas. El Ser es único a pesar de esas diversas atribuciones. Es imposible ignorar una situación de este tipo, porque todo hombre tiene la ciencia por sí mismo y es la imagen de Dios.

Las realidades se mezclan. Los números son manifestados por el Único, en grados numéricos conocidos. El Único realiza el número, el número divide el único. Solo el numerado manifiesta el número. El numerado puede bien ser un ser provisto de realidad, o un ser desprovisto de ella, porque una cosa que está desprovista de existencia en el dominio sensible puede existir de manera inteligible. Hay, pues, necesariamente un número y un numerado, del mismo modo que hay necesariamente un Único que engendra el proceso del que él es la causa.

Todo grado numérico posee una cualidad esencial única, desde lo más bajo a lo más alto, indefinidamente. Esta cualidad no es una simple suma, aunque no pueda estar separada de la noción del total de las unidades: «dos» es una cualidad esencial única, «tres» es una cualidad esencial única, y así sucesivamente. Aunque cada una sea única, la esencia propia de la una no es la de la otra. La síntesis se apodera de todos estos grados, afirmando el Único a partir de cada uno, y aplicando el Único a cada uno.

Esta enseñanza concierne a veinte grados, que pueden entrar en composición los unos con los otros, y tú no puedes impedirte a ti mismo afirmar lo que niegas por otra parte, a causa de su esencia verdadera.

El que posee el conocimiento de lo que acabamos de establecer respecto a los números, a saber, que no se puede afirmarlos sin negarlos, sabe también que el Dios trascendente es, Él mismo, la creación inmanente. Aunque la creación sea distinta del Creador, la realidad existenciada es a la vez «el Creador creado» y «lo Creado creador»: todo eso procede de un Ser único, o más bien, es a la vez el Ser único y una multiplicidad de seres. **Considera lo que ves. Él dice: «Padre mío, haz lo que te ha sido ordenado»** (Cor. 37, 102). El hijo es la esencia misma de su padre, de suerte que no se veía inmolar a otro más que a él mismo. **Lo hemos rescatado por medio de una víctima inmensa** (Cor. 37, 107). Entonces apareció bajo la forma de un carnero Aquel que primero había aparecido bajo forma de hombre.

Aquel que se había manifestado bajo la forma de un niño, o mejor dicho, más bien, con el rango de un niño, Aquel que era la esencia misma de su padre. **Y ha creado a partir de ella su cónyuge** (Cor. 4, 1), de modo que él no se ha unido más que a sí mismo: de él han surgido la compañera y el niño. La realidad es única en los números.

¿Qué es la Naturaleza? ¿Quién es el «aparente» en ella, puesto que la realidad manifestada es única? No la vemos, ni disminuir por el hecho de lo que aparece a partir de ella, ni aumentar por la vuelta a lo No-manifestado de lo que es manifestado. Lo manifestado no es más que ella misma, pero no es cierto lo contrario, a causa de la diferenciación de las formas que la rigen: esto es frío y seco, y aquello caliente y seco. Un principio común los reúne por la sequedad y los separa por lo que es «otro»: el principio que los reúne, es la Naturaleza, o más bien es la Esencia cualificada como Naturaleza.

El mundo de la Naturaleza: las formas en un espejo único o, mejor dicho, una forma única en espejos múltiples. Aquí no hay más que perplejidad a causa de la división de las perspectivas. El que conoce lo que decimos no está perplejo. Si hay para él un aumento de ciencia divina, es debido únicamente al receptáculo, y el receptáculo no es otro que la esencia inmutable de la que es el reflejo. Por ella, Dios se diversifica en los soportes de la manifestación divina, de suerte que las funciones atributivas se diversifican a su vez. Todas Le son aplicables, pero quien Lo rige de este modo es únicamente la esencia propia de Sus soportes de la manifestación divina.

Dios es criatura bajo ese aspecto: id más allá de las
[apariencias.
No lo es bajo otra: acordaos.
Quien sabe lo que digo, no se debilita su mirada sutil,
y no sabe lo que digo el ser que está dotado de visión
[sensible.
(Por la visión sensible, ve la multiplicidad de las formas;
por la mirada sutil, percibe la Esencia única.)
¡Une y separa! La Esencia es única
y múltiple; **no escatima y no deja nada** (Cor. 74, 28).

El Elevado por Sí mismo es Aquel que posee la perfección en la que están inmersos el conjunto de las realidades existenciadas y de las relaciones conceptuales, porque ninguna de sus cualificaciones puede faltarle, tanto si son loables como si son censurables al respecto de la conveniencia, del intelecto y de la Ley sagrada.

Este es el privilegio exclusivo del que es llamado Dios Altísimo. Lo que no lleva el nombre de Dios puede ser o uno de Sus soportes de Manifestación, o una Forma que Le es inherente. En el primer caso se establecen necesariamente relaciones de excelencia entre un soporte y otro. En el segundo, esta Forma se identifica con la perfección esencial, porque es la esencia misma de Eso en lo que ella aparece. En efecto, lo que puede ser atribuido a Aquel al que se le llama «Dios», puede serlo también a esta Forma. Si no se puede decir: «esa forma es Él», tampoco se puede decir: «ella es distinta a Él».

Abû-l-Qâsim ibn Qassî [10] ha hecho alusión a ello en su obra titulada *El despojamiento de las sandalias*, diciendo: «Todo Nombre divino puede ser designado y cualificado por el conjunto de los otros». Esto es así porque todo nombre designa a la vez la Esencia y la significación particular que expresa. Bajo el primer aspecto, posee el conjunto de los Nombres; bajo el segundo, se distingue de ellos: el «Señor» es distinto del «Creador», de «El que de la forma», etc. El Nombre es idéntico al que nombra bajo el punto de vista de la Esencia, y es distinto a Él bajo el punto de vista de su significación particular.

Si comprendes al «Infinitamente Elevado», como acabamos de decir, sabrás que no se trata ni de la elevación del lugar ni de la elevación del rango: la elevación del rango es propia de los que poseen la autoridad, como el sultán, los gobernadores, los ministros, los jueces, es decir, todos aquellos que ejercen un cargo, tanto si son dignos de él o no. La elevación por medio de cualificaciones personales no es así, porque puede ocurrir que el más sabio de los hombres esté sometido a la autoridad de aquel que detenta la elevación en virtud de su cargo, incluso si

---

[10] Sufí y líder político-militar (m. 1151), que dirigió la rebelión antialmorávide de los *muridûn* en el Algarve.

es el más ignorante. Este es elevado por su rango, por la elevación que le es inherente, y no por él mismo. Si es separado del rango, su elevación desaparece, lo que no ocurre con el sabio verdadero.

5

El engarce de una sabiduría loca de amor en un verbo de Abraham

E L llamado «amigo íntimo de Dios», Abraham, ha sido designado por este nombre porque penetra y encierra todo lo que cualifica la Esencia divina. El poeta ha dicho:

Tú me has penetrado como se extiende el Espíritu en mí,
y por eso el amigo íntimo ha sido designado con este nombre.

Del mismo modo que el color penetra en el objeto coloreado, el accidente amolda la forma de la sustancia, pero no de la forma en que un ser extendido ocupa un espacio. Pues bien, Dios ha penetrado la realidad de la forma de Abraham.

A partir de ahí, toda atribución es válida. Cada una se manifiesta en su lugar y respeta sus límites. ¿No ves que Dios se manifiesta con los atributos de seres efímeros, como nos lo ha dicho Él mismo, incluyendo incluso aquellos imperfectos y reprobables? ¿Y no ves que el ser creado se manifiesta con los Atributos de Dios, desde el primero hasta el último? Todos verdaderamente le pertenecen, exactamente igual que los atributos de los seres efímeros pertenecen verdaderamente a Dios.

La Alabanza es para Dios: es a Él al que pertenecen todas las alabanzas, en todo alabador y en todo alabado.

A Él retorna la Orden en su totalidad (Cor. 11, 123), lo que comprende tanto lo que es reprobable como lo que es digno de alabanza: todo entra en estas dos categorías.

Has de saber que una cosa no puede penetrar en otra sin estar contenida en ella. El que penetra es ocultado por el penetrado. El último es lo aparente, cuando lo primero es ocultado en el interior: es su alimento, igual que el agua, cuando impregna la lana, que aumenta el volumen. Si es Dios quien es considerado como el exterior, la criatura permanece oculta en Él. Ella es el conjunto de los Nombres divinos: Su Oído, Su Vista, el conjunto de los aspectos que Le son atribuidos y de Sus percepciones. Al contrario, si es la criatura la que es considerada como el exterior, Dios está oculto dentro de ella: Él es su oído, su vista, su mano, su pie y el conjunto de sus facultades, como aparece en un hadiz [11] auténtico.

Además, si la Esencia estuviera desprovista de estas atribuciones, no sería Dios. Ahora bien, estas atribuciones provienen de nosotros. Somos nosotros, por el hecho de que estamos necesariamente sometidos a una divinidad, quienes Lo hacemos Dios. No puede ser conocido más que si nosotros mismos lo somos, porque el Profeta ha dicho: «El que se conoce a sí mismo, conoce a su Señor», y él es la criatura que posee la ciencia más grande respecto de Dios. Sin embargo, algunos sabios, entre los cuales se cuenta Abû Hamîd al-Gazâlî [12], pretenden que Dios puede ser conocido sin que se lo identifique con el mundo, pero eso es un error. Ciertamente, se puede saber que hay una

---

[11] Los hadices son los dichos del profeta Muhammad, recogidos en algunas de las compilaciones canónicas.

[12] Abû Hâmid Muhammad ibn Muhammad al-Gazâlî, conocido en el Occidente medieval como Algacel (1058-1111), es uno de los teólogos y sufíes más importantes del islam. Nació en Tûs, en el actual Irán, y fue autor de numerosísimas obras de jurisprudencia, teología y sufismo.

Esencia eterna, pero no que esta es Dios, mientras no se conozca lo que está sometido a la función divina, y quién es el informador a Su respecto.

Después, en un segundo grado de conocimiento, la revelación intuitiva nos enseña que es Dios mismo este informador en Su propia persona y en la persona de Su Divinidad, que el mundo no es otra cosa que Su manifestación en las formas asumidas por las esencias inmutables, cuya existenciación sería imposible sin Él, y que Él se diversifica en múltiples formas en función de las realidades de esas esencias, y de sus estados pasajeros. Todo esto viene después de la ciencia sobre Él proveniente de nosotros, que Lo ha establecido como Dios para nosotros.

Por último, se produce otra revelación, que te pone de manifiesto nuestras formas en Él: nos manifestamos los unos a los otros en Dios, nos damos a conocer los unos a los otros, y nos distinguimos los unos de los otros. Algunos de entre nosotros saben que este conocimiento que tenemos de nosotros mismos se opera en Dios, mientras que otros ignoran la Dignidad divina en la cual se opera. Me refugio en Dios para no estar entre los ignorantes.

De la reunión de estas dos revelaciones resulta que Él nos juzga por nosotros. Aunque es más correcto decir que somos nosotros quienes nos juzgamos a nosotros mismos, pero en Él. Por eso ha dicho: **Dios tiene el argumento decisivo** (Cor. 6, 149), es decir, el argumento en contra de los seres velados cuando digan a Dios: «¿Por qué has hecho Tú de nosotros esto o aquello?», es decir, lo que no convenía a sus deseos individuales. **Entonces les será desvelado el fundamento** (Cor. 68, 42), es decir, esa realidad que los gnósticos conocen en este mundo por revelación intuitiva. Verán entonces que no es Dios quien ha hecho de ellos lo que pretendían que había hecho, y que en realidad eso venía de ellos mismos: Él los conoce únicamente tal y como son. Desde ese momento su argumento no se podrá mantener, y el argumento decisivo permanecerá a favor de Dios Altísimo.

Si replicas diciendo: «¿Cuál es entonces la utilidad de Sus palabras cuando dice: **si hubiera querido, os habría guiado a todos?**» (Cor. 6, 149), respondemos que en la expresión «si hubiera querido», la partícula «si» implica el rechazo de una imposibilidad. Dicho de otro modo: Él quiere la cosa únicamente tal y como es. Si es verdad que, para el intelecto creado, la esencia de la contingencia es admitir una cosa lo mismo que su contraria, sin embargo aquel de los dos términos de la alternativa que se realiza efectivamente es aquel mismo que el ser contingente contiene en su estado esencial. «Os habría guiado a todos» significa en realidad: «Os haría reconocer a todos la evidencia». Pero Dios no lo ha querido, porque Él no abre la visión sutil de todo ser contingente que forma parte de este mundo para hacerle ver la realidad tal cual es en sí misma: algunos poseen la ciencia, mientras que otros son ignorantes.

Dios no ha querido, no los ha guiado a todos. No quiere. Además, ¿podría querer semejante cosa? Eso no puede ser, porque la Voluntad esencial es una en sus aplicaciones: es una relación conceptual que sigue la ciencia, y la ciencia es una relación conceptual que sigue el objeto conocido, y el objeto conocido eres tú y tus estados pasajeros. La ciencia no tiene efecto sobre su objeto. Por el contrario, es su objeto quien tiene un efecto sobre ella y quien le comunica a partir de él mismo lo que le pertenece como propio. El Discurso divino tiene en cuenta la comprensión de aquellos a los que se dirige y se expresa según la razón, no según la revelación intuitiva; por eso son numerosos los creyentes, mientras que los gnósticos dotados de intuición son escasos.

No hay ninguno de entre nosotros que no posea una estación espiritual siendo objeto de una ciencia di-

vina (Cor. 37, 164). En este versículo se refiere a lo que tú eres en tu estado inmutable y que tú manifiestas por tu existencia, al menos si se mantiene que posees una realidad propia. Por lo demás, incluso si se mantiene que la realidad pertenece a Dios y no a ti, es también a ti a quien pertenece la determinación de tu estatus en el seno de la Realidad divina. Con mayor razón será así si se mantiene que el ser dotado de realidad actual eres tú. Aunque esta determinación sea operada por Dios, solo a Él vuelve la efusión de la realidad sobre ti. Es a ti a quien pertenece la determinación del grado que te es aplicable: solo tú mereces la alabanza, solo tú mereces la censura. La única alabanza que queda solo en Dios es la que es inherente a la efusión sobre ti de la realidad, porque vuelve a Él, y no a ti. Eres tú quien constituye Su alimento y es Él quien constituye tu Alimento por la realidad: tu propia determinación Lo determina. El orden existenciado va de Él a ti y de ti a Él, solo que eres tú quien está designado como estando sometido a la Ley, y Él no te ha sometido más que porque tu propio estado, tu propio ser, Le decía: «¡Sométeme!».

> *Él canta mi alabanza y yo canto la Suya.*
> *Él es mi servidor como yo soy el Suyo.*
> *En un cierto estado Lo reconozco, y*
> *en los seres creados yo Lo niego.*
> *Él me conoce y yo Lo rechazo,*
> *Lo conozco y Lo contemplo.*
> *¿Dónde está Su «independencia»,*
> *cuando yo Le llevo asistencia y favor?*
> *Por eso es por lo que Dios me ha regalado la existencia:*
> *para que yo Lo conozca y Lo dé a mi vez Su existencia*
> *el hadiz nos lo enseña:*
> *ha realizado en mí lo que buscaba.*

Como Abraham, el amigo íntimo de Dios, poseía ese grado espiritual que le ha valido su nombre, prescribió la regla tradicional de servir una comida al huésped. Ibn Masarra [13] lo ha considerado el encargado, junto al Arcángel Miguel, de la concesión de los alimentos que aseguran la subsistencia de aquellos a quienes están destinados. El alimento penetra totalmente en el que lo absorbe e invade todos sus miembros. Desde luego, no hay que pensar partes en Dios y, sin embargo, es preciso necesariamente penetrar el conjunto de las Estaciones divinas expresadas por los Nombres, a fin de que Su Esencia se manifieste. Que Su Majestad sea exaltada.

Somos para Él, como lo muestran
nuestras pruebas, y somos para nosotros.
Él no posee más que mi Ser.
Estamos en Él y somos por nosotros.
Tengo dos rostros: Él y yo.
No hay Yo en mí.
Pero es en mí donde está el lugar de Su manifestación:
somos para Él un recipiente.

Dios dice la Verdad y Él guía por el Camino (Corán 33, 4).

---

[13] Muhammad ibn Masarra (883-931), célebre maestro espiritual, nació en Córdoba. Su doctrina, de naturaleza profundamente esotérica, sufrió persecución por parte de las autoridades musulmanas.

6
El engarce de una sabiduría de verdad en un verbo de Isaac

El rescate de un profeta es la inmolación de una
$\qquad$ [víctima.
El balido de un carnero equivale a un sonido humano.
Dios Inmenso lo ha proclamado «inmenso» por
$\qquad$ [atención
a nosotros o a él: ¿con qué medida juzgar?
Sin duda alguna, los animales cebados tienen un precio
$\qquad$ [más alto,
y sin embargo lleva un carnero para el sacrificio.
Pues ¿cómo un miserable carnerillo
es suficiente para sustituir al representante del
$\qquad$ [Infinitamente Misericordioso?
No sabes que el orden existencial comprende aquí unos
$\qquad$ [grados:
cumplir la perfección es ganar; y todo incumplimiento
$\qquad$ [es una pérdida.
Ninguna criatura es más elevada que el mineral.
$\qquad$ [Después de él
viene el vegetal, según su medida y las diversidades de
$\qquad$ [que conste.
Luego el animal, dotado de sentidos: cada uno conoce
a su Creador por intuición y la prueba de la evidencia.
En cuanto al llamado Adán, está condicionado
por el intelecto, la razón y la creencia dogmática.

Por eso Sahl [14] y cualquier gnóstico realizado
 profesa una doctrina semejante a la nuestra;
estamos con ellos en una morada de excelencia.
Quien contempla lo que yo he contemplado
dice lo que yo digo, secreta y abiertamente.
¡No des crédito alguno a una palabra que contradiga
                                              [la nuestra!
No siembres trigo en una tierra de ciegos,
esos sordos y esos mudos que el Profeta infalible
ha mencionado para nuestros oídos en el texto del Corán.

H AS de saber que Abraham, el amigo íntimo de Dios,
dijo a su hijo: **He visto en sueños que te sacrificaba**
(Cor. 37, 102). El estado de sueño es la Dignidad de lo
Imaginario. Abraham no realizó ninguna transposición,
cuando era un carnero el que apareció en estado de sueño
bajo la forma de su hijo. **Añadió fe al sueño** (Cor. 37,
104), y luego su Señor rescató a Isaac de la ilusión de Abraham por medio de la víctima inmensa que correspondía a
la significación que tenía este sueño para Dios Altísimo, del
que él no había tomado conciencia. Sin embargo, la teofa-
nía formal en la Dignidad del Imaginario exige una ciencia
complementaria, permitiendo coger lo que Dios ha querido por medio de esta forma. ¿No ves cómo el Enviado de
Dios se ha dirigido a Abû Bakr [15] a propósito de la interpretación que este había dado de un sueño que tuvo? Le
dijo: «Has dicho lo correcto, por una parte, y te has equi-
vocado, por la otra». Abû Bakr le pidió entonces que le di-

---

[14] Se trata de Sahl ibn 'Abd Allâh al-Tustarî (815-896), nacido en
el actual Irán. Fue compañero del celebérrimo sufí Dhu-l-Nûn al-Misrî,
y autor de una interpretación esotérica del Corán.
[15] Abû Bakr (m. 634) fue el primero de los cuatro Califas Perfectos
que sucedieron al Profeta después de su muerte.

jera en qué había hablado correctamente y en qué se había engañado, pero el Enviado de Dios no le dijo nada.

Dios interpeló a Abraham diciendo: **¡Abraham, has añadido fe al sueño!** No le ha dicho: «Has tenido razón al pensar que en este sueño se trataba de tu hijo», porque no lo había interpretado y se atuvo a la apariencia de lo que había visto, cuando el sueño requiere una interpretación. Por eso el faraón de José dijo: **Si sois capaces de interpretar el sueño** (Cor. 12, 43). El término árabe para «interpretación» *(ta'bîr)* expresa el paso de la forma de lo que se ve a otra realidad: las vacas representaban los años de hambre y de abundancia. Si Abraham hubiera visto la realidad, en su manera de entender la visión, habría inmolado a su hijo; pero tuvo fe en el sueño imaginando que se trataba de su hijo, cuando, para Dios, no era otra cosa que la víctima inmensa bajo la forma de su hijo. Únicamente hubo redención con respecto a lo que había venido al espíritu de Abraham, no respecto a lo que estaba realmente al lado de Dios: en el dominio sensible, la imagen fue la de una víctima animal; en el mundo imaginario, la del hijo de Abraham. Si este hubiera tenido la visión imaginaria del carnero, habría podido interpretar como significante a su hijo o alguna otra cosa.

Luego, Él dijo: **Verdaderamente esto es la prueba evidente**, es decir, la puesta a prueba evidente, es decir, una puesta a prueba de su ciencia. ¿Sabía él, o no, que el dominio donde la visión se había producido implicaba la necesidad de una interpretación? Lo sabía, pero no habiendo tenido cuidado de ello, no había dado a este aspecto el derecho que le correspondía; por eso tomó el sueño al pie de la letra.

Eso es lo que hizo igualmente el imán Taqî ibn Mujallad [16], el autor del *Musnad*. Conocía una tradición oral,

---

[16] Sabio andalusí muerto en el año 889.

que él tenía por cierta, según la cual el Profeta había dicho: «El que me ha visto en sueños me ha visto como si me hubiera visto en estado de vigilia, porque el Demonio no puede tomar mi forma». Ahora bien, Taqî ibn Mujallad vio en sueños al Profeta, que le daba de beber leche. Creyó en este sueño, vomitó y devolvió la leche, mientras que si lo hubiera interpretado como convenía, habría comprendido que esa leche era una ciencia: Dios lo privó así de una ciencia abundante, en la medida de lo que había bebido.

El Enviado de Dios dijo: «La he bebido hasta saciarme, hasta que me goteaba por las punta de mis dedos; luego he dado lo que sobraba a Omar [17]». Entonces le dijeron: «¿Qué interpretación das a esto?». Él respondió: «La ciencia». No se atuvo, pues, a la leche, conforme a la imagen que había visto en sueños, porque sabía que el ámbito de donde esta viene implica la necesidad de una interpretación.

Es bien sabido que la forma del Profeta, tal como era percibida en el orden sensible, fue sepultada en Medina, mientras que la forma de su espíritu y de su núcleo inmortal no puede ser vista por nadie, ni a partir de la forma de otro, ni a partir de la suya. Por lo demás, esto es así para todo espíritu. Por eso el espíritu del Profeta toma necesariamente, para el que lo ve en sueños, la forma de su cuerpo tal como era cuando murió, sin que falte allí nada. Se trata, ciertamente, de Muhammad hecho visible por el hecho de que su espíritu se ha revestido de una forma corporal sutil parecida a la que ha sido enterrada. El Demonio no tiene poder de tomar la forma de su cuerpo sutil: esa es una salvaguarda que Dios concede al que ve a Su Enviado. Por esta razón, el que ve en sueños al Profeta revestido de esta forma aceptará sus decisiones cuando

---

[17] ʿUmar ibn al-Jattâb (m. 644), fue el segundo de los Califas Perfectos.

vivía en este mundo, conformándose literalmente a sus palabras, siguiendo el contexto, el sentido externo o la idea general, etc. Si le da algo, es esta cosa la que deberá ser interpretada. Si esta reviste luego en el mundo sensible una forma semejante a la percibida en el mundo imaginario, la visión no implica interpretación; eso es lo que explica que Abraham y Taqî ibn Mujallad se fiaran de lo que vieron.

Puesto que la visión en sueños implica esta alternativa, y que Dios, tanto por su forma de tratar a Abraham como por lo que Él le dice, nos muestra las conveniencias ligadas a la Estación de la Profecía, sabemos, cuando vemos en sueños a Dios Altísimo revestido de una forma que la razón rechaza, que tenemos que interpretar esta forma por medio de la Verdad revelada, teniendo en cuenta el estado espiritual de aquel ser que tiene esta visión, o bien del lugar donde ella se produce, o incluso de los dos factores a la vez. En cambio, en el caso de que la razón no rechace esta forma, nos atendremos a lo que hemos visto, de la misma forma que lo haremos cuando veamos a Dios en nuestra próxima existencia.

El Único, el Infinitamente Misericordioso, posee en todo
          [dominio
formas ocultas o aparentes.
Si dices: «Esto es Dios», reconoces la verdad.
Si dices otra cosa, interpretas.
Él no gobierna un dominio en detrimento de otro,
pero desvela la Verdad al conjunto de las criaturas.
Si Se manifiesta a los ojos,
los intelectos Lo rechazan mediante incesantes pruebas.
Si Se manifiesta a estos y en lo que
se llama «imaginación», se Le acepta, puesto que
 la visión verdadera es directa.

Abû Yazîd al-Bastâmî [18] ha dicho, a propósito de esta Estación: «Si el Trono y lo que contiene se encontrara cien millones de veces en un rincón del corazón del gnóstico, este no lo percibiría». Y sin embargo, la amplitud que menciona se sitúa únicamente en el mundo de los cuerpos. En cuanto a mí, yo diría: «Si eso cuya realidad no tiene límites estuviera, supongamos, limitada en su realidad y colocada, con el principio limitativo que le da la existencia, en un rincón del corazón del gnóstico, no lo percibiría en su conciencia». En efecto, si es algo sabido que el corazón tiene la capacidad de contener a Dios, sin embargo no se dice de él que está saturado, cuando lo estaría si estuviera efectivamente lleno. Por lo demás, es lo que ha dicho Abû Yazîd en otra circunstancia. Hemos atraído nosotros mismos la atención sobre esta Estación diciendo:

¡Oh Creador de las cosas en Ti Mismo!
Tú reúnes lo que creas,
y creas lo que en Ti no tiene límite
Eres el Estrecho, el Ancho.
Si lo que Dios ha creado residiera en mi corazón,
su amanecer no expandiría ninguna luz.
A aquel que contiene a Dios, ninguna criatura
le puede limitar. Dime qué es, tú que
me escuchas.

Todo hombre crea, gracias a la ilusión contenida en el poder de su imaginación que, sin ella, no tendría existencia alguna. Este es el caso del hombre común. El gnóstico, sin embargo, crea mediante la energía espiritual lo

---

18 Abû Yazîd Tayfûr, conocido como al-Bastâmî o al-Bistâmî, nació en el año 804, en el actual Irán. Hijo de un mazdeísta, fue famoso por sus «locuciones extáticas», que reflejaban su alto grado de realización espiritual. Murió en el año 874.

que puede tener una realidad exterior en la sede de su aspiración. Su energía preserva entonces permanentemente la subsistencia de esta realidad, sin que esta salvaguarda le afecte en modo alguno. Si sobreviene un accidente, y el gnóstico olvida asegurar esta salvaguarda, lo que ha creado se desvanece al punto, a menos que haya adquirido la habilidad del conjunto de las Presencias divinas y que no se trate de una negligencia absoluta. Así pues, hace falta necesariamente que considere una u otra.

Si el gnóstico crea lo que crea por medio de su energía espiritual, y si posee esta contemplación total, su creación manifestará su forma en toda presencia creada. Las formas análogas así creadas se preservan mutuamente, de suerte que si reduce la atención que lleva a una de estas Presencias, o incluso a muchas, quedándose en la contemplación de al menos una de entre ellas, y preservando la forma de lo que ha creado, el conjunto de las otras formas será preservada gracias a la salvaguarda de esta forma única en la cual ha permanecido atento. Ahora bien, nunca hay olvido total, ni para el creyente común ni para la élite de los gnósticos.

Acabo de exponer aquí un secreto que las Gentes de Dios no han cesado de preservar celosamente, como otros del mismo género, porque contradice su pretensión de ser ellos mismos Dios. Dios no descuida nunca nada, cuando el servidor está necesariamente distraído de una cosa por otra. Es porque tiene el poder de preservar la subsistencia de lo que ha creado por lo que exclama: *Aná-l-Haqq* («Yo soy la Verdad») [19], pero su manera de preservarlo no es comparable a la de Dios. Hemos indicado claramente la diferencia: es por su negligencia de esta o de la otra forma, así como de la Presencia corres-

---

[19] Es la famosa frase del sufí al-Hallâj, ejecutado en el 922, acusado de herejía.

pondiente, por la que el servidor se distingue de Dios. Y se distingue de ella necesariamente, incluso si la preservación de una sola forma por la atención llevada a la Presencia donde ella se manifiesta es suficiente para mantener la preservación de todas las otras, porque se trata entonces de una preservación a manera de inclusión. Dios no preserva lo que crea de la misma forma, porque Su preservación se aplica a cada forma de una manera específica.

He sabido por una inspiración divina que esta cuestión nunca ha sido tratada por escrito, ni por mí mismo, ni por ningún otro. La exposición que de ella se ha hecho en este libro es única y sin equivalente. Permanece atento para no olvidar esta enseñanza, porque la presencia en la cual la Presencia permanece para ti, y que acompaña la forma correspondiente, es comparable al Libro del que Dios ha dicho: **No hemos descuidado nada en el Libro** (Cor. 6, 38) (es decir, el Corán). Reúne, en efecto, lo que es efectivo y lo que no lo es. Solo puede tener el conocimiento de lo que decimos el que es en sí mismo un Corán. Para el que tiene el santo temor de Dios, Este **establece un** *Furqân* [20] (Cor. 8, 29), lo que es análogo a lo que hemos mencionado aquí en el tema de la distinción entre el servidor y el Señor: aquel *Furqân* es el más elevado de todos.

A veces el siervo es un señor sin duda alguna;
a veces, el siervo es un siervo sin engaño.
Si es un siervo, es por Dios que él es «amplio»,
y si es un señor, «vive en la estrechez».
En tanto que siervo, se ve tal cual es,
y a partir de él se despliegan esperanzas ciertas.
En tanto que señor, ve todas las criaturas

---

[20] Este término, que significa «la discriminación», o «la separación», «la distinción», es uno de los nombres que recibe el Corán.

del Mulk y del Malakût[21] *que lo reclaman,*
cuando es impotente para satisfacerlos.
Por eso, has visto llorar a gnósticos.
Sea, pues, un «siervo-señor, que no sea el señor de Su siervo,
porque será entregado entonces al Fuego y a la fusión.

---

[21] Representan aquí los estados visibles e invisibles de la Existencia Universal.

7

El engarce de una sabiduría sublime en un verbo de Ismael

────────

HAS de saber que El que lleva por Nombre «Dios» *(Allâh)* es Uno por la Esencia, y Totalidad por sus Nombres. Todo ser existenciado no tiene de Dios más que su Señor exclusivamente. Es imposible que tenga la Totalidad. En cuanto a la Unidad divina, no tiene parte alguna en ella. No se puede decir de un ser que posee una parte de ella, o de otro que posee otra de ella, porque no tiene partes: Su Unidad es síntesis, Su Todo es omniposibilidad.

El bienaventurado es aquel que es **admitido junto a su Señor** (Cor. 19, 55), pero no hay ser alguno que no sea aceptado al lado de su Señor, porque cada uno asegura el mantenimiento de Su función señorial: cada uno es aceptado junto a Él y, por consecuencia, bienaventurado. Por eso dijo Sahl [22]: «El señorío divino posee un secreto (que es tú: todo ser determinado es concernido por esta frase), un secreto tal que, si se hubiera manifestado, el señorío divino sería abolido». Ha utilizado la partícula condicional «si», que indica el rechazo de una imposibilidad: de hecho, ese secreto no aparece, de suerte que el señorío no ha sido abolido. En efecto, el ser determinado no tiene realidad esencial más que por su Señor: como un

────────

[22] Véase nota 14, pág. 70.

ser semejante está siempre dotado de realidad, el señorío divino no es jamás abolido.

Todo el que es admitido es amado; todo lo que hace el Amado es amado, y por consecuencia aceptado en su totalidad. El ser determinado no deja de hacer lo que le es propio: es su Señor quien actúa en él. Se tranquiliza con la idea de que no le es atribuido ningún acto, está **satisfecho** de los Actos de su Señor manifestados en él y por él, y que son también aceptados, porque el que actúa interiormente y el que obra exteriormente, que son el mismo, está satisfecho de sus actos y de sus obras. Cumple perfectamente con el derecho que está a su cargo conforme a Su Palabra: **Ha dado a todo Su Creación, luego ha guiado** (Cor. 20, 50). Él ha dicho claramente que ha dado a toda cosa la creación que le es propia, de suerte que no hay nada que añadir ni suprimir.

Ismael fue «aceptado junto a su Señor», porque había adquirido el conocimiento de lo que acabamos de exponer. Todo ser traído a la Existencia es aceptado junto a su Señor, como hemos mostrado, pero eso no implica en modo alguno que sea aceptado al lado del Señor de otro siervo. El señorío divino no es único, sino universal, y se determina para cada uno únicamente en función de lo que le conviene y de quién es su Señor. Nadie puede captarlo en Su unidad. Por eso las Gentes de Dios consideran que la manifestación divina en el seno de la unidad es imposible. En efecto, si Lo ves por Él, es Él mismo quien se ve; no cesa de verse a Sí mismo por Él mismo. Por el contrario, si tú Lo ves por ti, la unidad cesa para ti, y cesa igualmente si tú Lo ves por Él y por ti, porque el pronombre de la segunda persona no designa la esencia de lo visto: los dos términos «el que ve» y «el visto» implican necesariamente la existencia de una relación. La unidad cesa entonces, incluso cuando Él no se ve más que a Sí mismo por Sí mismo, porque es bien sabido que Él es al mismo tiempo «el que ve» y «el visto» cuando se imagina esta cualificación.

El que es aceptado no puede serlo de forma absoluta, a menos que todo eso que manifiesta sea el Actuar de Aquel que lo acepta. La excelencia de Ismael sobre los otros reside en el hecho de que Dios le ha dado esta cualificación particular de ser «aceptado junto a su Señor».

Ocurre asimismo para toda **alma sosegada**. Se le dice: **Vuelve a tu Señor** (Dios le ordena volver únicamente hacia su Señor, que la ha llamado y que ella reconoce en el seno del Todo) **satisfecha y aceptada. Reúnete con Mis servidores** (mientras dominen esta estación espiritual). Sus servidores mencionados aquí son todo siervo que tiene el conocimiento de su Señor Altísimo y se contenta con él, sin mirar al Señor de otro a pesar de la unidad esencial del señorío divino. Por lo demás, no puede ser de otro modo. Y continúa diciendo: **y entra en Mi Paraíso** (Cor. 87, 27-29), que es Mi velo, y ese velo no es otro que tú mismo: eres tú que Me cubres por tu ser. No puedo ser conocido más que por ti, como tú no puedes existir más que por Mí. El que te conoce Me conoce; así pues, Yo no puedo ser conocido, de suerte que tú no puedes serlo tampoco. Cuando entras en Su Paraíso, entras en ti mismo, adquieres un conocimiento de ti mismo diferente del que tenías cuando extraías el conocimiento de tu Señor del conocimiento de ti mismo. Desde entonces, tienes dos conocimientos: un conocimiento de Él que procede de ti y un conocimiento «de Él, por ti», pero que procede de Él y no de ti.

> *Tú eres un siervo y un señor*
> *por Aquel del que tú eres, en Él, solo un siervo.*
> *Eres un señor y un siervo*
> *para quien afirma la existencia de un Pacto.*
> *Todo compromiso tomado por alguien*
> *queda anulado por el compromiso de otro.*

Dios acepta (a Sus siervos: son ellos los aceptados) **y ellos Le aceptan** (Cor. 98, 8). Es Él quien es aceptado entonces. Las dos Dignidades se corresponden a la manera de los semejantes. Ahora bien, los semejantes son contrarios; no se les puede reunir más que si han sido distinguidos con anterioridad, y no hay aquí más que distinción. No hay aquí semejante, no hay semejante en la realidad actual, no hay contrario en la realidad actual: la realidad actual es una esencia única, y una cosa no puede ser la contraria de ella misma.

Solo Dios permanece; ningún cosmos subsiste.
No hay ni continuidad ni discontinuidad.
La visión lo prueba; y no veo
con mis ojos más que a Él cuando la visión es verdadera.

Eso, para el que teme a su Señor (Cor. 98, 8), quien teme ser Él cuando existe la ciencia de la distinción. Esta distinción está indicada para nosotros por la ignorancia de ciertos seres respecto de lo que el sabio verdadero enseña sobre la Unidad de la Existencia. La distinción está, pues, bien establecida entre los servidores, y por eso mismo también entre los Señores. Sin eso, no importa qué Nombre divino podría ser interpretado, bajo el conjunto de los aspectos que lleva consigo, en el mismo sentido que cualquiera otro. No se da al Nombre divino «El que eleva» el mismo sentido que al Nombre divino «El que abate», y así sucesivamente, cuando son idénticos desde el punto de vista de la Unidad suprema. Lo mismo puedes decir de todo Nombre que designa a la vez la Esencia y la realidad que le pertenece propiamente. El Nombrado es único: «El que eleva» es idéntico a «El que abate» desde el punto de vista de aquel que es nombrado, pero «El que eleva» no es «El que abate» desde el punto de vista de aquello que es en sí mismo y de la realidad que le es propia: a cada Nombre corresponde una comprensión diferente.

No consideres a Dios
despojándolo de la criatura.
No consideres a la criatura
bajo otra vestidura que Dios.
Proclama Su trascendencia, preserva Su Inmanencia,
permanece firme en la morada de la Verdad
ya sea en la unión, si quieres;
o, si quieres, en la distinción.
Si el Todo es evidente para ti, por el Todo
obtendrás las rosas de la victoria.
Si no estás extinguido (en Dios), no permaneces (en Él);
tú no ordenas ni la extinción ni la permanencia de las cosas.
La inspiración divina no te viene
de otro, y no la transmites a nadie.

La fidelidad es alabada en la promesa, no en la amenaza. La Dignidad divina requiere por Su Esencia la alabanza unida a lo que es loable. Se la alaba por ser fiel en la promesa, no por ser fiel en la amenaza, sino, más bien al contrario, por no cumplirla: **No pienses que Dios falta a la promesa que ha hecho a Sus Enviados** (Cor. 14, 47). No ha dicho: «en la amenaza», sino: **No tiene en cuenta sus maldades** (Cor. 46, 16), a despecho de Sus amenazas. Ha alabado a Ismael por ser **fiel en la promesa**: para Dios, no puede haber ahí ninguna potencialidad que implique un elemento de preponderancia.

Solo permanece el «Fiel a Su promesa»;
la amenaza de Dios no se ve en parte alguna.
Incluso si entran en la Morada de la desdicha, los réprobos
se encuentran en un goce que contiene una gracia distinta
a la del Paraíso de la Inmortalidad: realidad
esencial única en dos manifestaciones divinas divergentes.
Se llama «castigo»('adhab) a un alimento sabroso.
El castigo es su corteza, que preserva la gracia.

8

El engarce de una sabiduría espiritual en un verbo de Jacob

La religión es de dos tipos: la religión según Dios, que es la de aquellos a los que Dios Altísimo les ha dado el conocimiento, y la de los que han recibido las enseñanzas de aquellos a los que Dios les ha dado el conocimiento y, por otro lado, la religión según las criaturas, a la que, sin embargo, Dios reconoce el valor.

La religión según Dios es la que Dios ha elegido, y a la que ha conferido la supremacía sobre la religión de las criaturas diciendo: **Abraham la ha recomendado a sus hijos, así como Jacob: «¡Oh hijos míos, verdaderamente Dios ha elegido para vosotros la religión; no moriréis sin estar sometidos»** (Cor. 2, 132), es decir, sin que estéis sujetos a ella. La religión es mencionada aquí con el artículo definido para que se la pueda identificar y reconocer. Se trata de una religión conocida y definida, lo que corresponde a la Palabra del Altísimo: **En verdad, la religión de Dios es la sumisión a Él** (Cor. 3, 19), es decir, la sujeción a un vínculo. La religión es una expresión de tu sometimiento, mientras que lo que viene de Dios Altísimo es la Ley sagrada a la cual tú estás sujeto: la religión es el sometimiento y el *Nâmûs*[23], es decir, la Ley que Dios ha prescrito.

---

[23] Este término, que en numerosos comentarios se vincula al Arcángel Gabriel, en tanto que transmisor de la ciencia divina de la que procede

El que se somete a lo que Dios le ha prescrito practica la religión y la realiza, es decir, la hace nacer, igual que realiza la plegaria ritual. Es el servidor el que da nacimiento a la religión, y es Dios quien establece las normas. El sometimiento es tu acto mismo. La religión procede de tu acto: obtienes la felicidad únicamente por medio de lo que procede de ti. Del mismo modo que únicamente tu acto determina la felicidad en tu favor, igualmente Sus Actos son únicamente los que determinan los Nombres divinos. Sus Actos son tú y también los seres que existen. Por Sus efectos, es llamado «Dios», y por los tuyos, eres llamado «bienaventurado»: Dios Altísimo te confiere así Su propio rango cuando cumples perfectamente la religión y te sometes a lo que Él te ha prescrito. Desarrollaré más tarde lo que es útil sobre este asunto, después de haber explicado lo que es la religión según las criaturas, cuyo valor Dios reconoce: la religión es por completo para Dios y procede enteramente de ti, no de Él (aunque, en su aspecto esencial, todo lo que procede de ti procede en realidad de Él).

Dios Altísimo ha dicho: **Una vía espiritual de naturaleza monacal que han innovado**. Está hablando de códigos de sabiduría que no han sido comunicados, de parte de Dios, por el Enviado, en el sentido que ese término reviste para el común de los hombres, según la vía especial conocida tradicionalmente (instaurada por los Enviados de Dios). Como la sabiduría y el beneficio que lleva consigo son comparables (en ese caso) a lo que ha sido buscado por las Sabidurías divinas cuando han establecido Leyes sagradas, Dios les reconoce el mismo valor que lo que ha establecido Él mismo, precisando: **Él no se la ha prescrito**. Como, por otra parte, Dios abre entre Él y

---

la Ley sagrada, designa aquí a la Fuente oculta de la que proceden el conjunto de las leyes de origen divino.

entre sus corazones la puerta de la providencia y de la misericordia sin que ellos tengan conciencia de ello, predispone a los hombres a magnificar lo que ellos han prescrito, inquiriendo la satisfacción de Dios por una vía distinta a la Profecía divinamente reconocida. Y continúa diciendo: **Y ellos no lo han observado** (es decir, incluso aquellos que la han formulado, de modo que ha sido establecida como ley para ellos), **dándole plenamente su derecho; a excepción de aquellos que han buscado la satisfacción de Dios** (porque tal era su convicción). **Hemos dado a estos de entre los que han creído** (en ella) **su salario, pero muchos de entre ellos** (es decir, de entre aquellos a quienes esta devoción ha sido prescrita), **han sido pervertidos** (Cor. 57, 27) (es decir, que se han soltado de la ligadura de sometimiento que los ligaba a ella y han cesado de practicarla). Recíprocamente, Aquel que ha confirmado esta Ley de sabiduría que les es aplicable no puede concederles más lo que sería posible concederles.

Sin embargo, el Mandato divino implica siempre un sometimiento, lo que manifiesta así: el que está sometido a la obligación legal está sometido, tanto si se conforma a la Ley como si se opone a ella. En el primer caso, obedece y no hay nada que demostrar a este respecto. En cuanto al segundo, su oposición lo gobierna y requiere de Dios, o bien la despreocupación y la indulgencia, o bien la reprobación. Será necesariamente una cosa u otra, porque el Mandato es, por su misma naturaleza, el Derecho. En todos los casos, Dios está «sometido» a Su servidor por sus actos y por su estado, porque es el estado que produce el efecto. A partir de allí, el término árabe *dîn* («religión») designa también la retribución, es decir, la contrapartida, sea gozosa o no. Gozosa es Su Palabra: **Dios está satisfecho de ellos y ellos están satisfechos de Él** (Cor. 98, 8), y no gozosa es su Palabra: **Y aquel de entre vosotros que ha sido injusto, le haremos probar un cas-**

tigo terrible (Cor. 25, 19), o también: **No tendremos en cuenta sus malas acciones** (Cor. 46, 16), lo que es asimismo una retribución. Es, pues, verdad que *dîn* designa tanto la retribución como el sometimiento a Dios *(islâm)*. Puesto que el *islâm* es el sometimiento a Dios, Él es sometido por lo que es gozoso o no gozoso, es decir, la retribución. Al menos, ese es el lenguaje exotérico acerca de esto.

Por su parte, el secreto esotérico correspondiente es que la retribución es una manifestación divina que aparece en el espejo de la Realidad de Dios. Lo que vuelve a las posibilidades contingentes de la parte de Dios no es otra cosa que lo que sus propios seres confieren en los estados pasajeros que ellos revisten. Estas posibilidades poseen una forma en todo estado. Sus formas difieren según sus estados, y la manifestación de Dios difiere, a su vez, según el estado que ellas revistan. Lo que ejerce su efecto de retribución sobre el servidor está en la medida de lo que es: nadie más que él le otorga el bien, ni nadie más que él le da lo contrario del bien. Es él quien se otorga a sí mismo la gracia y el castigo. ¡Que solo se censure a sí mismo! ¡Que solo se alabe a sí mismo! **Dios tiene el argumento decisivo** en la ciencia que posee acerca de ellos, porque la ciencia sigue a su objeto.

Un secreto más elevado todavía corresponde a una cuestión semejante: que las posibilidades contingentes permanecen en su estado esencial de no-manifestación. No existe realidad alguna más que la de Dios, que se actualiza por medio de las formas unidas a los estados pasajeros que revisten esas posibilidades, siguiendo lo que son en sí mismas y en sus determinaciones propias. Por eso, puedes saber Quién experimenta el goce y Quién el dolor, y también lo que es llamado a suceder a cada estado particular: por eso la retribución ha sido llamada *'uqûba* o *'iqâb*, denominaciones que pueden emplearse tanto para el bien como para el mal, aunque el uso de la lengua haya querido que, para el bien, se hable de «recompensa» *(thawâb)* y, para el mal, de «castigo» (*'iqâb*). He ahí por qué el término *dîn* («religión») puede ser también definido e interpretado como significando «lo que retorna», porque eso que implica y exige el estado del ser contingente le «retorna» efectivamente. *Dîn* es, pues, lo que vuelve. Ha dicho el poeta:

Como, antes de ella, tu destino con Umm al-Huwayrith [24].

Es decir: lo que vuelve a ti de manera habitual.

El término «retornar» se entiende de ordinario en el sentido que la cosa vuelve por sí misma a su estado inicial, pero ese sentido no se corresponde con nada, porque ese «retorno» implicaría una repetición; debe comprenderse mejor como una verdad esencial presente de manera análoga en formas diversas. Sabemos, por ejemplo, que fulano no difiere de mengano en tanto que los dos son hombres, pero eso no significa en modo alguno que la cualidad de hombre sea renovada en cada uno de ellos, porque eso introduciría la multiplicidad en un aspecto esencial único, cuando lo único no puede, en tanto que tal, volverse múltiple. Sabemos, por otra parte, que fulano difiere de mengano desde el punto de vista de la personalidad: la persona de fulano no es la de mengano a pesar de la presencia simultánea de la cualidad de persona considerada como tal. A partir de esta analogía, decimos que hay «renovación» en el dominio sensible, y que no lo hay desde la perspectiva de la verdadera realidad. Hay renovación bajo un aspecto y no hay renovación bajo otro, del mismo modo que hay retribución bajo un aspecto y no hay retribución bajo otro, porque la retribución es un simple estado pasajero entre todos los que asume el ser contingente. Ese

---

24 En árabe: *Ka dinika min Umm al-Hawayrith qablahâ.*

es un punto que han descuidado los sabios que se han ocupado de esta cuestión, en el sentido de que no lo han explicado de la manera que convenía, aunque no lo han ignorado, pues forma parte del secreto de la predestinación que gobierna a las criaturas.

De igual modo que se dice del médico que está al servicio de la naturaleza, se dice de los Enviados y de los herederos espirituales de los Enviados que están al servicio del Mandato divino, cuando en realidad están al servicio de los estados pasajeros de las posibilidades contingentes. Ese servicio forma parte del conjunto de los estados fijados desde el origen en su ser esencial. ¡Observa lo asombroso que es! A menos que únicamente se entienda por «servicio» que permanezca cerca de lo que ha ordenado aquel a quien él sirve, ya sea por el estado, ya sea por la palabra. Solo se puede decir del médico que está al servicio de la naturaleza, si le suministra una ayuda incondicional. Puede ocurrir que la naturaleza produzca al cuerpo una condición física particular que se llama «enfermedad». Si el médico le proporcionara su ayuda bajo pretexto de que está a su servicio, agravaría esta enfermedad cuando, por el contrario, le pone obstáculos a fin de devolver la salud —que, sin embargo, forma también parte de la naturaleza—, creando una condición física diferente, opuesta a la primera. Por consiguiente, el médico no está al servicio de la naturaleza de forma absoluta. Lo está únicamente en la medida en que no puede devolver la salud al cuerpo del enfermo y cambiar su condición física más que actuando igualmente por medio de la naturaleza. No concede a esta más que una consideración particular, no un derecho general, que no tendría ningún sentido para una cuestión de este género. El médico está, pues, a servicio de la naturaleza sin estarlo.

Igual es la forma en que los Enviados de Dios y los herederos espirituales de los Enviados están al servicio de

Dios. Dios rige los estados de los que se hallan sometidos al castigo legal según dos modalidades diferentes. La Orden divina revelada no es realizada efectivamente por el siervo más que en la medida en que implique la Voluntad de Dios, y la Voluntad de Dios que le concierne no es efectiva más que en la medida en que implique la Ciencia de Dios, y la Ciencia que Dios tiene de él está en la medida de lo que su objeto le confiere por su esencia. Este, por su parte, no puede ser manifestado más que por su forma propia. En consecuencia, el Enviado y el heredero del Enviado [25] están por Voluntad de Dios al servicio del Mandato divino, no al servicio de esta Voluntad. Antes al contrario, se oponen a ella buscando, por medio de lo que ellos ordenan, la felicidad del ser sometido al castigo. Si estuvieran al servicio de esta Voluntad, no exhortarían a los hombres al Bien, aunque no exhortasen más que por ella, es decir, por la Voluntad.

El Enviado y el heredero son los médicos de la vida futura para las almas sometidas al Mandato de Dios, desde el momento en que ellos mismos reciben la Orden. Meditan el Mandato del Altísimo, tienen en cuenta Su Voluntad y comprueban que Él les ordena lo que contradice Su Voluntad, porque solo se realiza lo que Él ha querido. Tal es la razón de ser del Mandato: Él quiere el Mandato, y por consecuencia este se manifiesta, pero no quiere, sin embargo, que se realice lo que ha ordenado y que puede no ser cumplido por quien ha recibido la orden, de modo que se hable entonces de «oposición» y de «desobediencia». El Enviado es un simple transmisor, por eso ha dicho en el hadiz: «La azora *Hûd* y sus hermanas me han hecho encanecer», debido a la aleya: **Levántate, como te ha sido ordenado** (Cor. 11, 112), porque no podía sa-

---

[25] Es decir, el hombre realizado que ejerce una función de guía espiritual.

ber si lo que había ordenado era conforme a la Voluntad y se realizaría, o iría en contra de esta Voluntad y no se realizaría.

Nadie puede tener el conocimiento de lo que ha decidido la Voluntad divina si no es después de su realización espiritual, con excepción de aquel a quien Dios ha desvelado la mirada interior, de modo que percibe las esencias de las posibilidades contingentes tal y como están en su estado de inmutabilidad esencial, y juzga entonces en función de lo que ve. Esta facultad no existe más que en escasas personas en momentos particulares, y no puede ejercerse en modo continuo. Ha dicho: **Di: no sé lo que Él va a hacer de mí y de vosotros** (Cor. 46, 9). Y ha mencionado ese velo de una forma explícita, porque la visión sutil no tiene razón de ser más que en casos particulares.

9

El engarce de una sabiduría luminosa en un verbo de José

Esta Sabiduría derrama su luz sobre la Dignidad de lo Imaginal: esa es la primera manifestación de la Inspiración divina en las gentes de la Solicitud. Aishâ [26] dijo: «El primer signo de la Inspiración divina en el Enviado de Dios fue el sueño verídico. Desde entonces nunca vio ninguno que no fuera semejante a la luz del alba», queriendo decir con eso que nada le permanecía oculto, tal era la inmensidad de su ciencia. Y continuó: «Eso duró seis meses; luego vino el ángel». Ella ignoraba que el Enviado de Dios había dicho: «En verdad, los hombres duermen, y cuando mueren, despiertan». Todo lo que veía en estado de vigilia era de este modo, a pesar de la diferencia aparente entre los estados de vigilia y de sueño. Según la palabra de Aishâ, este estado habría durado seis meses, cuando en realidad su vida entera fue de este modo: un sueño en el interior de un sueño. Todo lo que sucedía era de este modo. Eso es lo que se llama «el mundo de lo imaginable», y por eso conviene interpretarlo. Es decir: la cosa que, por sí misma, posee una determinada forma aparece bajo una forma diferente. El intérprete, si su interpretación es justa, pasa de la forma que ve el durmiente a la de la cosa verdadera. Por ejemplo, la manifestación de la ciencia bajo la

---

[26] La esposa favorita del Profeta, transmisora de numerosos hadices.

forma de leche: el Profeta pasó, en su interpretación, de la forma de la leche a la de la ciencia, interpretando el sueño diciendo que la forma visible de leche debía ser transpuesta y conducida a la forma esencial e invisible de la ciencia.

Por otro lado, cuando el Profeta recibía la Inspiración, era arrebatado fuera del dominio sensible ordinario y cubierto de manera que estaba oculto a aquellos que se hallaban presentes cerca de él. Cuando el velo se levantaba, reaparecía. Lo que percibía en ese estado forma parte de la Dignidad de lo Imaginable, salvo que no se puede decir de él que estuviera durmiendo. Lo mismo sucedía cuando el ángel que traía la Revelación aparecía bajo el aspecto de un hombre: no se trataba en ningún caso de un hombre, sino de un ángel que había tomado una forma humana. Por eso, el Profeta, cuya visión era la de un gnóstico, iba más allá de la forma aparente y llegaba instantáneamente a la forma real diciendo: «He ahí a Gabriel; ha venido a vosotros para enseñaros vuestra religión». Primero había dicho: «¡Traedme a ese hombre!». Le había dado el nombre de «hombre» a causa de la forma en que se les había aparecido. Luego les dijo: «Es Gabriel», elevándose hasta la forma original de este hombre imaginable. Ha dicho la verdad en los dos casos: la primera vez según lo que era visible en el mundo sensible, y la segunda vez diciendo que era Gabriel, pues se trataba de él sin duda alguna.

José dijo: **En verdad, he visto once estrellas, así como el sol y la luna; las he visto prosternarse ante mí** (Corán 12, 4). Vio a sus hermanos bajo la forma de esas estrellas, a su padre y a su tía [27] bajo las del sol y la luna. Esta visión provenía de José porque, si hubiera venido de aquellos que había visto, la aparición de sus hermanos bajo la forma de estrellas y la aparición de su padre y de su tía

---

[27] La madre de José había muerto, y su padre había tomado como esposa a la hermana de aquella.

bajo la forma del sol y de la luna habrían debido ser el efecto de una voluntad de su parte, cuando en realidad no tenían ningún conocimiento de lo que José había visto. Su percepción provenía únicamente de las profundidades de su capacidad de contemplación de lo imaginable.

Jacob comprendió bien eso cuando José le contó su sueño, pues le dijo: **Hijo mío, no cuentes tu sueño a tus hermanos porque se valdrán de astucias contra ti.** Luego reconoció la inocencia a sus hijos de esta astucia y la atribuyó al Demonio, añadiendo: **En verdad, el demonio es para el hombre un enemigo evidente** (Cor. 12, 5). Es decir, que su enemistad es patente.

Luego, al final de la historia, José dijo: **Esto es la explicación del sueño que tuve en otro tiempo: mi Señor la ha hecho real** (Cor. 12, 100). Es decir, como si dijera: «La ha manifestado en el mundo sensible después de que hubiera sido una forma imaginable». El Profeta dijo: «Los hombres duermen». La frase de José: «Mi Señor lo ha hecho real» es la de alguien que, mientras dormía, vería que se había despertado de un sueño que había tenido, y que lo interpretaría sin saber que él mismo no había dejado de estar dormido. Si se despertara, diría: «He visto tal cosa en sueños, luego he soñado que me había despertado y lo he interpretado». Hay una gran diferencia entre la comprensión iniciática de Muhammad y la de José cuando este dijo: «Esto es la explicación del sueño que he tenido en otro tiempo: mi Señor lo ha hecho real», en el sentido de «lo ha hecho sensible», es decir, perceptible por los sentidos cuando lo era ya, porque la realidad imaginable no produce nunca más que realidades sensibles, y no puede producir ninguna otra cosa. Contempla la excelencia de la ciencia de los herederos de Muhammad. Voy a desarrollar ahora la doctrina relativa a esta Dignidad recurriendo al lenguaje del «José muhammadî», a fin de que puedas comprenderla.

Decimos: lo que se designa como «distinto que Dios», lo que se llama «el mundo», es a Dios lo que la sombra es a la persona. El mundo es la sombra de Dios, es la esencia del vínculo que une la realidad al mundo. La sombra está dotada de realidad en el mundo sensible, a condición, no obstante, de que haya un soporte sobre el cual esta sombra pueda manifestarse, pues si continúa siendo virtual no puede actualizarse, sino que permanecerá en potencia en la persona que la produce. El receptáculo de la manifestación de esta sombra divina que se llama «el mundo» está constituido únicamente por las esencias propias de las posibilidades contingentes, y es sobre ellas donde se extiende esta sombra. Es percibida en la medida en que se extiende la realidad de esta Esencia, y no lo es más que por Su Nombre «la Luz». La sombra así extendida sobre las esencias propias de estas posibilidades es la imagen del misterio incognoscible.

¿No ves las sombras cómo tienden hacia la oscuridad, indicando de ese modo el secreto que contienen, por el hecho de no tener más que una relación lejana con las personas de las que ellas son la sombra? Incluso si la persona es blanca, la sombra conservará esta apariencia. ¿No ves las montañas? Cuando están lejos del que las mira, parecen sombras, cualquiera que sea su color real, únicamente a causa de su lejanía. ¿O el color azul del cielo? Todo eso es el efecto del alejamiento en el mundo sensible cuando se trata de los cuerpos no luminosos. Tiene el mismo valor para las esencias de las posibilidades contingentes: no son luminosas porque permanecen inmanifestadas. Son cualificadas por la inmutabilidad esencial, no por la realidad actual. Según esto, la realidad es quien constituye la luz. En cuanto a los cuerpos luminosos, el alejamiento les hace aparecer pequeños, ese es otro de sus efectos. Los sentidos los perciben como pequeños cuando son en sí mismos incomparablemente más grandes, como el Sol, que es sesenta y seis veces, un cuarto y un octavo más grande que la Tierra, mientras que es percibido como del tamaño de un escudo. También eso es efecto de la lejanía.

No se conoce del mundo más que lo que se conoce de las sombras, y se ignora de Dios lo que se ignora de la Personalidad divina que produce esta sombra en el origen de todas las demás. En tanto que es una sombra que Le pertenece (el mundo), es conocido; pero en tanto que se ignora lo que la sombra contiene de la forma (verdadera) de la persona que la produce, se ignora a Dios. Es por lo que decimos que conocemos a Dios bajo un aspecto y lo ignoramos bajo otro.

¿No ves cómo tu Señor extiende la sombra? Si lo hubiera querido, la habría dejado inmóvil (Cor. 25, 45-46), es decir, que habría permanecido en un estado potencial. Esto quiere decir que no es propio de Dios revelarse a las posibilidades contingentes de tal suerte que aparezca la sombra: pueden permanecer con aquellas que no posean ninguna determinación en la existencia. **Luego hemos hecho del Sol un indicador que la revela.** Su Nombre es «la Luz», de la que hemos hablado antes. Esto es confirmado en el mundo sensible: las sombras no pueden producirse en ausencia de luz. **Luego, la hemos contraído hacia nosotros por un contacto fácil**: la atrae hacia Él, porque ella es su Sombra, y es a partir de Él cuando ella se ha manifestado, y es **hacia Él quien ha reunido la Orden en su totalidad** (Cor. 11, 123): Ella, la sombra, es Él, y nada más que Él. Todo lo que percibimos es la realidad de Dios en las esencias de las posibilidades contingentes: desde el punto de vista de la Dios, se trata de Su realidad; desde el punto de vista de la diferenciación de las formas en Él, se trata de las esencias de estas posibilidades: de igual modo que esta diferenciación no invalida el nombre «sombra», ella no invalida ni el nom-

bre «mundo» ni la expresión «todo lo que no sea Dios».
Considerado en la unidad de su sombra, se trata de Dios,
porque es «el Uno Único». Considerado en la multiplicidad de sus formas, se trata del mundo. Prueba tu sutileza
y realiza lo que te expongo.

De lo que acabo de decirte resulta que el mundo es
ilusorio porque está desprovisto de realidad verdadera:
eso es lo que hay que entender por «imaginación». Es decir: te imaginas que el mundo es una realidad sobreañadida, autónoma y exterior a Dios, cuando en realidad no
es así. No ves que la sombra, en el dominio sensible, permanece unida a la persona que la produce, y es imposible
separarla de ella, porque es imposible separar una cosa de
sí misma. Aprende a reconocer tu ser, quién eres tú. Lo
que es tu verdadero Yo, cuál es tu afinidad con Dios, por
qué eres Dios y por qué eres mundo, diferente, distinto a
Él, y a qué corresponden esos términos. En eso aparece
la jerarquía de los sabios: este es sabio, este otro lo es más.

Dios, con relación a una sombra particular, pequeña o
grande, pura o más pura, es como la luz que un cristal
vela a la mirada y tiñe de su propio color: incoloro por sí
mismo, se te presenta coloreado para ilustrar lo que es tu
realidad cuando se le compara con tu Señor. Si dices que
la luz es verde porque el cristal es de este color, dices la
verdad y los sentidos atestiguan en tu favor. Si dices que
no es ni verde ni posee color alguno, siguiendo lo que te
indica el sentido común, estás diciendo igualmente la verdad y con eso atestiguas la evidencia de un intelecto sano.
Se trata de una luz filtrada por la sombra, que no es otra
que el cristal. Este es una sombra que su pureza ha vuelto
luminoso. Sucede lo mismo para aquel de entre nosotros
que ha realizado a Dios: la Forma de Dios aparece en
él más que en los otros. Para algunos de entre nosotros,
Dios es «el oído, la vista, el conjunto de las facultades y
de los miembros», como indica la enseñanza de una Ley

de inspiración divina. Sin embargo, la esencia propia de la sombra existe porque el pronombre que aparece en la expresión del hadiz, «su oído», se refiere a él. No es el caso de los otros servidores que no han realizado a Dios. La relación de proximidad de este servidor con la realidad de Dios es más estrecha que la de los otros.

Si es tal como afirmamos, has de saber que tú eres imaginación, y que todo lo que percibes y de lo que dices, «eso no soy yo», es imaginación. La realidad en su totalidad es una imaginación en el interior de una imaginación. La Realidad, la Verdad, es Dios considerado en Su Esencia y en Su Ser, no bajo el punto de vista de Sus Nombres. Estos implican, en efecto, una doble designación: la primera se refiere a Su Ser, que es la esencia de lo que es nombrado; la segunda es la que separa tal Nombre de tal otro y que distingue a uno del otro. ¿Qué hay de común entre los Nombres divinos «El que todo lo perdona», «el Exterior» y «el Interior», entre «el Primero» y «el Último»? Ahora puedes ver claramente en qué aspecto todo Nombre es la esencia de otro, y en qué difiere de él: bajo el primer aspecto, es Dios; bajo el segundo, es ese «Dios imaginario» del que tratamos aquí.

¡Gloria a la trascendencia de Aquel que no puede ser designado más que por Él mismo y cuya Existencia no subsiste más que por Su Ser! No hay nada en la Existencia que no esté designado por la Unidad, y no hay nada en la imaginación que no esté designado por la multiplicidad. El que se atiene a la multiplicidad permanece con el mundo, con los Nombres divinos y los nombres del mundo, mientras que el que se atiene a la Unidad permanece con Dios considerado en Su Esencia **independiente de los mundos** (Cor. 3, 197). Si Ella es independiente respecto de los mundos, eso significa que es independiente respecto de toda atribución que Le sea hecha de los Nombres, porque estos Le pertenecen de forma esencial. De igual modo que ellos La designan, designan otros nombrados, lo que realiza su poder en el mundo.

Di: Él, Dios, es Uno desde el punto de vista de Su Ser, **Dios es el Sostén universal,** en tanto que dependemos de Él, **Él no engendra** ni bajo el punto de vista de Su Esencia ni en tanto que Él es nosotros [pues todo lo que nosotros engendramos en apariencia ya está presente eternamente en la Esencia] **y no es engendrado,** con lo que **no tiene igual** (Cor. 112, 1-4). Tal es su cualificación. Ha indicado la incomparabilidad de Su Esencia diciendo que «Dios es Uno», mientras que la multiplicidad aparece con las cualificaciones que nos son familiares: somos nosotros los que engendramos y quienes somos engendrados, somos nosotros los que dependemos de Él, somos nosotros los que somos iguales los unos frente a los otros. Este Único, en cambio, trasciende estas cualificaciones, es independiente respecto a ellas como lo es respecto a nosotros. Dios no tiene otra genealogía que la de la azora *al-Ijlâs*[28], y por esta razón nos ha sido revelada.

La unidad de Dios examinada bajo el punto de vista de los Nombres divinos, es la Unidad de la Multiplicidad. La unidad de Dios considerada en tanto que es independiente de nosotros y de los Nombres, es la Unidad del Ser. Pero has de saber que Su Nombre «el Uno» se aplica en los dos casos.

Dios no ha manifestado «las sombras» y no las ha hecho **prosternadas, extendiéndose desde la izquierda o desde la derecha** (Cor. 16, 48) más que para mostrarte signos sobre ti y sobre Sí Mismo, para que sepas quién eres tú, cuál es tu relación con Él, cuál es Su relación contigo, a fin de que sepas de dónde, o de qué aspecto divino

---

[28] A la que pertecen los versículos que acaba de comentar. El término *ijlás* ha sido traducido de muy diversas formas. Su raíz alude a la idea de «pureza».

procede la atribución a todo lo que, de la «pobreza total» a Su respecto, es otra cosa que Dios, así como de la «pobreza relativa», que hace a los seres dependientes los unos de los otros. Y esto, a fin de que sepas de dónde, o de qué aspecto divino procede la atribución a Dios de la independencia respecto de los hombres, de la independencia respecto de los mundos, así como la atribución al mundo de la independencia, es decir, la independencia de algunos seres respecto a otros. El mundo es, sin la menor duda, dependiente de las causas segundas, de una dependencia que alude a su esencia misma. Su Causa suprema es la causalidad divina, pero la única causalidad que pertenece a Dios y de la que depende el mundo es la de los Nombres divinos. De entre los Nombres divinos, todo Nombre del que depende el mundo, que pertenece tanto al mundo como a él o que sea una manifestación del Ser de Dios, es Dios y nada más[29]. Por eso, Él ha dicho en el Corán: **Hombres, vosotros sois los pobres con respecto a Dios y Dios es aquel Independiente de todo, el Infinitamente Alabado** (Cor. 35, 15). Es bien sabido que dependemos los unos de los otros. Nuestros nombres son Nombres de Dios Altísimo, porque es de Él de quien en definitiva dependemos. Nuestras esencias son en realidad Su Sombra, nada más: Él es nuestro Yo interior, y no lo es.

Te hemos allanado el camino. Ahora depende de ti el ver.

---

[29] Recogemos aquí el comentario de Gilis, que nos parece clarificador. Por ejemplo, un niño depende de sus padres para alimentarse. Sus padres, que pertenecen al mundo, como él, son los que, aparentemente, le alimentan. Pero, desde el punto de vista de la realidad profunda de las cosas, ellos no son más que una manifestación del Nombre divino *al-Râziq* («el que alimenta») o de *al-Razzâq* («el que alimenta universalmente»). El objetivo de este texto es, pues, explicar cómo por qué todo ser puede considerase como la manifestación divina de uno o varios Nombres de Dios.

10

El engarce de una sabiduría de verdad en un verbo de Hûd [30]

Es en Dios donde está la Recta Vía,
manifiesta, no oculta en todos,
presente en pequeños y grandes,
ignorantes de las realidades o sabios.
Por eso Su Misericordia envuelve
todo, ya sea vil o de valor inmenso.

No hay un ser que Él no tenga agarrado por el me-chón. **En verdad, mi Señor está sobre una Recta Vía** (Cor. 11, 56). Todo caminante avanza por la Recta Vía del Señor. Bajo este punto de vista, no es ni de **esos sobre los cuales está la Cólera**, ni de **los desviados** (Cor. 1, 7). La desviación es accidental, igual que la Cólera divina. El resultado es la **Misericordia que envuelve todo** (Cor. 7, 56) y que la precede [31].

Todo ser distinto de Dios está en movimiento, porque está dotado de espíritu. Nadie se mueve por sí mismo, sino que cada uno se mueve por «otro que no es él» y si-

---

30 Hûd fue el profeta enviado por Dios al pueblo de 'Âd. Su tumba se sitúa tradicionalmente en el Hadramawt, Yemen.

31 Como, efectivamente, dice el hadiz *qudsí:* «Mi Misericordia pre-cede a Mi Cólera». La primera es esencial; la segunda no. Hadiz *qudsí* es aquel en el que Dios habla en primera persona, por boca del Profeta.

gue necesariamente al que está sobre la Recta Vía, porque no hay camino sin caminantes.

> *Si la criatura se te somete,*
> *es Dios quien se somete.*
> *Si Dios se te somete,*
> *la criatura no sigue forzosamente.*
> *Añade fe a lo que decimos aquí,*
> *porque mi palabra es toda ella verdadera.*
> *No hay ser en el mundo*
> *que no esté dotado de palabra.*
> *El ojo no ve criatura alguna*
> *cuya esencia no sea Dios,*
> *pero a la manera de un depósito:*
> *sus formas son receptáculos.*

Has de saber que las ciencias divinas de naturaleza esotérica que obtienen las Gentes de Dios son también distintas a las facultades que se unen a ellas, aunque estas se remitan un Ser único. Dios Altísimo ha dicho: «Yo soy el oído por el que oye, la vista por la que ve, su mano con la que ase con fuerza, su pie con el que avanza», recordando así que Su Esencia es la esencia de los órganos del servidor, que no son otros que Él mismo. La Esencia es única y los órganos diversos. Cada órgano posee una «ciencia del gusto» que le es propia y que procede de una esencia única, diferenciándose en los órganos. Del mismo modo, el agua [32] es una realidad única cuyo sabor se diferencia en sus soportes: aquí es **dulce, agradable al gusto,** y allá, **salada, amarga** (Cor. 25, 53), pero siempre es agua; no

---

[32] En la teoría hindú de los cinco elementos, la facultad relacionada con el agua es el sabor, es decir, el gusto. En esto hay una coincidencia con la doctrina análoga en el sufismo.

abandona su realidad esencial en los estados que ella asume, a pesar de la diferenciación de los sabores.

La presente Sabiduría proviene de la ciencia correspondiente a los pies. Se trata de la Palabra del Altísimo a propósito de lo que comen aquellos que han alcanzado la realización del contenido de Sus Libros. Dice la aleya: **y debajo sus pies** (Cor. 5, 66). En efecto, la Recta Vía es el camino que seguimos y sobre el cual marchan nuestros pies, y la marcha no puede efectuarse más que por medio de ellos. La contemplación de cómo sujeta los mechones del cabello la Mano de Aquel que está sobre una Recta Vía no puede resultar más que de esta categoría especial de entre las «ciencias del gusto».

Y Él **conduce a los pecadores al Infierno** (Cor. 19, 86): es decir, los que han merecido la morada a la que han sido llevados por un viento que sopla desde atrás [33], que le ha alejado a ellos mismos. Cuando Él los había tomado por sus cabelleras, los vientos (o, dicho de otro modo, las pasiones que los dominaban) los habían conducido al Infierno, es decir, al alejamiento donde ellos imaginaban encontrarse. Cuando los hubo conducido a este lugar, se encontraron en realidad en la Proximidad. El alejamiento terminó, y eso que llamamos «Infierno» dejó de existir para ellos. Obtuvieron la beatitud de la proximidad que habían merecido, precisamente por ser pecadores. Dios no otorga esta Estación del «gusto de las delicias» más que por puro favor: toman posesión de él en virtud de los méritos adquiridos por sus esencias, por medio de las obras que ellos habrán realizado, porque no podrán emprenderlas más que avanzando por la Recta Vía del Señor, que tiene sus cabelleras en Su mano. No andarán por sí mismos,

---

[33] Literalmente, «un viento del oeste». Según el sufí Nâbulusî, el viento del oeste simboliza la dirección en la que el «sol de la Unidad» se pone para los pecadores.

sino obligados y forzados hasta llegar a la Proximidad
verdadera.

**Estamos más cerca de él [el agonizante] que vos-
otros, pero no veis** (Cor. 56, 85) (pues él es el que ve,
porque ha caído el velo), **y su mirada se ha hecho penetrante** (Cor. 50, 22). En estos versículos, Él no diferencia entre un agonizante y otro, o entre el que es bienaventurado en la proximidad, del que es reprobado. **Estamos
más cerca de él que la vena yugular** (Cor. 50, 16). Eso
dice. No ha distinguido a un hombre de otro. La Proximidad divina a la criatura es explícita en los testimonios
que se refieren al servidor.

Ninguna proximidad es más grande que la de Su Esencia, en tanto que es la esencia de los miembros y de las facultades del hombre. El hombre no es otra cosa que esos
miembros y esas facultades: es Dios contemplado en una
criatura imaginaria. La criatura es una concepción del intelecto creado, mientras que Dios es percibido por los
sentidos, es contemplado directamente por los creyentes
y por las Gentes de la Revelación iniciática y de la Realidad esencial [34]. Por el contrario, para los que no forman
parte de estas dos categorías, es Dios quien es una concepción del intelecto, y la criatura es lo contemplado directamente. A estos últimos podemos compararlos con al
agua salada, amarga, mientras que los primeros son comparables al agua dulce, agradable al gusto, deliciosa para
el que la bebe.

Los hombres son también de dos clases: los que van
por un camino que conocen y del cual conocen su fin
(para los que hay una Recta Vía), y aquellos que marchan
por un camino que desconocen y cuyo fin ignoran, pero

---

[34] Vemos cómo, en este pasaje, Ibn 'Arabî subraya la excelencia del
conocimiento sensible por encima de aquel que proviene del intelecto
creado.

que en el fondo es el mismo que el que conocen los primeros. El gnóstico llama a Dios **en virtud de una visión sutil** (Cor. 12, 108), mientras que el que no lo es, Lo llama por imitación de lo aprendido y de forma ignorante. Se trata de una ciencia especial conferida **por lo más bajo de los que están abajo** (Cor. 95, 5). Los pies es lo que está más bajo en el ser humano. Lo que está todavía más bajo está situado por debajo de los pies, y no puede tratarse más que del Camino. El que sabe que Dios es el Camino conoce la verdadera realidad: es en Él por donde caminas y por donde viajas, porque no hay otro objeto de ciencia más que Él. Es también Él que camina y el Viajero: no hay otro sabio más que Él. ¿Quién eres tú, entonces? Conoce, pues, tu esencia y tu camino, si has comprendido bien la realidad que te ha sido claramente expuesta por la lengua del intérprete [35], porque es la Lengua misma de Dios. No puede comprenderle más que aquel cuya comprensión es Dios: Dios es el sostén de las atribuciones múltiples y de los aspectos diversos.

¿No ves cómo los 'adíes, el pueblo de Húd, han dicho: **Esta es una nube que se extiende y va a darnos lluvia?** (Cor. 46, 24). Han pensado bien del Altísimo, pues, como dice un hadiz qudsî, «Él es conforme la opinión que su servidor tiene de Él». Dios se volvió en su favor por esta frase que habían dicho, y les informó de lo que era un grado más perfecto y más elevado en la Proximidad. Si les hubiera otorgado la lluvia, eso hubiera proporcionado la prosperidad de la tierra y el crecimiento del trigo, y los 'adíes no habrían obtenido los efectos beneficiosos de esta lluvia más que de una manera remota. Por eso, Dios les ha dicho: **Se trata más bien de lo que llamáis «la pronta llegada»: un viento que contiene un**

---

[35] Esta expresión puede referirse al Profeta, al mismo Ibn 'Arabî o al maestro espiritual en general.

castigo doloroso (Cor. 46, 24). Ha utilizado el término
«viento» (*rîh* en árabe) por alusión al «reposo» (*râha* en
árabe) que encierra, porque, por medio de este viento, los
libró de esos cuerpos toscos, de esas marchas penosas, de
esas densas tinieblas. Ese viento contenía un «castigo»,
algo que les resultó delicioso cuando lo gustaron, incluso
si les hizo sufrir primero, sacándoles de aquello a lo que
estaban acostumbrados. Dios les anunció la buena nueva
de este castigo, lo que era en realidad un bien más próximo a ellos que el que habían imaginado. **El viento destruyó todas las cosas por orden de su Señor. Por la
mañana no se vieron más que sus casas** (Cor. 46, 25),
es decir, sus cadáveres, que habían sido habitáculo para sus
espíritus divinos. La cualidad divina inherente a esta condición particular cesó, y solo permaneció para sus esque-
letos esta «vida» que les es propia y que viene de Dios, y
gracias a la cual las pieles, las manos y los pies están dotados de palabra, del mismo modo que las extremidades de
los látigos y los muslos [36]. Todo eso está en relación con
formulaciones de origen divino.

Sin embargo, el Altísimo se ha descrito a Sí mismo
como «Celoso» y, a causa de Su celo, **ha prohibido las
indecencias** (Cor. 7, 33). Ahora bien, la «indecencia» [37]
no concierne más que a lo aparente, porque la indecencia de lo que permanece interior no existe más que para
aquel para quien ella es aparente. Él ha prohibido las indecencias, es decir, que ha impedido que sea conocida exteriormente la verdad espiritual que acabamos de mencionar, es decir, que Él es la esencia de las cosas. La ha ocultado

---

[36] Se trata de una alusión a un hadiz de naturaleza apocalíptica. Véase
a este respecto mi obra *Los signos del fin de los tiempos según el islam*,
Edaf, Madrid, 2007, p. 37, donde aparece este hadiz.

[37] Evidentemente, es necesario despojar al término, en este contexto, de toda connotación moral.

por los «celos», es decir, por esta «alteridad» que es tú. Es el «otro» quien dice: «El oído es el oído de fulano», cuando el gnóstico dice: «El oído es la esencia de Dios». Y lo mismo para el resto de las facultades y de los miembros. No todos conocen a Dios. Por eso se establecen entre los hombres las jerarquías iniciáticas. La excelencia de algunos se hace evidente.

Has de saber que Dios me hizo contemplar las esencias de todos Sus Enviados y Sus Profetas de entre los hombres, desde Adán hasta Muhammad, en la ciudad de Córdoba en el año 586 (1190 d. de C.). Del grupo de los Profetas, nadie me dirigió la palabra a excepción de Húd, quien me informó de la causa de esta reunión. Lo vi como un hombre más imponente que los otros, de hermosa apariencia, sutil en su manera de hablar, poseyendo el conocimiento intuitivo de las cosas. Tengo como prueba de ello la palabra de Dios cuando dice: **No hay ser que Él no tenga sujeto por el mechón. En verdad, mi Señor está sobre la Recta Vía.** ¿Hay para las criaturas un anuncio de buen augurio más extraordinario que este, revelado por Dios en el Corán? Y, por fin, ha sido llevada a su cumplimiento perfecto por el que reúne en sí la Totalidad, Muhammad, que nos ha hecho saber de parte de Dios que Él es la esencia del oído, de la vista, de la mano, del pie y de la lengua de Su servidor; dicho de otro modo, que Él es la esencia de sus facultades sensibles. Ahora bien, las facultades espirituales todavía están más próximas a Él. Se ha limitado a mencionar lo que está más alejado pero mejor definido, antes que lo que está más próximo y cuya definición es ignorada. Dios se ha hecho para nosotros intérprete de Su profeta Húd trayendo la palabra que había dirigido a su pueblo, como un anuncio de buen augurio para nosotros, mientras que el Enviado de Dios, Muhammad, se ha convertido en el intérprete de Dios transmitiendo de Su parte otra palabra de buen augurio. Así, la ciencia se ha perfeccionado en los corazones de los que la habían recibido. **Y solo los incrédulos rechazan Nuestros Signos** (Cor. 29, 47), es decir, los disimulan, aunque los conocen, por celos, estrechez espiritual y malevolencia.

Nunca hemos visto, viniendo de parte de Dios, un versículo revelado alusivo a Sí Mismo o un elemento tradicional comunicado de Su parte y relacionado con Él, sin que se acompañen de un apoyo, se trate o no de la trascendencia. En primer lugar, la Nube «por encima de la cual no hay aire y por debajo de ella tampoco lo hay»: Dios se encontraba ahí antes que creara las criaturas. Ha mencionado luego que **estaba sentado en majestad sobre el Trono**, lo que es igualmente una sumisión a lo que está permitido decir; después ha dicho que Él «desciende hasta el Cielo de este mundo inferior [38]». Está **en el Cielo**, está **en la Tierra**, está **con nosotros donde nosotros estamos** (Cor. 43, 84, y 57, 4), y nos hace saber que Él es nuestra propia esencia, siendo al mismo tiempo seres limitados. Él no se describe nunca fuera de lo que está permitido.

Su aleya **Nada es como Él** implica igualmente una limitación si consideramos la palabra «como» algo superfluo, en el sentido que no introducirá una cualificación de semejanza. En efecto, el que es distinto a un ser limitado, él mismo es limitado por el hecho de no ser la esencia de este ser. Definir lo absoluto respecto a lo condicionado es condicionarlo, puesto que el absoluto es condicionado entonces por su carácter absoluto para el que comprende. Por otra parte, si consideramos que el «como» introduce una comparación, Lo estamos limitando aún más. En cambio, si consideramos «**nada es como Él**» como una negación de la similitud, realizamos, al comprender de este

---

[38] Se trata de parte de un hadiz *qudsí*.

modo, que corresponde a la significación verdadera, que Él es la esencia misma de las cosas. Ahora bien, las cosas son limitadas y definidas, aunque sus definiciones sean diversas. En consecuencia, Él está definido por todo lo que es definible. Nada es definido sin que su definición sea la de Dios.

Está omnipresente en lo que llamamos «las cosas creadas e inventadas por Él». Si no fuera así, no tendrían Existencia posible: Él es la Existencia misma. Es **Guardián de Todo** por Su Esencia. **La salvaguarda del Cielo y de la Tierra no Lo cansa** (Cor. 2, 255). La salvaguarda que el Altísimo concede al conjunto de las cosas es la que Él otorga a Su propia Forma, con el fin de que nada sea más que esta última. No puede ser más que de este modo: es El Que Contempla a partir del ser que contempla, y el Contemplado a partir del ser contemplado. El Universo es Su Forma, y Él es el Espíritu del Universo, quien gobierna. Él es el «Gran Hombre» [39].

> *Él es el Ser completo,*
> *y es el Único.*
> *Mi ser se realiza por Su Ser,*
> *por eso digo:«es alimentado».*
> *Mi existencia es Su alimento,*
> *mientras que nosotros somos alimentados por Él.*
> *Es en Él contra Él, bajo el aspecto*
> *de la Unidad, donde yo me refugio.*

Para poner fin a esta «opresión» inherente a la Unidad Divina, en tanto que esencia de las cosas, Él «ha respirado». Él mismo ha atribuido los alientos al Infinitamente Misericordioso, porque es Este quien otorga misericordia a los Atributos divinos que buscan manifestar las formas del

---

[39] Es decir, el Macrocosmos o Universo.

mundo, de las que decimos que son el exterior de Dios por el hecho de que Él es el **Exterior**, igual que Él es el **Interior**. Es el **Primero**, porque existía cuando ellas aún no existían, y es el **Último**, porque es su esencia cuando ellas se manifiestan: el Último es la esencia del Exterior, y el Interior es la esencia del Primero. **Y es Conocedor de todo,** por el hecho de que tiene el conocimiento de Sí mismo.

Da vida a las formas en el Soplo y por el poder de los Atributos expresado por los Nombres y manifestado por las formas. Por eso los Atributos divinos convienen igualmente al mundo: los seres del mundo son los Atributos del Altísimo, que ha dicho: «En este día, he destituido a vuestros linajes y he elevado el Mío», es decir: «Os he despojado de vuestra relación para con vosotros mismos y os he devuelto vuestra relación conmigo».

¿Dónde están los que poseen el santo temor, aquellos que toman a Dios como protección, de modo que Dios es su exterior, es decir, la esencia de sus formas exteriores? Un ser así es el más formidable de los hombres, el que tiene el mayor valor y que es el más fuerte a los ojos de todos. Pero también puede entenderse que quien tiene el santo temor es el que se ha convertido en una protección para Dios por medio de su forma, de modo que la Esencia divina se identifica por las facultades del servidor. De ahí que el que se llame servidor se transforme en una protección para el que se denomina «Dios», en virtud de una contemplación directa, a fin de que el verdadero sabio pueda ser distinguido del que no lo es. **Di: ¿son iguales los que saben y los que no saben? Solos se acuerdan los que poseen los que están dotados de intelecto** (Cor. 39, 9), los que consideran la esencia de las cosas, porque es eso lo que es buscado a partir de esta. En las jerarquías espirituales, el que acorta su comprensión de las cosas no precede al que va hasta el fin, de igual modo que el asalariado no es comparable al servidor.

Si Dios es un protector para el servidor bajo un aspecto, y si el servidor es un protector para Dios bajo otro, puedes decir del Universo lo que quieras. Si quieres, puedes decir: «Es la Creación». Si quieres, puedes decir: «Es Dios». Si quieres, puedes decir: «Son los dos a la vez». Si quieres, puedes decir: «No es ni Dios bajo todas las relaciones, ni la creación bajo todas las relaciones». Si quieres, puedes decir que es algo que te deja perplejo. Es la condición espiritual la que muestra la cualificación requerida en cada caso.

Si no hubiera «sumisión divina a lo que se puede decir», los Enviados no indicarían que Dios se desplaza en las formas. No Lo describen nunca como habiéndose despojado a Sí mismo de toda forma.

> *El ojo solo lo ve a Él.*
> *La función que califica no se aplica más que a Él.*
> *Existimos para Él, por Él, en Sus Manos*
> *y en todo estado estamos en Su Presencia.*

Por eso Él es ignorado y conocido, trascendente e inmanente. El que ve a Dios a partir de Él, en Él y por Su Ojo es el verdadero gnóstico; el que Lo ve a partir de Él, en Él pero por su propio ojo, no es un verdadero gnóstico. El que no ve a Dios, ni a partir de Él, ni en Él, y espera verlo por su propio ojo es un ignorante. De un modo general, cada uno tiene necesariamente una convicción respecto a su Señor por la cual retorna a Él y en la cual Lo busca: si Dios se le manifiesta, Lo reconoce. Si, por el contrario, se le manifiesta de otro modo, Lo rechaza, pide protección contra Él y se muestra en realidad inconveniente a Su respecto, teniendo la convicción de estar respetando las conveniencias. El que se queda fijado en una «divinidad», la saca únicamente de sí mismo. La «divinidad» presente en creencias y convicciones de este tipo es una pura fabricación. Aquellos no verán más que a sí mismos y lo que han puesto en sus almas. Mira: los grados de los hombres en la ciencia que tienen de Dios son los mismos que los de la visión que tendrán de Él en el Día de la Resurrección.

Acabo de enseñarte cuál es la causa. Ten cuidado de no unirte a un credo particular renegando del resto, porque perderás un bien inmenso. Más aún: perderás la ciencia de la Verdad tal cual es. Que tu alma sea la sustancia de las formas de todas las creencias, porque Dios Altísimo es demasiado grande y demasiado inmenso para estar encerrado en un credo con exclusión de los otros. Él ha dicho: **Dondequiera que os volváis, allí está la Faz de Dios** (Cor. 2, 115), sin mencionar una dirección como superior a otra. Ha dicho solamente que «allí está la Faz de Dios». Ahora bien, la faz de una cosa es su verdadera realidad. Por eso ha despertado los corazones de los gnósticos, a fin de que las vicisitudes de la vida de este mundo no los desvíe de la realización de la Presencia divina tal cual es evocada en este versículo, porque el servidor no sabe en cuál de sus respiraciones morirá. Puede morir en un momento de descuido, que no es igual que morir en la Presencia divina.

Además, pese a este conocimiento, el servidor perfecto conserva constantemente, en la forma exterior y en el estado condicionado, la orientación por medio de la oración ritual hacia la Mezquita Sagrada, convencido que en el momento de su oración Dios está en su *qibla* [40], porque esta es uno de los Rostros de Dios evocados por la frase **Dondequiera que os volváis, allí está la Faz de Dios**. La dirección de la Mezquita Sagrada es una de ellas,

---

[40] *Qibla* es la orientación ritual hacia La Meca durante la plegaria. En las mezquitas, *qibla* es el muro que indica dicha orientación, normalmente resaltada por una hornacina o *mihrâb*.

hacia la cual se vuelve, y el Rostro de Dios se encuentra allí. No digas, sin embargo: «Está únicamente allí». Permanece fiel a lo que has comprendido. Respeta las conveniencias religiosas manteniendo la orientación en dirección de la Mezquita Sagrada, respetando también las otras direcciones, y no limitando el Rostro de Dios en esta dirección particular, porque esta forma parte del conjunto de las direcciones que puede tomar el que se vuelve hacia una de estas direcciones.

Te he explicado, según ha dicho Dios Altísimo, que Él está en todas las direcciones dondequiera que nos volvamos, y que estas no son sino los diferentes credos. Todos los que los siguen alcanzan algo, el que logra algo recibe su recompensa, el que recibe su recompensa es feliz, y el que es feliz es aceptado, incluso si es reprobado algún tiempo en la Morada futura. Incluso en esta vida, las Gentes de la Providencia pueden conocer la enfermedad y el sufrimiento aunque sepamos que son bienaventurados entre las Gentes de Dios. Incluso algunos servidores de Dios se verán alcanzados por estos sufrimientos en la vida futura, en la Morada llamada «Infierno». Sin embargo, ninguno de entre las Gentes de la Ciencia, de los que conocen la verdadera Realidad por intuición directa, afirma que estos no conocerán en esa Morada una felicidad que les es propia: o bien porque se pondrá un final a los sufrimientos que experimenten y de los que serán librados más adelante, lo que será causa de su felicidad, bien porque se tratará de una felicidad independiente de esta liberación y que se añada a ella, comparable a la que conocerán en los jardines paradisíacos aquellos para los que estos sean su morada. Pero Dios es más sabio.

11

El engarce de una sabiduría de las aperturas en un verbo de Sâlih

———

Entre los Signos, los de las monturas,
pues las vías de apertura son diversas.
Algunos se mantienen, por ellas, en la Verdad,
otros atraviesan las llanuras desérticas.
Los primeros son las «Gentes de la Visión» y
los segundos son los alejados,
pero todos ellos reciben de Él
la apertura de Sus Misterios «desde todas partes».

H AS de saber que la Orden existenciadora está fundada esencialmente sobre la cualidad de «único» que comprende la tríada. Los números «únicos» son los impares a partir del tres, que es el primero de entre ellos.

A partir de esta Dignidad divina el mundo ha sido creado. El Altísimo ha dicho: **Cuando queremos que una cosa exista, nuestra palabra es «Sé», y es** (Cor. 16, 40). Esta tríada es la de una Esencia dotada de voluntad, y esta es Su orientación especial respecto a la creación de una cierta cosa. Luego si Su Palabra «¡Sé!» no estuviera allí, acompañando a esta orientación, dirigida a esta cosa, esta no existiría.

La cualidad de «único» y la tríada se manifiestan también en esto. Por su presencia puede ser creada y dotada de realidad: se trata de su cualidad de cosa, de su capacidad de comprender y de su obediencia al Mandato de su Creador. Esta tríada corresponde, palabra por palabra, a la precedente: la esencia de la cosa en el estado de no-manifestación es simétrica a la Esencia de su Existenciador; su capacidad de comprender, a Su Voluntad, y su aceptación obediente de la Orden divina existenciadora, a Su palabra «¡Sé!».

Desde ese momento la cosa existe, y es a ella a quien el Corán atribuye su existencia, pues si ella no poseyera la capacidad virtual de existir a partir de ella misma cuando resonara esta Palabra, no aparecería realmente en la existencia. Esta cosa no está realizada exteriormente (cuando no lo estaba en el momento en que la Orden existenciadora tuvo lugar) más que por ella misma.

El Altísimo afirma que la existenciación pertenece a la cosa misma, no a Él. Lo que Le pertenece en este dominio es únicamente Su Mandato. Ha dicho también a este respecto: **Cuando queremos una cosa, Nuestra Orden es «¡Sé!», y es**. Aquí también, la creación es atribuida a la cosa sobre la Orden de Dios, y Él es verídico en Su Palabra. Un ejemplo de esto es lo siguiente: si un príncipe a quien se teme y a quien no se osa desobedecer dice a su servidor: «¡Levántate!», el servidor se levantará para obedecer a la orden de su señor. Este no interviene en el movimiento de este servidor más que por medio de la orden que le da de levantarse. El hecho de levantarse forma parte de los actos del servidor, no de los del señor.

La existenciación tiene su fundamento en la tríada, es decir, en el número tres presente en los dos lados: el lado de Dios y el lado de la criatura.

Esto se verifica también en las conclusiones obtenidas por el razonamiento. Este es compuesto necesariamente a partir de tres términos según una disposición especial y con una condición especial; si es el caso, la conclusión se obtendrá de forma necesaria.

El que recurre al razonamiento, lo construye a partir de dos premisas que comprenden cada una dos términos: estos son fundamentalmente cuatro, de los que uno es repetido en las dos premisas con objeto de unir una a otra por una suerte de maridaje. Esta repetición hace que no haya más que tres términos. El resultado se obtiene si la disposición según ese modo especial es respetada, es decir, que una de las premisas esté unida a la otra por la repetición del término que hace válida la tríada. La condición especial reside en el hecho de que el estatuto enunciado es más general que la causa primera, o equivalente. En este caso, la conclusión será justa; en el caso contrario, será falsa. Esto se verifica en el mundo exterior del modo siguiente: por ejemplo, cuando se atribuyen los actos al servidor con exclusión de toda referencia a Dios, o a la inversa, cuando se atribuye la existenciación a Dios de una forma absoluta, mientras que Dios la atribuye únicamente a la cosa de la cual se ha dicho «¡Sea!».

Un ejemplo de razonamiento justo, si queremos mostrar que la existencia del mundo procede de una causa segunda, es decir, por ejemplo: «Toda realidad producida posee una causa». Tenemos aquí dos términos: la realidad producida y la causa. Luego, diremos en la segunda premisa: «El mundo es una realidad producida». El término «realidad producida» es repetido en las dos premisas, de modo que «el mundo» representa el tercer término. La conclusión es que el mundo posee una causa: el término «causa» mencionado de forma general en la primera premisa reaparece de forma más particular en la conclusión.

La disposición especial es la repetición del término «realidad producida». La condición especial reside en el carácter general de la causa. En efecto, la causa de la existencia del ser producido es la causa segunda, cuyo alcance es general, puesto que se aplica al mundo entero en tanto que procede de Dios. Entiendo por eso el estatuto enunciado, porque podemos decir de toda realidad producida que procede de una causa segunda, poco importa que esta sea tan extensa como la realidad a la cual se aplica o que tenga un alcance mayor todavía: en los dos casos la conclusión será verdadera.

También aquí, gracias al poder de la tríada, se manifiestan las ideas obtenidas por medio de los razonamientos: la tríada es, pues, el principio de la manifestación universal.

Por este motivo, la sabiduría de Sâlih que Dios hizo aparecer, y que consistía en retardar tres días el castigo de su pueblo, no fue **una promesa engañosa** (Cor. 11, 65). La conclusión engendrada por esta tríada se confesó justa: ese fue el Grito mediante el que Dios los destruyó, de suerte que **por la mañana yacían muertos en sus moradas** (Cor. 11, 67).

En el primero de estos tres días, las caras de las gentes de su pueblo se volvieron amarillas. En el segundo día se volvieron rojas, y en el tercero se volvieron negras. Al final de los tres días, la predisposición esencial del pueblo de Thamûd se impuso: la presencia de la corrupción en ellos se hizo manifiesta, y esta manifestación fue designada como una «destrucción» (aunque no se trataba en realidad de eso, puesto que consistió únicamente en el paso de una existencia a otra). El amarillo de las caras de estos réprobos tiene su equivalencia en el brillo de los rostros de los bienaventurados, evocados por la frase del Altísimo: **Rostros, ese día, resplandecientes** (Cor. 80, 38), usando un término que, en árabe, significa «revelación, manifestación exterior», de igual modo que el amarillo era la manifestación de un signo anunciador de la condenación del pueblo de Sâlih. Después, haciendo juego con su rubor, llega la Palabra del Altísimo, que dice **Reidores,** porque la risa es una de las causas que enrojece las mejillas, como en el caso de las de los bienaventurados. Finalmente, ha establecido como correlato del cambio visible sobre la piel de los réprobos, cuando se volvió negra, Su palabra: **Alegres**. He ahí el efecto que la alegría produjo sobre su epidermis, lo mismo la negrura hizo aparecer su señal sobre la de los réprobos.

Por eso ha dirigido a los dos grupos una «buena nueva»: les ha dicho una palabra que ha producido sus efectos sobre su apariencia exterior. El servidor adquiere entonces un color de piel que no tenía antes. Ha dicho respecto a los bienaventurados: **Su Señor les anunció la buena nueva de una misericordia que viene de Él, y de una satisfacción** (Cor. 9, 21). Y en cuanto a los réprobos: **Anúnciales la buena nueva de un castigo doloroso** (Cor. 3, 21). El efecto de este lenguaje en sus almas se marcó entonces sobre la piel de los unos y de los otros: su apariencia revistió el estatuto que su comprensión de este lenguaje divino había establecido en su interior. Su existenciación no vino más que de ellos mismos, y esos efectos en ellos no han sido producidos más que por ellos: **Es a Dios a quien pertenece la prueba decisiva** (Cor. 6, 149).

El que comprenda esta Sabiduría, que la realice en sí mismo y haga de ella el objeto de su contemplación, se libre de toda dependencia respecto de otro y sepa que el bien y el mal que le lleguen no vienen más que de él. Por «bien» entiendo lo que es conforme a su deseo y en armonía con su naturaleza y su temperamento, y por «mal», lo que le es contrario.

El que domine esta contemplación disculpa a todos los seres creados, incluso si no piden perdón, sabe que todo lo que está en él proviene de sí mismo, del mismo modo que al conocimiento sigue su objeto, como hemos dicho anteriormente. Cuando sobreviene un acontecimiento que no es conforme a su deseo, se dice: «Son tus manos las que lo han atado; es tu boca la que soplaba» [41].

Dios dice la Verdad y Él guía por el camino.

---

[41] Esta frase hace alusión a una historia tradicional árabe. Un hombre que vivía en una isla quiso hacerse a la mar usando como embarcación una piel de animal inflada con aire. Sopló hasta llenarla, y después la ató, pero sin asegurarse de la eficacia del nudo que había hecho. Cuando se encontraba en alta mar, el nudo se abrió y el aire del interior se escapó, cayendo el hombre al agua. Cuando pedía socorro, oyó una voz que le decía: «Son tus manos las que lo han atado; es tu boca la que soplaba».

12

El engarce de una sabiduría del corazón en un verbo de Shu'Ayb (Jetro)

Has de saber que el corazón (y hablo del corazón del gnóstico) viene de la misericordia de Dios, pero es más grande que ella, porque contiene a Dios, mientras que Su misericordia no Lo contiene. Al menos, esa es la interpretación que implica el lenguaje del vulgo, que afirma que Dios es el agente y no el objeto de la misericordia, y que esta no puede aplicársele.

La interpretación según el lenguaje de la élite espiritual es esta: Dios se ha descrito como dueño del soplo, y este viene del consuelo. Los Nombres divinos son la esencia de lo que ellos designan, que no es otra cosa que Él. Sin embargo, requieren las realidades esenciales que Le confieren, y esas realidades requeridas por los Nombres no son otras que el mundo: la Divinidad requiere un ser que la reconozca, el Señorío divino requiere de un ser que le esté sometido. Sin el mundo, ambas estarían desprovistas de toda significación propia. Ellas no existen más que por él, poco importa que sea considerado en su realidad actual o en su predestinación esencial.

Dios, desde el punto de vista de Su Esencia, es independiente de los mundos, pero no lo es en tanto que Él es «Señor». La verdadera realidad permanece polarizada entre lo que requiere el Señorío y lo que vuelve a la Esencia independiente de los mundos. Sin embargo, el Señorío, tanto según su verdad esencial como en tanto que atributo, es esta Esencia misma. Como el antagonismo aparece en el seno de esta realidad por el efecto de las relaciones conceptuales, Dios se ha descrito a Sí mismo en los elementos tradicionales como Infinitamente Misericordioso para con Sus servidores.

El primer aspecto al cual ha concedido un consuelo por medio de Su Aliento, atribuido al Infinitamente Misericordioso, es precisamente el Señorío divino. Él lo ha hecho creando el mundo que el Señorío demanda en nombre de su propia naturaleza, y le ha acordado también en el conjunto de los Nombres divinos. Bajo este punto de vista, se puede decir que Su Misericordia se extiende a todo, y que encierra a Dios, que ella es más grande que el corazón o que su misma grandeza.

Has de saber también que Dios Altísimo, como se ha dicho en el *Sahîh* [42], cambia de formas en Su Manifestacion, y que, cuando el corazón Lo encierra, no encierra con Él a criatura alguna. El sentido de esto es que el corazón, cuando mira a Dios en el momento en que Él Se le manifiesta, no puede mirar a ningún otro. El corazón del gnóstico es de una amplitud tal que evoca la palabra de Abû Yazid al-Bistâmî [43]: «Si el Trono de Dios y lo que contiene se encontrara cien millones de veces en un rincón del corazón del gnóstico, este no lo percibiría». Junayd [44] ha dicho en el mismo sentido: «El ser producido,

---

[42] Se trata de una de las compilaciones tradicionales de hadices.

[43] Véase nota 18, pág. 74.

[44] Originario de Nahawand (Persia), los sufíes han dado a Junayd el título de *Sayyid al Ta'ifa*, (literalmente, el Señor del Grupo, entendiéndose aquí por «el Grupo» a los sufíes). Junayd se cuenta entre los sufíes denominados «sobrios». Jamás salieron de sus labios exclamaciones extáticas como las pronunciadas por otros maestros. Ni tan siquiera llevaba la vestimenta habitual de los sufíes, y se vestía como los eruditos y jurisprudentes. Alguien le sugirió que debería vestir la túnica sufí, al ser

cuando está junto al Eterno, no deja rastro alguno». Un corazón que contiene al Eterno, ¿cómo podría percibir aquello de lo que la existencia es producto?

En tanto que Dios Se diferencia en Su Manifestación en las formas, el corazón se ensancha y se encoge necesariamente a la medida de la forma en la cual la manifestación divina se opera, sin sobrepasarla en nada. Al contrario, tiene exactamente su medida y su forma: redonda, si el engarce es redondo; cuadrada, hexagonal, octogonal, etcétera, si el engarce tiene cualquiera de estas formas. Su emplazamiento en la sortija no tiene ninguna otra forma más que aquella que le es semejante.

Esto es lo contrario de lo que indican los iniciados, que dicen que Dios se manifiesta en la medida de la predisposición del servidor. Esta doctrina no es la nuestra, porque en realidad es el servidor quien se manifiesta a Dios en la medida de la forma en la que Dios Se manifiesta a él.

La aclaración de esta cuestión consiste en considerar que Dios Se manifiesta de dos formas: de modo invisible y de modo visible. Según la manifestación invisible, confiere al corazón su predisposición, y esa es la manifestación esencial cuya naturaleza es el misterio. Es también la Esencia, al decir Él de Sí mismo «Él» (*Huwa* en árabe). El «*Huwa*» Le pertenece desde toda la Eternidad. Cuando el corazón ha adquirido esta predisposición, Dios Se le manifiesta de modo visible: el corazón Lo ve y Él aparece entonces bajo la forma en la que Se le ha manifestado,

---

uno de ellos. Él respondió: «Si pensase que los vestidos fueran de alguna importancia, me haría un traje de hierro fundido, porque la voz de la Verdad dice: "Carece de importancia la *khirqa* (el manto sufí). / Lo único que importa es un corazón ardiente"».

La madre de Junayd era hermana del célebre sufí Sari al-Saqatí y Junayd se convirtió en su discípulo.

Fue también alumno de Hârith al Muhâsibi (véase nota 7). Parece que murió en Bagdad en el año 910 a la edad de noventa años.

como lo hemos dicho. Por otra parte, el Altísimo le confiere la predisposición según Sus palabras: **Él ha conferido a todo Su propia disposición, después ha guiado** (Cor. 20, 50), es decir, que luego Él levanta el velo que Lo separa de Su servidor, de modo que este Lo ve en la forma de su profesión de fe. Él es la esencia de su propio credo. El corazón y el ojo no contemplan nunca más que la forma, en Dios, de su propia profesión de fe. El «Dios» que profesa es Aquel del que el corazón contiene la Forma, el que se le ha manifestado y que ha reconocido. El ojo no puede ver más que al «Dios de las creencias».

Esta diferenciación de los credos es evidente. El que condiciona a Dios Lo reconoce cuando Se manifiesta bajo ese condicionamiento, pero Lo desconoce bajo otro aspecto. En cambio, el que Lo declara Absoluto e incondicionado no Lo desconoce nunca, sino que Lo reconoce en todas las formas bajo las que Se diversifica. Él confiere la medida de la forma en la que Se le ha manifestado, indefinidamente, porque las formas de la manifestación divina no tienen límite. Lo mismo vale el conocimiento de Dios: este no tiene, para el gnóstico, ningún límite donde haya que detenerse. Por el contrario, incluso siendo un gnóstico, este reclama en todo momento un aumento de esta ciencia: ¡**Señor, auméntame la Ciencia!** ¡**Señor, auméntame la Ciencia!** ¡**Señor auméntame la Ciencia!** (Cor. 20, 114). La Realidad carece de fin por ambos lados.

Si dices que hay Dios y hay criatura, porque consideras Sus palabras en el hadiz *qudsí:* «Soy su pie, con el que camina; su mano, con la que toma; su lengua, por medio de la cual habla», y así sucesivamente, para todas las facultades y para todas las partes del cuerpo de las que forman sus órganos, no estableces ninguna separación y dices: «La realidad creada es completamente Dios o completamente criatura». Él es criatura bajo un aspecto y Dios bajo otro, pero la Esencia es única. La forma del que se manifiesta es idéntica a la forma de quien es su sostén. Él es Aquel que se manifiesta y aquel en quien se manifiesta. Puedes ver cómo la Orden divina relativa a los aspectos esenciales expresados por los Nombres divinos es extraña, tanto bajo el punto de vista de Su Esencia como bajo el punto de vista de Su relación con el mundo.

> *¿Quién está aquí? ¿Quién está allí?*
> *El uno es la esencia del otro.*
> *Quien lo considera universal Lo particulariza.*
> *Quien Lo considera particular Lo universaliza.*
> *Ninguna esencia que no sea la otra.*
> *Su luz es Su oscuridad.*
> *Quien olvide esto*
> *no encontrará en él más que tinieblas.*
> *Solo conoce lo que decimos*
> *el servidor dotado de verdadera inspiración.*

En verdad, hay en eso una llamada para el que está dotado de corazón (Cor. 50, 37), debido a sus cambios en la diversidad de las Formas y de los Atributos. No ha dicho «para el que está dotado de intelecto», porque el intelecto condiciona y reduce la manifestación a una cualificación única, lo que es contrario a la verdadera Realidad. No se trata de una llamada para los que están dotados de intelecto, los que profesan credos, los que se declaran incrédulos los unos a los otros y se maldicen.

Y no tienen defensores (Cor. 3, 22). En efecto, la Divinidad profesada por el uno no tiene ningún poder sobre la profesada por el otro. El que se atiene a un credo defiende su concepción de la Divinidad y rechaza cualquier otra, pero lo que encierra su credo no le es de ninguna ayuda y permanece sin efecto y carece de efecto sobre el credo del que se opone a él. Del mismo modo, este oponente no debe esperar ninguna ayuda de la Divinidad

presente en su propio credo: **no tienen defensores.** Dios
ha negado que las Divinidades de las creencias puedan
servir de cualquier tipo de ayuda cuando son consideradas
separadamente. Lo que obtiene auxilio es la Síntesis, y lo
que auxilia es la Síntesis. Dios, para el gnóstico, es «el Siempre Conocido que no es nunca rechazado». Las «Gentes
del Siempre Conocido» en este mundo serán las «Gentes del
Siempre Conocido» en la vida futura.

Por eso ha dicho **«para el que está dotado de un corazón»,** porque el corazón adquiere la ciencia de los cambios de Dios en las formas esenciales, gracias a los cambios
que se operan en las formas aparentes. Es a partir de sí mismo como se conoce a «Sí mismo», porque él mismo no es
otro que la Esencia de Dios.

Nada puede existir en el Universo que sea distinto de
la Esencia de Dios: Él es el Gnóstico, El que sabe, El que
Se reconoce en tal forma, y Él es también el que no lo es,
el que no sabe, que no Se reconoce en tal otra forma. He
ahí lo que es otorgado al que conoce a Dios por medio
de la manifestación y de la contemplación del Ser sintético. Sus Palabras **«para el que está dotado de un corazón»** aluden al que se diversifica en los cambios.

En cuanto a las Gentes de la Fe, los que creen ciegamente en lo que los Profetas y los Enviados transmiten
de parte de Dios (no hablo de los que siguen sin discernimiento, los especulativos o los que siguen a los que inter-
pretan los datos tradicionales apoyándose en argumentos
puramente racionales), son visitados por la Palabra del Altísimo que dice **«o que presten oído»** (Cor. 50, 37) a lo que
es trasmitido por los datos comunicados por boca de los
Profetas, **y el que es testigo**, es decir, el que ha prestado
oído. Por esas últimas palabras ha atraído la atención sobre
la Dignidad del Imaginario y sobre su utilización ritual.

En cambio, el que sigue ciegamente al racionalista especulativo, y que está condicionado por él, no es «el que

ha prestado su oído», porque este último es necesariamente «testigo» de lo que hemos mencionado; en tanto
que no lo es, no se ve concernido por este versículo. Esos
son de los que Dios ha dicho: **Cuando estos que hayan
sido seguidos declinen su responsabilidad respecto de
los que les han seguido** (Cor. 2, 66), porque los Enviados no actúan así respecto de los que los siguen.

Realiza, compañero, lo que acabo de mencionar para
ti a propósito de la sabiduría del corazón.

Esta ciencia es atribuida especialmente a Shu'ayb (Jetro) con motivo del «movimiento en todas las direcciones», cuyas ramificaciones son innumerables. Cada profesión de fe es una, y todas ellas son ramificaciones.

Cuando **se levante el velo** (Cor. 50, 22), cada uno co-
nocerá una revelación conforme a su credo. Puede ocurrir, sin embargo, que esa revelación difiera en lo que concierne a la Decisión divina, conforme a Sus Palabras: **Y les
mostrará de parte de Dios lo que no habían previsto.**
La mayor parte de estas diferencias conciernen a la Decisión divina. Así, los *mu'tazilíes* [45] están convencidos de
que Dios ejecutará Su amenaza respecto al que ha des-
obedecido si muere sin arrepentirse. Sin embargo, si está
en esa situación siendo el objeto de una misericordia de
Dios (habiendo establecido anteriormente una providencia en su favor), encontrará a Dios **Perdonador sin límites, Misericordioso sin límites,** de suerte que **le aparecerá de parte de Dios lo que él no había previsto.**

(Por otra parte), tratándose de la Esencia, algunos servidores decretan en sus profesiones de fe que Dios es de
este modo o del otro. Cuando desaparezca el velo, verán
la verdadera forma de su credo. Lo que habían logrado

---

45 Los *mu'tazilíes* eran una de las principales escuelas teológicas del
islam. Subrayaban la razón y la lógica rigurosa, y eran partidarios del libre albedrío.

anudar de este modo será deshecho. El credo desaparecerá y dará lugar a una ciencia obtenida por una contemplación directa. Cuando **la mirada se haya vuelto penetrante,** nunca más se volverá débil. La diversidad de las manifestaciones en las formas hará que estos servidores vean aparecer entonces lo que diferirá de su credo, porque las manifestaciones de Dios jamás se repiten, de modo que el versículo que dice: **les aparecerá de parte de Dios** al respecto de la Esencia **lo que ellos no habían previsto,** se verifica también a propósito de esta última.

Hemos evocado la forma de este progreso póstumo en el seno del Conocimiento de Dios en nuestra obra *El libro de las manifestaciones divinas,* donde hemos mencionado nuestros encuentros con ciertos iniciados, así como la ayuda que les hemos aportado en ese dominio enseñándoles lo que ignoran.

Esta progresión constante es una de las cosas más extrañas de las que el hombre no tiene conciencia a causa del velo sutil y ligero y de la semejanza engañosa de las formas sucesivas. Efectivamente, el hombre ordinario no es consciente de la permanente Manifestación de Dios que asegura la renovación de la Creación a cada instante. Esto aparece, por ejemplo, en las palabras del Altísimo: **cuando les sea dada una forma similar** (Cor. 2, 25). Sin embargo, la una no es la otra. Para el gnóstico que sabe que son similares, dos cosas similares son necesariamente distintas.

El que ha alcanzado la realización ve la multiplicidad en la Unidad. Sabe que los Nombres divinos, a pesar de la multiplicidad y de la diversidad de los aspectos a los que corresponden, designan un Ser único. Pero se trata en ese caso de una multiplicidad puramente conceptual, mientras que, en el caso de la manifestación divina, se trata de una multiplicidad contemplada directamente en un Ser único. Asimismo, la materia interviene en la definición de toda forma corporal; sin embargo, a pesar de la multiplicidad y de la diversidad de esas formas, no hay ciertamente más que una sustancia única, que es su «materia prima».

El que se conoce a sí mismo con ese conocimiento, conoce a su Señor, que le ha creado «según su Forma». Él es la Esencia de su esencia y la Realidad de su realidad propia. Por esta razón, ningún sabio tiene acceso al conocimiento de sí mismo y de su verdadera realidad a excepción de los Enviados y los sufíes.

En cuanto a los especulativos y a los racionalistas de entre los filósofos antiguos y los teólogos, ninguno de ellos, cuando trata del «sí mismo» y de su naturaleza, alcanza esta realidad, porque la especulación racional es siempre incapaz de comunicarla. El que busca la ciencia en este aspecto por medio de la especulación racional se esfuerza en hinchar lo que ya está inflado y de atizar allí donde no hay fuego. Ninguno duda que forman parte de **aquellos cuyo esfuerzo se ha perdido en la vida de este mundo, convencidos de haber obrado de modo excelente** (Cor. 18, 104). El que busca una cosa sin seguir el camino que lleva a ella no llegará ciertamente a conocerla.

¡Qué hermoso es lo que Dios Altísimo ha dicho al respecto del mundo y de sus trasformaciones a cada aliento! Él está **en una nueva creación** en el seno del Ser único. Ha dicho de algunos (y eso vale para la mayor parte del mundo): **pero más bien, están en la confusión del hecho de una nueva creación** (Cor. 50, 15), de modo que no tienen conocimiento de la renovación de la existencia en cada aliento.

Es verdad que los *ash'aríes* [46] lo han comprendido para algunas categorías, especialmente la los accidentes, y que

---

[46] Tras el breve dominio del *mu'tazilismo* en la teología del islam, el teólogo al-Ash'arī inició en el siglo X una reacción, que acabaría por triunfar. El *ash'arismo* negaba el libre albedrío, considerando incompa-

los sofistas lo han comprendido para el conjunto del mundo. Por eso los racionalistas los han declarado ignorantes de forma unánime. Y sin embargo, estas dos escuelas están también equivocadas: los sofistas porque, afirmando esta transformación incesante del mundo en su conjunto, no comprenden la unidad de la sustancia que es el soporte de su forma, de manera que la sustancia no puede ser dotada de realidad actual sin la forma, como esta no puede ser concebida sin la sustancia. Si los sofistas hubieran afirmado igualmente eso, habrían alcanzado el grado de la realización verdadera sobre este asunto. En cuanto a los *ashʿaríes*, ignoran que el mundo entero no es más que una reunión de accidentes y que, por consecuencia, se modifica constantemente, puesto que el accidente no puede subsistir por sí mismo en dos instantes sucesivos.

Esto aparece en las definiciones dadas a las cosas: cuando definen una cosa, los accidentes aparecen claramente en sus definiciones, y también los accidentes así mencionados son la sustancia misma de esta cosa, así como su realidad propia que, sin embargo, se considera que subsiste por sí misma. Ahora bien, el accidente como tal no puede subsistir por sí mismo, de modo que, según ellos, de la reunión de elementos que no pueden subsistir por ellos mismos surgiría un ser que puede subsistir por sí mismo. Por ejemplo, el espacio, que forma parte de la definición que ellos dan de la sustancia subsistente por ella misma, pertenece, siempre según ellos, a su esencia. Del mismo modo, su capacidad de ser el soporte de accidentes formará parte de su definición esencial. Ahora bien, no hay ninguna duda de que esta capacidad es un accidente, porque no puede subsistir por ella misma [...]. El espacio es

---

tible ese concepto con la Omnipotencia y la Voluntad de Dios. Rechazaban también que la razón humana fuera capaz de conducir al conocimiento del bien y del mal.

igualmente un accidente, puesto que supone un ser dotado de extensión y no puede subsistir por sí mismo. Estas dos características no pueden ser consideradas como sobreañadidas a la sustancia así definida, porque los elementos esenciales que intervienen en una definición forman parte de la esencia, y de la esencia del objeto que ella define. Deberíamos concluir, de lo que dicen, que lo que no puede subsistir en dos instantes sucesivos subsiste en dos instantes sucesivos e incluso más, y que lo que no puede subsistir por sí mismo se ha convertido en lo que puede subsistir por sí mismo. No se dan cuenta de sus contradicciones. En verdad, son aquellos **que están en la confusión del hecho de una creación nueva.**

En cuanto a las Gentes de la revelación intuitiva, ven que Dios Se manifiesta en cada aliento, y que las manifestaciones divinas no se repiten jamás. Ven así, por contemplación directa, que toda manifestación aporta una creación nueva y desaparece otra. Esta desaparición no es otra que la extinción en el momento en que la manifestación de Dios se produce, y la permanencia debido a lo que aporta esta manifestación nueva. Entiende bien esto.

13

El engarce de una sabiduría de la fuerza intensa *(Malkiyya)* en un verbo de Lot

E L *malk* es la fuerza terrible, y el *malík* es el que la emplea.

Qays ibn al-Jâtim [47] ha dicho, para describir su forma de golpear (al enemigo):

He dado a mi mano una fuerza intensa,
ensanchando la hendidura que ella había abierto.
¡El que la miraba de frente podía ver el otro lado!

Es decir: «He dado a mi mano una fuerza terrible en el golpe que he asestado». Es la palabra que Dios ha proporcionado como viniendo de Lot: **Si solo hubiera podido oponerme a vosotros por la fuerza o apoyarme sobre un soporte sólido** (Cor. 11, 80). El Enviado de Dios dijo a este propósito: «Dios ha sido misericordioso con mi hermano Lot, porque ha podido apoyarse sobre un soporte de una fuerza terrible». Ha llamado la atención sobre el hecho de que Lot estaba con Dios en tanto que Él está dotado de semejante fuerza. En efecto, lo que Lot había tenido a la vista evocando ese sostén era su tribu, y la capacidad de resistir por medio de las palabras «si solo me hubiera podido oponer a vosotros por la

---

47 Se trata de un poeta de la Arabia preislámica.

fuerza» es aquí únicamente la energía espiritual propia del hombre. El Enviado de Dios añadió: «A partir de ese momento (es decir, desde el momento en que Lot ha dicho: "o apoyarme sobre un soporte sólido"), ningún profeta ha sido suscitado sin beneficiarse de una defensa poderosa de parte de su pueblo, y de la protección de su tribu», como lo muestra la manera de obrar de Abû Tâlib [48] con el Enviado de Dios.

El versículo que dice: **Si solo hubiera podido oponerme a vosotros por la fuerza**, viene con motivo de que él había oído al Altísimo decir: **Dios es El que os ha creado a partir de un estado de debilidad** (que es la situación fundamental), **después ha producido, tras esa debilidad, una fuerza** (esta fuerza ha sido producida; se trata, pues, de una fuerza accidental), **puesto que ha producido después de esta fuerza una debilidad y la blancura de la edad** (Cor. 30, 54). Lo que es nuevo aquí es la blancura de la edad, no la debilidad, que es un retorno al estado fundamental del servidor evocado por Sus Palabras: **que os ha creado a partir de un estado de debilidad**. Le conduce, pues, al estado a partir del cual ha sido creado, de igual modo que ha dicho: **luego, será devuelto a la edad el más vil, a fin de que, después de haber poseído una ciencia, no sepa nada** (Cor. 16, 70), recordando por eso que será conducido a su debilidad inicial, porque la debilidad del viejo es comparable a la del niño.

Ningún profeta ha sido suscitado antes de que haya alcanzado la edad de cuarenta años cumplidos, que es el

---

[48] Se trata del tío del Profeta, padre de 'Alî y uno de los principales notables de la aristocracia qurayshî de La Meca. Al quedar huérfano Muhammad, Abû Tâlib se hizo cargo de él, tratándolo como un hijo. Al producirse la Revelación, con la consecuente enemistad hacia el Profeta por parte de la mayoría de los qurayshíes, Abû Tâlib fue en todo momento su más firme defensor.

tiempo en que comienza su decadencia y su debilidad. Por eso es por lo que ha dicho **«si solamente pudiera oponerme a vosotros por la fuerza»,** lo que implicaba una energía espiritual operativa.

Si replicas diciendo: «¿Qué es lo que se lo impedía, cuando esta energía existe en aquellos que, siguiendo a los Enviados, se vinculan a una Vía espiritual? ¿Los Enviados no tienen mayor derecho aún?». A esto respondemos diciendo: «Dices verdad, pero se te escapa otro aspecto de la ciencia: recuerda que el conocimiento no permite a la energía espiritual ningún poder de regir. Cada vez que el conocimiento se eleva, la acción por medio de la energía espiritual disminuye. Esto sucede por dos razones: la primera es que el gnóstico realiza la Estación espiritual de la Servidumbre y guarda en el espíritu la debilidad fundamental de su estado natural. La segunda se apoya en la unidad del «regidor» y del «regido»: el gnóstico no ve en contra de quién dirigir su energía espiritual, lo que le impide obrar. Su contemplación le muestra que el que se opone a él no se ha apartado de la realidad esencial que es la suya en el estado de no-manifestación, que es el principio arquetípico de su ser, que no aparece en la existencia de este ser más que lo que le pertenece esencialmente, que no ha transgredido lo que ordena su esencia y no ha infringido la vía espiritual que le pertenece en propiedad.

La oposición es puramente accidental y no aparece más que en función del velo que cubre los ojos de los hombres, como Dios lo ha dicho a su servidor: **pero la mayoría de entre ellos no saben; conocen un aspecto exterior de la vida de este mundo y, distraídos, no se preocupan de la vida futura** (Cor. 30, 6-7). En efecto, conviene que pensemos aquí en una cosa: el término «distraídos», en árabe *gâfilûn*, deriva de la palabra que aparece en el versículo: **nuestros corazones son incircuncisos** *(gulfun)* (Cor. 2, 88), es decir, encerrados en una «envoltura» (*gilâf*). Dicho de otro modo: un velo que impide al corazón percibir la realidad tal como es. Esas razones, y otras semejantes, impiden al gnóstico ejercer el gobierno esotérico en el mundo.

El maestro Abû 'Abd Allâh Muhammad ibn Qâ'id le dijo un día al maestro Abû-l-Su'ûd ibn al-Shibl: «¿Por qué no ejerces el gobierno oculto de las cosas de este mundo?». Este respondió: «He dejado a Dios regir por mí como a Él le plazca», refiriéndose de este modo a la Orden del Altísimo: **Tómale por encargado** (Cor. 73, 9), porque el encargado es el que gobierna. Tenía también en su oído estas palabras de Dios: **Gastad una parte de las riquezas sobre las que Él os ha puesto como depositarios** (Corán 57, 7). Abû-l-Su'ûd y los demás gnósticos saben que lo que tienen entre sus manos no les pertenece, y que solo son sus depositarios. Dios les ha dicho: «Mira este negocio que yo te he confiado y que he puesto en tu poder. Ponme sobre él y tómame como encargado». Abû-l-Su'ûd obedece la Orden de Dios y Lo toma efectivamente como encargado. ¿Cómo podría subsistir, en quien disfruta de esta contemplación, una energía espiritual que le permitiera ejercer el gobierno oculto de los asuntos del mundo? Una energía semejante no es operativa más que si es el resultado de una concentración que excluya cualquier otro objeto de preocupación. El Conocimiento del que estamos hablando convierte una concentración tal en algo imposible: por eso el gnóstico cuyo conocimiento es perfecto está en el último grado, sumido en la impotencia y la debilidad.

Uno de los *abdâl*[49] dijo al maestro 'Abd al-Razzâq: «Di a Abû Madyan[50], después de haberlo saludado: "Oh

---

[49] Se trata de uno de los grados de la jerarquía oculta de los santos que gobiernan el mundo.

[50] Shu'ayb ibn Husayn al-'Ansârî, más conocido como Abû Madyan, nació en Cantillana, pueblo de la provincia de Sevilla, hacia el año 1126.

Abû Madyan, nada de lo que quiero se me opone, mientras que a ti las cosas se te oponen. ¿Cómo es posible entonces que yo desee tu Estación iniciática cuando tú no

---

Su familia residía en aquel pueblo desde tiempo inmemorial, y sus padres ejercían el oficio manual de tejedores. Hechos en Sevilla los primeros estudios, Abû Madyan pasó a Marruecos y fijó su residencia en Fez. Lejos de su patria, tuvo que ganarse la vida ejerciendo el oficio de tejedor, y allí empezó a frecuentar a algunos maestros que en Fez iniciaban a los jóvenes en la doctrina sufí. El primero de sus maestros, Abû-l-Hasan ibn Hirzihîm, le comentó dos libros fundamentales de la doctrina sufí: el *Kitâb al-ri'âya*, del sufí oriental al-Muhâsibî, y el *Ihyâ'* o *Vivificación de las ciencias de la Religión,* de Algacel. Dos maestros más contribuyeron a la formación de Abû Madyan: Abû 'Abd Allah al-Daqqâq, de Siyilmasa, y Abû Ya'zâ, de Fez. El primero parece fue quien ultimó su preparación para emprender el camino del sufismo en profundidad y consagrarse en la *khalwa* (retiro en soledad), a la practica del *dhikr* («recuerdo» o invocación ritual de Allâh). De su otro maestro, Abû Ya'zá, consta tan solo que sus enseñanzas se inspiraban en las del famoso sufí persa al-Junayd.

Dos o tres años después, el maestro Abû Ya'zá permitió a Abû Madyan marchar a Oriente para hacer la peregrinación ritual a La Meca y para ampliar su conocimiento en la Vía bajo la dirección del famoso maestro 'Abd al-Qâdir al-Jilânî, fundador de la *tariqa* de los *qâdiríes,* muy extendida aún en nuestros días.

A su regreso de La Meca fijó ya su residencia en Bujía, para la enseñanza de sus discípulos, que de todas partes acudían a su *zâwiya* («rincón», «lugar de reunión y enseñanza del sufismo»). Aunque nunca se encontraron personalmente, Ibn 'Arabî pondera en sus obras, repetidas veces y con exaltado entusiasmo, las extraordinarias dotes espirituales y de los prodigios que realizaba Abû Madyân, además de mencionar, en el *Futúhât* y en la *Risálat al-quds,* el numeroso elenco de sufíes andaluces y africanos que habían seguido las enseñanzas de Abû Madyan y a quienes había tratado Ibn 'Arabi como compañeros o maestros en al-Ándalus.

Su palabra, a juicio de sus biógrafos, confirmado por las sentencias que de él se conservan, era clara y sencilla, viva y preñada de brillantes imágenes, como la de un poeta; llevaba una vida austera y desinteresada, de modestia y recogimiento en su exterior. El enorme prestigio logrado por Abû Madyan entre el pueblo, así con su vida ejemplar como con sus enseñanzas, divulgadas por sus discípulos, le atrajo el recelo de los doc-

deseas la mía?"». Así era efectivamente, a pesar del hecho de que Abû Madyan poseía esta Estación iniciática y muchas otras, y yo mismo he alcanzado un grado más perfecto que el suyo en la Estación espiritual de la debilidad y de la impotencia. Sin embargo, ese *badal*[51] le ha obligado a ese lenguaje. Esta historia es del mismo estilo que la precedente.

Respecto a esta Estación, el Profeta ha dicho: **No sé lo que sucede ni conmigo ni con vosotros. Yo soy únicamente lo que me ha sido inspirado** (Cor. 46, 9). El Enviado se ve dirigido por lo que le es inspirado, no hay en él nada más. Si se le inspira que ejerza la autoridad, la ejerce con firmeza; si se le impide, se abstiene; si se le permite la elección, elige el abandono del gobierno, salvo si su Conocimiento es imperfecto. Abû-l-Su'ûd dijo un día a aquellos de sus compañeros que tenían fe en él: «En verdad, Dios me ha conferido el gobierno oculto de los asuntos del mundo desde hace quince años, y lo hemos

___

tores de la Ley, que lo delataron al sultán almohade Ya'qûb al-Mansûr, acusándolo de conspirar para destronarlo. Llamado por el sultán a su corte de Fez para interrogarle, partió de Bujía acompañado de sus discípulos, pero en el camino, cerca de Tremecén (Argelia), murió en el año 1197, siendo sepultado en el barrio de al-'Ubbâd, junto a otros sufíes que han que allí yacían. Su sepulcro fue y sigue siendo un lugar muy visitado.

Fue el *Qutb al-Gawth* de su época, el «Polo Intercesor» de la jerarquía iniciática del sufismo. Aunque, como hemos dicho, nunca llegaron a encontrarse físicamente, Ibn 'Arabî siempre lo consideró su maestro «por excelencia». Es un dato conocido el hecho de que existen en la obra de Ibn 'Arabî muchas más referencias a Abû Madyan que a cualquier otro personaje, y que se refiere a él constantemente con el título honorífico de «maestro de maestros». En su obra *Rûh al-quds*, Ibn 'Arabî recuerda que Abû Madyan le hizo llegar el mensaje siguiente: «Respecto a nuestro encuentro en el mundo sutil, no hay duda: tendrá lugar. Respecto a nuestro encuentro físico en este mundo, Dios no lo permitirá».

[51] Singular de *abdâl*.

abandonado por elegancia espiritual». Esa es «una lengua vanidosa». En cuanto a mí, no lo he abandonado «por elegancia», lo que implicaría una preferencia. Lo he abandonado únicamente para perfeccionar el Conocimiento, porque este no lleva consigo ninguna libre elección: cuando el gnóstico ejerce el gobierno oculto del mundo, a través de la energía espiritual, lo hace en virtud de una Orden divina apremiante, no en virtud de una libre elección.

No hay ninguna duda de que la función propia de la revelación requiere el ejercicio del gobierno oculto para que el Mensaje que trae sea aceptado por su comunidad y por su pueblo, a fin de que la Religión de Dios se manifieste. Esto no vale para el santo. A pesar de eso, los Enviados no buscan ejercerlo exteriormente, porque es preciso que muestren compasión respecto a su pueblo. Se abstienen, por tanto, de usar contra ellos argumentos decisivos, porque eso acarrearía su pérdida, y mantienen en su contra un cierto velo para preservarlos.

Los Enviados saben también que, si los milagros se llevan a cabo delante de todos, algunos creerán, mientras que otros los verán pero los rechazarán, sea por iniquidad, orgullo o celos; otros no verán en ellos más que hechicería e ilusión. Los Enviados ven esas cosas. Constatan que creen solo aquellos a los que Dios ha iluminado los corazones por la luz de la Fe, y que el milagro no tiene utilidad alguna para el ser en tanto que no vea por medio de esta luz llamada «Fe». Desde ese momento, sus energías espirituales serán impotentes para buscar efectos milagrosos que no puedan imponerse de una forma general ni a las miradas ni a los corazones. Como Dios ha dicho a propósito del más perfecto de los Enviados, aquel cuya ciencia es la mayor, y el más digno de una confianza: **En verdad, tú no guías al que amas, sino que Dios guía a quien Él quiere** (Cor. 28, 56). Si la energía espiritual tuviera un efecto necesario, se habría actualizado en su caso, porque nadie es más perfecto que el Enviado de Dios, ni más elevado, ni dotado de una energía mayor. Y, sin embargo, no tuvo efecto sobre su tío Abû Tâlib, como dice el versículo que acabamos de mencionar.

Por eso ha dicho del Enviado que solo a él le **incumbía la comunicación del Mensaje**. Dijo: **Su guía no está a tu cargo, sino que Dios guía a quien Él quiere** (Cor. 2, 272). Y añadió en la azora *al-Qasas*: **Y Él es más sabio respecto a los que son guiados** (Cor. 28, 56), es decir, de los que, por medio de sus esencias inmutables, Le han dado en su estado de no-manifestación la ciencia en la que ellos serían bien guiados, confirmando así que la ciencia sigue a su objeto.

El que es creyente en el estado de no-manifestación, donde permanece el principio de su ser, será manifestado con esta forma en su estado de existencia. Dios sabe lo que él es y lo que será en su existencia. Por eso, Él ha dicho: **y Él es más sabio respecto de aquellos que son guiados**.

Habiendo dicho semejante cosa, dijo también: **La Palabra no cambia en Mí**, porque Su Palabra es definida por Su Ciencia respecto a Su creación. **Y no soy injusto con mis servidores** (Cor. 50, 29). Es decir, como si dijera: «No decreto su incredulidad para pedirles luego lo que ellos son incapaces de dar; antes bien los trato en la medida de lo que sé de ellos, y no sé más que lo que ellos revelan de sí mismos respecto a su propio asunto. Si se trata de una injusticia, ellos son los injustos». Por eso, ha dicho: **Pero han sido injustos respecto de sí mismos** (Cor. 2, 57). No es Dios quien ha sido injusto con ellos. De igual modo, les he dicho únicamente lo que mi Esencia me ha permitido decirles. Yo digo únicamente aquello cuya ciencia poseo. Me pertenece la Palabra que emana de Mí, y es a ellos a quien corresponde obedecer, o no obedecer aunque lo hayan entendido.

El Todo es conferido por Nosotros y por ellos.
El castigo viene de Nosotros y de ellos.
Si no es de Nosotros de donde proviene su ser,
¡somos Nosotros quienes indudablemente hemos surgido
[de ellos!

Cumple, amigo, esta Sabiduría de la fuerza intensa en un Verbo de Lot, porque es el núcleo del Conocimiento.

El Secreto se te ha revelado.
La Orden se ha hecho clara.
En el seno de la dualidad
está cercado el que se dice «sin igual».

14

El engarce de una sabiduría de la asignación existencial en un verbo de Esdras

---

Has de saber que el *qadâ'* es el Decreto de Dios sobre las cosas. El Decreto de Dios sobre las cosas es definido por la ciencia exterior e interior que Él tiene de ella. La ciencia de Dios sobre las cosas Le es conferida por lo que estas son en sí mismas. El *qadar* es la determinación del momento de su existenciación, según lo que implican sus esencias inmutables, sin añadir nada. El Decreto no decide respecto de las cosas más que por ellas mismas: tal es la esencia del Secreto de la predestinación **para el que está dotado de un corazón, o que presta oído y que es testigo; y a Dios pertenece la prueba decisiva** (Cor. 6, 149). Aquel que debe tomar una decisión sigue en realidad el caso que le está sometido, en virtud de lo que implica la esencia de este último, de modo que el objeto de la decisión es, por lo que encierra, el juez de su juez, que lo juzga según eso. Todo juez, cualquiera que sea, es juzgado por la decisión que toma, por la naturaleza y por el objeto de esta decisión. La predestinación es ignorada únicamente a causa de la intensidad de su manifestación. No es conocida, y las demandas y las súplicas a este respecto son numerosas.

Has de saber que los Enviados de Dios (en tanto que tales, no en tanto que santos y gnósticos) ocupan grados que corresponden a los de sus comunidades, porque la ciencia que ellos transmiten está en la medida de las necesidades de la comunidad a cuyo cargo están, ni más ni menos. Y como las comunidades tienen diferentes grados de excelencia, por eso mismo los Enviados se distinguen jerárquicamente en la ciencia relativa a su función, según las palabras de Altísimo: **Respecto a estos Enviados, hemos hecho a unos más excelentes que otros** (Cor. 2, 253). Del mismo modo se distinguen también en lo que concierne a las ciencias y a los estatutos propios de su ser, según sus predisposiciones esenciales. Es Su versículo: **Hemos establecido la excelencia de algunos Profetas respecto a los otros** (Cor. 17, 55). Y, por fin, el Altísimo ha dicho a propósito de las criaturas: **Dios ha establecido la excelencia de algunos de entre vosotros respecto a los otros en la provisión de los alimentos** (Cor. 16, 71). La alimentación que viene de Él puede ser espiritual, como cuando se trata de ciencias, o material, como cuando se trata de alimentos corporales, pero, en todos los casos, Dios **la hace descender únicamente según una medida conocida** (Cor. 15, 21), que es lo que la criatura Le pide, porque Dios **confiere a todo su creación** (Cor. 20, 50). La hace descender a la medida de lo que quiere, y Él no quiere más que lo que Él sabe, decidiendo en consecuencia. Y no sabe, como lo hemos dicho, más que lo que Él confiere por sí mismo al objeto de Su ciencia.

La determinación del tiempo pertenece fundamentalmente a este objeto. El Decreto, la Ciencia, la Voluntad existenciadora, la Voluntad productora que sigue a la predestinación.

El secreto de la predestinación forma parte de las ciencias más sublimes. Dios Altísimo no otorga su comprensión más que a aquel que Él ha elegido para el conocimiento perfecto. La ciencia que a ella se refiere otorga la beatitud total al que la posee, y también le confiere el doloroso castigo: otorga estas dos cosas opuestas.

Por este secreto, Dios Se ha descrito por medio de la cólera y de la satisfacción. La oposición de los Nombres divinos se opera por él. Es un principio que rige la realidad absoluta y la realidad condicionada. Nada puede sobrepasarla en perfección, en fuerza y en inmensidad, porque su poder es universal, ilimitado y limitado.

Como los Profetas no reciben sus ciencias más que a partir de una inspiración divina especial, sus corazones están limpios de toda especulación, porque saben que el intelecto creado, que es la fuente de la especulación racional, resulta impotente para alcanzar las cosas en su verdadera realidad. Las tradiciones son igualmente insuficientes para tomar lo que no puede obtenerse más que por medio de la Degustación directa. La ciencia perfecta permanece únicamente en las manifestaciones divinas y en la revelación que Dios concede a las miradas sutiles y a las miradas sensibles, de suerte que las cosas son percibidas inmutables y efímeras, no manifestadas y dotadas de realidad, imposibles, necesarias y posibles, siguiendo las verdades esenciales y las determinaciones que ellas toleran.

Esdras pidió según la vía especial. Por eso se atrajo la reprobación, como lo relata la tradición. Si hubiera pedido la revelación espiritual que acabamos de mencionar, quizá no hubiera incurrido en ninguna.

El signo de la pureza de su corazón son estas palabras, al menos, interpretada de cierto modo: **¿Cómo vivificará Dios a este después de la muerte?** (Cor. 2, 259). Según nosotros, la forma espiritual que le ha revestido cuando ha pronunciado esta frase es comparable a la que ha revestido a Abraham cuando dijo: **¡Señor mío, muéstrame cómo vivificas a los muertos!** (Cor. 2, 260). Lo que trajo como respuesta el acto que Dios manifestó en él según Su Palabra: **Dios le hizo morir durante cien años, luego lo devolvió a la vida** y le dijo: **Mira los huesos, cómo los reanimamos y los revestimos de carne** (Cor. 2, 259).

Esdras pudo así ver directamente cómo se realiza el crecimiento de los cuerpos. Dios le dio una prueba, cuando hizo una pregunta relativa a la asignación existencial que no puede ser percibida más que por una revelación de las cosas tal como son en el estado esencial de no-manifestación. Eso no le fue concedido, porque ese es un conocimiento divino privilegiado, y es imposible que alguien tenga la ciencia aparte de Él. Se trata, en efecto, de las llaves esenciales, quiero decir, **las llaves de lo Invisible, de las que Él es el único conocedor** (Cor. 6, 59). Sin embargo, Dios puede mostrar al que Él quiera de entre Sus servidores algunas de estas cosas.

Has de saber que los principios de las cosas no son designados como llaves más que en el momento de la apertura, y que el momento de la apertura es aquel en que se opera la existenciación de esas cosas. Puedes decir también, si quieres, que es el momento donde el Poder divino se aplica a su objeto. Eso, solo Dios puede degustarlo. Ninguna manifestación divina, ninguna revelación intuitiva, pueden sobrevenir en ese dominio. El Poder asignador y el Acto existenciador pertenecen a Dios exclusivamente, porque es Él quien posee la Realidad absoluta e incondicionada.

Al ver la censura que Dios le impuso al Enviado a propósito de su petición relativa a la asignación existenciadora, podemos deducir que él había solicitado ese privilegio, que había pedido para él un poder que se adaptara a su objeto. Pero solo Aquel que posee la Realidad absoluta es capaz de tal poder: él había solicitado eso que ninguna criatura puede degustar cuando la ciencia de los «cómos» no puede obtenerse más que de esta forma.

En cuanto a lo que se nos ha referido como formando parte de lo que Dios le ha inspirado, tenemos la frase: «Si no cesas, borraré tu nombre del Registro de la Profecía», lo que significa: «Te privaré de la Vía de las Informaciones divinas y te daré el conocimiento de las cosas por la Vía de la manifestación divina, porque la manifestación de Dios no se opera más que por tu propia predisposición a percibir según el Gusto espiritual. Has de saber, pues, que percibes únicamente en la medida de tu predisposición. Considera eso el secreto que tú has pedido; si no lo ves, has de saber que no existe en ti la predisposición que buscas, porque esta forma parte de los privilegios de la Esencia divina. Sabes bien que Dios **ha conferido a todo su creación** (Cor. 20, 50). Si no te ha conferido esta predisposición especial, es que ella no es "tu creación", porque si lo fuera, Dios, que ha revelado que Él "confiere a todo su creación", te la habría concedido. Es a ti, a partir de ti mismo, en quien pone fin a una demanda de este género. ¡No tienes necesidad en ningún modo de una defensa divina!».

Has de saber que la Santidad es la esfera universal que engloba el Todo. Por eso no cesa nunca. La Profecía general le pertenece. En cambio, la Revelación que trae una Ley y la Misión del profeta tienen un término. Han acabado con Muhammad, porque no habrá otro profeta después de él que establezca una Ley sagrada o que ejerza su función en el seno de una Ley ya proclamada, ni tampoco un enviado de Dios que traiga consigo Ley divina alguna.

Ese hadiz asesta un golpe terrible a los santos de Dios, porque implica el fin de la degustación espiritual de la servidumbre perfecta y completa, de suerte que no se le puede aplicar esta cualificación específica. En efecto, el servidor aspira a no ser asociado a su Señor (que es Dios) en ninguno de Sus Nombres, y Dios no se llama a Sí Mismo ni profeta ni enviado. En cambio, sí se autodenomina *«walî»* («amigo»), y Se cualifica por ese Nombre diciendo: **Dios es el *walî* de los creyentes** (Cor. 2, 257), así como **Dios es el *Walî*, el Infinitamente Alabado** (Corán 42, 28). Ese Nombre permanece inmutable para los servidores de Dios en este mundo y en el otro, de modo que no subsiste ningún nombre que sea propio para el servidor exclusivamente desde el momento en que la Profecía y la Misión profética han terminado.

Sin embargo, Dios Se ha mostrado benévolo con respecto a Sus servidores, dejando subsistir para ellos la Profecía general, que no implica ningún poder legislativo, autorizándoles la jurisprudencia para una fijación de los estatutos legales, y manteniendo para ellos la herencia legislativa según la frase: «Los sabios son los herederos de los profetas». En efecto, la única herencia que subsiste es el esfuerzo jurisprudencial interpretativo en matera de estatutos legales, que es una fuente de derecho sagrado.

Si ves un profeta que sostiene un lenguaje extraño a la función legislativa, es que se expresa como santo y como gnóstico. Por esta razón, se puede decir que su Estación espiritual en tanto que sabio por Dios es más completa y más perfecta que la que él posee, en tanto que enviado y legislador portador de una Ley sagrada. Si oyes a alguien de entre las Gentes de Dios afirmar: «La Santidad es más elevada que la Profecía», no quiere decir nada más que eso. Si afirma que la santidad es superior al profeta y al enviado, se refiere a una misma persona. El Enviado es más perfecto en tanto que santo que en tanto que profeta-enviado, pero no en el sentido que el santo que le siga sea más elevado que él. El que sigue no puede jamás alcanzar al seguido en el dominio donde él lo sigue, pues, si no, él no lo seguiría. ¡Comprende bien esto!

El enviado y el profeta legislador vuelven a la Santidad y a la Ciencia divina. ¿No ves que Dios Altísimo le ha ordenado buscar un crecimiento de la ciencia, y no de otra cosa, dándole ese mandamiento: **Y di: «Señor mío, incrementa mi ciencia»** (Cor. 20, 114).

La razón es, como sabes, que la Ley sagrada obliga a cumplir ciertas acciones y prohíbe cumplir otras que conciernen únicamente a este mundo: por eso son efímeras.

Lo mismo con la Santidad, porque, si hubiera cesado, habría acabado en tanto que tal, como es el caso para la Misión profética, y su nombre no habría permanecido. Pero *al-Walî* es un nombre que permanece atribuido a Dios Altísimo, y que puede ser atribuido a Sus servidores gracias a la cualificación por los Nombres divinos, y por medio de la realización y de la servidumbre.

Sus palabras a Esdras: «Si no cesas de preguntar respecto de la naturaleza de la asignación existencial, borraré tu nombre del Registro de la Profecía», significa que el Mandato (divino) le vendría en forma de revelación de una manifestación divina, y que los nombres de profeta y enviado no le serían ya aplicables. Pero, desde luego, su santidad no se vería afectada por ello.

Sin embargo, el contexto indica que ese discurso divino implicaba una amenaza. El que establece un acercamiento entre la naturaleza de la demanda y ese discurso, y concluye que se trata de un discurso de amenaza que lleva sobre la cesación de ciertos grados de la santidad propias de este mundo (y la Profecía y la Misión profética pueden ser consideradas como un grado particular de entre los que lleva consigo la Santidad), sabe por eso mismo que el santo que realiza ese grado es más elevado que el que no está investido ni de la Profecía legisladora ni de la Misión profética. En cambio, el que considere otro aspecto, sabrá que ese discurso contiene una promesa más que una amenaza, porque siendo el profeta un santo privilegiado, su petición habría necesariamente sido admitida. Este segundo punto de vista señala que es imposible que un profeta, en tanto que posea ese grado de elección en el seno de la Santidad, se arriesgue a hacer lo que sabe que Dios reprueba, o a pedir eso que él sabe que no es posible conseguir. El que considera esos diferentes aspectos y se empapa de ellos interpretará la frase «Borraré tu nombre del registro de la Profecía» como una promesa y una Notificación divina, indicando la elevación del grado que subsiste para los Profetas y los Enviados en la próxima existencia, que es una morada que no consta de Ley sagrada para nadie de entre las criaturas de Dios, ni en el Paraíso, ni en el Infierno. Al menos, después de que los hombres hayan entrado en esas dos moradas.

Enunciamos esta restricción (la entrada efectiva en las dos Moradas, que son el Paraíso y el Infierno) a causa de lo que será legalmente prescrito el Día de la Resurrección acerca de las gentes que hayan vivido en tiempos desprovistos de inspiración divina, así como a los niños y a los inocentes. Todos aquellos serán reunidos en un lugar único a fin de ser sometidos ellos también a la justicia divina: el castigo de los pecados para los que estén destinados al Infierno y la recompensa de las obras para los que vayan al Paraíso. Entre los mejores de los que hayan sido reunidos así y separados del resto de los hombres, se suscitará un profeta que los conducirá a la apariencia de un fuego y les dirá: «Yo soy el Enviado de Dios para vosotros». Algunos tendrán fe en él, mientras que otros lo acusarán de mentiroso. Él les dirá entonces: «¡Arrojaos vosotros mismos en ese fuego! El que me obedezca será salvado y entrará en el Paraíso; el que me desobedezca y se oponga a mi orden irá a su perdición y formará parte de las Gentes del Fuego». Aquellos que se conformen a su orden y se arrojen ellos mismos en el fuego serán bienaventurados, recibirán la recompensa de su obra y encontrarán ese fuego **frío y apacible** (Cor. 21, 60). Los que lo desobedezcan encontrarán el castigo, entrarán en el Fuego y permanecerán allí debido a su oposición. Así llevará a cabo Dios la justicia entre Sus servidores.

Alude a lo mismo la frase del Altísimo: **el Día en que la pierna se descubra** [52] (Cor. 68, 4), que es uno de los

---

[52] Es una expresión árabe que se usa para dar a entender la peligrosidad de una situación.

acontecimientos terribles de la vida futura **y donde se les pedirá que se prosternen**. Eso es una obligación y una prescripción legal. Unos serán capaces de ello, pero otros no. Sobre estos últimos, Dios ha dicho: **se les pedirá que se prosternen y serán incapaces de ello**. Del mismo modo, en ese momento algunos servidores serán incapaces de obedecer a la Orden de Dios, como Abú Yahl [53] y otros.

Eso es lo que permanecerá de la Ley sagrada en la vida futura, en el Día de la Resurrección, antes de la entrada en el Paraíso y en el Infierno, y la razón de la restricción que hemos expresado.

¡Alabanzas a Dios!

---

[53] Abú Yahl (literalmente, «el padre de la ignorancia») fue uno de los más implacables enemigos de Muhammad en La Meca.

15

El engarce de una sabiduría profética en un verbo de Jesús

Del agua de María o del aliento de Gabriel
en la forma de un hombre hecho de barro,
el Espíritu se ha existenciado en un ser purificado
de todo ataque de la naturaleza que llamas
«prisión».
Por este motivo, su estancia se ha prolongado
durante el transcurso de más de mil años.
Espíritu procedente de Dios, de ningún otro; por ello
ha resucitado a los muertos y ha creado el pájaro de arcilla,
confirmando así un linaje salido de su Señor,
gracias al cual puede obrar sobre lo superior y lo inferior.
Dios lo ha purificado en tanto que cuerpo, lo ha hecho
                                        [trascendente
en tanto que espíritu y lo ha hecho semejante a Él
en el acto creador.

HAS de saber que los espíritus tienen entre sus virtu-
des propias la de infundir la vida a lo que ellos pi-
san al caminar. Por eso al-Sâmirî [54] tomó **un puñado de
tierra llevando la huella del Enviado** (Cor. 20, 96): era

---

[54] Al-Sâmirî es el nombre que recibe en el Corán el personaje que
construyó el becerro de oro para que los israelitas lo adoraran en ausencia de Moisés.

Gabriel y era el Espíritu. Al-Sâmirî tenía la ciencia de esta virtud. Había reconocido a Gabriel y sabía que había infundido la vida en el lugar por donde había andado. Tomó, pues, un puñado de tierra llevando la huella del Enviado y lo arrojó en el becerro de oro, que se puso a mugir a la manera de los bóvidos. Si la hubiera puesto en otra forma, habría provocado un grito correspondiente a ese ser: un camello habría gruñido, y un carnero o unas ovejas habrían balado. En cuanto al hombre, habría hecho oír una voz, un lenguaje articulado o un discurso.

Esta particularización de la Vida universal en las cosas es llamada «divinidad», mientras que el término correlativo, «humanidad», se aplica al receptáculo donde reside el Espíritu. La «humanidad» es denominada asimismo «espíritu», debido a que reside en ella.

Cuando el Espíritu Fiel, que es Gabriel, fue aceptado por María bajo el aspecto de **la forma sensible de un hombre bien formado** (Cor. 19, 17), se imaginó que se trataba de un hombre que quería abusar de ella y, sabiendo que eso es una cosa prohibida, «buscó refugio» junto a Dios contra él, a través de una concentración de todo su ser, para que la librara de él. Así obtuvo un estado de presencia perfecta con Dios, que representaba él mismo el grado del Espíritu. Si hubiera insuflado en ella en ese momento, en el estado en que se encontraba, Jesús habría sido exteriorizado con una misantropía que nadie habría podido soportar, debido al estado en que se habría encontrado su madre. Cuando Gabriel le hubo dicho: **Yo soy únicamente el Enviado de tu Señor**, y he venido **para darte un hijo puro** (Cor. 19, 19), ella se tranquilizó y dilató su pecho: es en ese momento cuando Él insufló a Jesús en ella.

Gabriel era portador del Verbo de Dios destinado a María, del mismo modo que el Enviado transmite la Palabra de Dios destinada a su Comunidad. Es Su Palabra y

Su Verbo, que Él proyectó en María, y un Espíritu que provenía de Él (Cor. 4, 171). El deseo amoroso invadió a María. Jesús fue creado así a partir de un «agua física» proveniente de María y de un «agua espiritual» que provenía de Gabriel, transmitida por la cualidad húmeda de su insuflación. En efecto, el soplo de los cuerpos animados se vuelve húmedo por la presencia en él del elemento agua. El cuerpo de Jesús fue constituido de «agua espiritual» y de «agua física», y se manifiesta en la forma de un ser humano a causa de su madre y también debido a que Gabriel había tomado la forma sensible de un hombre, a fin de que la existenciación en ese estado humano, que es el nuestro, no faltara a la regla ordinaria.

Se manifestó con la facultad de resucitar a los muertos, porque era un Espíritu divino. Dios vivificaba y Jesús insuflaba del mismo modo en que Gabriel insufló, y el Verbo provenía de Dios. Por una parte, la resurrección de los muertos realizada por Jesús era verdadera porque procedía de su insuflación, como él mismo había procedido de la forma de su madre. Por otra, era imaginaria en tanto que aparentemente venía de él, cuando, en realidad, venía de Dios. La realidad esencial de su ser implicaba, como hemos dicho, la reunión de agua espiritual y de agua física. Por ello, la vivificación pudo serle atribuida de una manera física bajo un aspecto y espiritual bajo otro. Bajo el primero, se dijo de él: **Da vida a los muertos** (Cor. 42, 9); bajo el segundo: **Insuflas en él a fin de que se convierta en pájaro con permiso de Dios** (Cor. 3, 49), porque este permiso se refiere al verbo «convertirse» y no al verbo «insuflar».

Se puede admitir también que se refiere a «insuflas», es decir, «a fin de que él se transforme en un pájaro desde el punto de vista de su forma corporal y sensible». Viene a ser lo mismo para **sanar al ciego de nacimiento y al leproso** (Cor. 5, 110), y para todo lo que fue atribuido a la vez a él mismo, con permiso de Dios y con el permiso expresado de manera indirecta, por ejemplo, en Su frase **con Mi permiso** en un versículo, y **con permiso de Dios** en otro. Si el permiso se refiere a «insuflas», eso significa, por una parte, que concierne al que insufla en el acto de insuflar, y, por otra, que se convierte en pájaro gracias al que insufla con permiso de Dios. En cambio, si el que insufla lo hace sin este permiso, es la transformación del pájaro de barro en pájaro real lo que debe ser considerado como produciéndose con permiso de Dios; en ese caso, este se refiere necesariamente al verbo «convertirse en». La forma aparente de Jesús en el acto de insuflar no habría comprendido esos dos aspectos si la orden existenciadora no hubiera asociado, en su caso, un elemento espiritual y un elemento físico. Comprendía ambas, porque la constitución de Jesús se lo había otorgado.

Jesús se manifiesta con tal humildad que prescribió a su comunidad que **diesen el tributo cuando se encontraban sometidos** (Cor. 9, 29), y que si uno de ellos era golpeado en la mejilla, pusiera la otra al que le había golpeado, sin levantarse contra él y sin pedir la aplicación de la ley del talión. Esto le venía de parte de su madre, porque la mujer ocupa una posición inferior: la humildad le incumbe porque ella está bajo la dominación del hombre, estatutaria y físicamente. En cambio, el poder de resucitar y de sanar venía de parte de la insuflación de Gabriel, que había tomado la forma de un ser humano: por eso, Jesús resucitaba a los muertos de esta forma. Si Gabriel no hubiera tomado la forma de un hombre, si hubiera tomado otra forma sensible, la de un animal, la de un vegetal o la de un mineral, Jesús no habría resucitado a los muertos más que tomando él mismo esta forma y manifestándose en ella. Si hubiera tomado una forma luminosa supraindividual, Jesús no habría resucitado a los muertos más que manifestándose en esta forma natural luminosa y no-elemental, conservando también la forma humana que tenía por parte de su madre. Se habría dicho entonces, cuando resucitaba a los muertos: «Es él y no es él». La perplejidad habría resultado del simple hecho de verlo, como se manifiesta en el racionalista que se apoya en la reflexión especulativa cuando ve a alguien de entre los humanos resucitar a los muertos y ejercer un privilegio divino. Tanto más que esos resucitados hablaban, y que no era solamente su cuerpo físico el que volvía a la vida.

El racionalista especulativo permanece perplejo a la vista de una forma humana que cumple un acto divino, hasta el punto de que algunos hablaron de «encarnación» y vinieron a decir que, si resucitaba a los muertos, es que él era Dios. Por eso se les ha atribuido el «velo»: debido a que ellos habían velado a Dios, que resucitaba a los muertos bajo la forma humana de Jesús. El Altísimo ha dicho: **En verdad están velados los que han dicho: Dios es el Mesías, el hijo de María** (Cor. 5, 17). Podemos achacarles el error y la ceguera espiritual solo si se consideran sus palabras en su totalidad, y no en el simple hecho de decir «él es Dios», o «él es el hijo de María». Se han apartado de Dios, encerrándolo, en tanto que Él resucitaba a los muertos, en la forma corporal de la naturaleza humana, cuando han añadido «hijo de María». Pero él era hijo de María sin la menor duda. En efecto, el que escuchara sus palabras podía imaginar que atribuían la Divinidad a la forma que ellos identificaban con esta última, cuando no era nada, puesto que ellos habían identificado a la Esencia divina con el sujeto presente en la forma humana. Ellos han distinguido, pues, entre la forma y el juicio, sin identificar la forma con el objeto de su juicio. De igual modo, Gabriel se manifestó en forma de hombre antes de haber insuflado, insuflando después, haciendo aparecer así la diferencia entre la forma y la insuflación. Por una parte, la insuflación procedía de la forma, y por otra, esta estaba ya presente antes de que hubiera insuflación; la insuflación, pues, no formaba parte de su definición esencial.

¿En qué consistía el desacuerdo entre los defensores de las diferentes sectas a propósito de Jesús? Los que lo consideraban en su forma humana corporal decían de él: «Es el hijo de María». Los que lo consideraban en su forma humana sutil lo vinculaban con Gabriel; los que lo consideraban en tanto que había aparecido con el poder de resucitar a los muertos, lo vinculaban con Dios por la cualidad espiritual y decían: «Es el Espíritu de Dios», es decir, el que transmite la vida a aquel sobre el que insufla. Unas veces se dice que es Dios, otras que es un ángel, otras que es un hombre carnal: aparece a cada uno según el aspecto que prevalece en él mismo.

Él es el Verbo de Dios, él es el Espíritu de Dios, él es el servidor de Dios: esta triple cualificación no le pertenece más que a él en la forma sensible en que toda persona está vinculada a su padre, según el orden formal, no a Aquel que ha insuflado Su Espíritu en la forma de un ser humano. Cuando Dios hubo dispuesto armoniosamente el cuerpo del hombre (como Él ha dicho: **Cuando hube dispuesto armoniosamente** (Cor. 15, 29)), insufló en él Su Espíritu, y Él ha vinculado el Espíritu, tanto en su existencia como en su esencia, a Él mismo. No ha sido lo mismo para Jesús, porque, en su caso, la disposición armoniosa de su cuerpo y su forma de criatura humana estaban incluidas en la insuflación del Espíritu, contrariamente a lo que pasa para los demás hombres, como hemos dicho.

Los seres existenciados son todos **las Palabras** de Dios que **no se agotan** (Cor. 18, 109), porque proceden de la orden divina «¡Sé!» y el «¡Sé!» es el Verbo de Dios.

¿Es necesario relacionar el Verbo con lo que Él es en Él mismo, de modo que su naturaleza permanezca insondable? ¿O es necesario considerar que el Altísimo desciende hacia la forma sobre la que dice «¡Sé!», de suerte que esta orden aparece entonces como una realidad esencial perteneciente a esta forma hacia la cual Él desciende y en la que Él se manifiesta? Algunos gnósticos son de la primera opinión, otros de la segunda, y otros permanecen perplejos y confiesan su ignorancia.

Esta cuestión puede ser conocida únicamente por la degustación espiritual, como Abû Yazîd [55], cuando sopló sobre la hormiga que había matado, devolviéndola a la vida. Supo entonces por Quién había soplado cuando sopló, y su contemplación en ese momento fue de tipo «crístico» (*'îsawî*).

En cuanto a la vivificación en el seno espiritual operada por medio de la Ciencia divina, procede de la Vida divina esencial, trascendente y luminosa de la que Dios ha dicho: **O el que estaba muerto y hemos revivificado, y hemos hecho para él una luz con la cual camina entre los hombres** (Cor. 6, 122). Cualquiera que vivifique un alma muerta por una vida que proceda de la Ciencia a propósito de una cuestión particular concerniente a la Ciencia divina, la resucita verdaderamente. Esta ciencia vivificadora es para él una luz con la cual camina entre los hombres, al menos entre los que son sus semejantes en la forma.

> *Si no hubiera existido Él ni nosotros,*
> *lo que existe no habría existido.*
> *Somos, en verdad, unos servidores*
> *y Dios es nuestro Maestro.*
> *Somos su Ser. Entiende*
> *cuando digo: «hombre».*

---

[55] Véase nota 18, pág. 74.

Que no te vele ese nombre.
Él le ha dado una prueba.
¡Sé Dios! ¡Sé criatura!
Tú serás por Dios un Infinitamente Misericordioso.
¡Alimenta de Él Sus criaturas!
Serás «reposo y aroma» (Cor. 56, 89)
Le damos eso por lo que aparece
en nosotros, y Él nos da.
La Orden está dividida
en «eso es Él» y «eso es nosotros».
Está vivificado El que conoce
por mi corazón, cuando Él nos ha vivificado.
Somos existencias en Él,
seres y tiempo.
No está permanente en nosotros;
 sino solo en algunos momentos.

Lo que confirma eso que dijimos con motivo de la con-
junción de la insuflación espiritual y de la forma corporal
de un ser humano es que Dios se ha definido Él mismo
como dotado del Soplo de Misericordia. Ahora bien, la
atribución de una cualidad implica necesariamente la atribución de todo lo que esta incluye. Sabes lo que implica
el soplo en el que respira: por eso el Soplo divino es el con-
tinente de las formas del mundo, es como su materia prima,
que no es otra que la Naturaleza universal.

Los cuatro elementos son una de las formas de la Naturaleza. Lo que está más allá de esos elementos y más allá
de lo que de ellos procede forma parte igualmente de esas
formas: son los «espíritus elevados», cuyo grado es más
alto que el de los siete Cielos. Estos Cielos, y los espíritus
que los habitan, pertenecen todavía al mundo de los elementos, porque están formados a partir de su modalidad
sutil. Los ángeles surgidos de cada Cielo le pertenecen:
son los ángeles del mundo elemental, mientras que los

que les son superiores son los ángeles de la Naturaleza universal. Por eso, Dios los ha descrito (me refiero a los que constituyen el Pleroma supremo) como «peleando».

En efecto, la Naturaleza está polarizada. En el grado de los Nombres divinos (que son simples relaciones) esta polarización viene únicamente del Soplo de la Misericordia. La Esencia, que no está sometida a esta polarización, es **independiente de los mundos** (Cor. 3, 97). Por eso, el mundo ha sido manifestado a imagen de su Existenciador, que no es otro que el Soplo divino: el calor que este contiene eleva el frío y la humedad abate, la aridez asegura la estabilidad del mundo e impide a la tierra temblar. La sedimentación es provocada por el frío y la humedad. Observa al médico: cuando desea administrar un remedio a un enfermo, examina primero un frasco que contiene su orina; si constata una sedimentación, sabe que la enfermedad ha acabado su maduración y que puede administrar el remedio con vistas a acelerar la curación. La sedimentación es debida al frío y a la humedad natural del enfermo.

Después, el Altísimo ha amasado con Sus dos Manos el barro del que ha sido hecho el ser humano. Se trata aún de una polarización, aunque ambas manos divinas sean, por otra parte, una Diestra bendita. Su distinción es evidente, y no es más que por el hecho de que ellas son dos. Eso es porque no se puede actuar por encima de la naturaleza más que en conformidad con su ley fundamental, que es la polarización; por esa razón son dos las Manos.

Al haberles dado la existencia con las dos Manos, Él le ha llamado *bashar*, para indicar el «contacto directo» [56] con el grado que es el Suyo, por medio de las dos Manos

---

[56] Expresión que, en árabe, es *mubáshara*, término de la misma raíz que *bashar*. Esta última palabra designa al ser humano individual.

que Le son atribuidas. Esta forma de obrar nos indica una solicitud providencial con respecto a esta especie humana que es la nuestra, diciendo al que rehusaba prosternarse delante de él [57]: **¿Qué es, pues, lo que te impide prosternarte delante del que Yo he creado con Mis dos Manos? Te has enorgullecido** contra alguien que es semejante a ti, es decir, que pertenece como tú al mundo elemental, **¿o acaso eres tú uno de los espíritus elevados** (Cor. 38, 75) superiores en este mundo? Ese no es tu caso. Por «elevados» me refiero a aquellos cuya constitución luminosa trasciende el mundo elemental, aunque pertenece todavía a la Naturaleza universal. La excelencia del hombre sobre las otras especies que pertenecen a este mundo se debe a que es un *bashar* hecho de barro. La especie a la que pertenece sobrepasa todas las de este mundo que han sido creadas sin ese contacto directo. El grado del hombre es superior al de los ángeles, tanto terrestres como celestes, mientras que los ángeles más elevados son, según el texto sagrado, mejores que esta especie humana que es la nuestra.

El que quiera conocer el Soplo divino, que adquiera el conocimiento del mundo, porque «el que se conoce a sí mismo conoce a su Señor», en quien ha sido manifestado. Es decir, el mundo ha sido manifestado en el Soplo del Todo Misericordioso gracias al cual Dios ha liberado a los Nombres divinos de la opresión que experimentaban, pues todavía no habían manifestado sus efectos. Se ha agraciado a Él mismo por lo que ha existenciado en Su Soplo. Ha sido el primer beneficiario, y luego el Mandato divino no ha cesado de descender y de librar de las angustias hasta el grado último de la manifestación.

---

[57] Es decir, Iblîs, Satán.

Todo está en la esencia del Soplo
como el resplandor del alba al final de la noche.
La ciencia nacida de la demostración
*está en el **despojamiento del día** (Cor. 36, 37) para*
                                    [aquel que
dormitaba.
Mira lo que he dicho
como un sueño que le indica el Soplo
y lo libra de toda angustia
*cuando lee que **él ha fruncido el ceño**(Cor. 80, 1).*
En verdad, Dios Se ha manifestado
al que ha venido para buscar la antorcha.
Lo vio como un fuego cuando es
una luz para los Reyes y los Guardianes de la noche[58].
Si has comprendido mi palabra,
conoces la causa de tu aflicción.
Si Moisés hubiera buscado otra cosa,
Lo habría visto, sin ninguna alteración.

Dios colocó este Verbo crístico en la Estación espiritual del «**hasta lo que sabemos**» (Cor. 47, 31) y «**Él sabe**» (Cor. 3, 142). Él interrogó a Jesús sobre lo que se le había atribuido (es decir, si era Dios o no), a pesar de Su Ciencia esencial de lo que había sucedido realmente, diciéndole: **¿Has dicho a los hombres: «Tomadme a mí y a mi madre como dos divinidades, aparte de Dios»?** (Cor. 5, 116).

La cortesía le imponía responder al que lo interrogaba y que Se había manifestado a él en esta Estación y en esta forma: la sabiduría imponía una respuesta que implicaba

---

[58] Se trata de dos grados espirituales de naturaleza esotérica. Los Reyes son los gnósticos que han obtenido la realización. Los Guardianes de la noche son los que caminan por las sendas de la realización espiritual.

la distintividad en el seno de la Totalidad sintética. Por eso respondió comenzando por mencionar la trascendencia: «**Gloria a Tu trascendencia**. **No me corresponde,** desde el punto de vista del yo individual separado de Ti, **decir eso, a lo que no tengo derecho alguno,** es decir, lo que no está implicado ni por mi personalidad ni por mi esencia.

Si lo he dicho, seguramente Tú lo has sabido porque eres Tú el que habla, y el que dice algo sabe lo que dice. Eres Tú el dueño de la lengua con la que yo hablo, como lo ha enseñado el Enviado de Dios de parte de su Señor en un hadiz *qudsí:* «Yo soy la lengua por medio de la cual él habla», identificando así Su esencia con la lengua del que tiene el discurso, atribuyendo este a Su servidor.

El piadoso servidor acabó su respuesta diciendo: **Tú sabes lo que hay en mi alma.** El que dice eso es Dios (expresándose a través de Jesús y dirigiéndose a Sí Mismo).

Y yo no sé lo que hay en ella. Ha negado la ciencia a la esencia de Jesús en tanto que tal, no en tanto que estaba dotado de palabra y de poder creador.

Tú eres en verdad, Tú. Ha empleado el pronombre de la separatividad y del fortalecimiento para señalar y confirmar la evidencia de que solo Dios posee la ciencia del Misterio. Mediante ese lenguaje, ha separado y unido, proclamado la unidad y la multiplicidad, la amplitud y la estrechez.

Luego, ha concluido su discurso diciendo: **Yo no les he dicho nada más que lo que Tú me has ordenado.** Ha comenzado por una negación, haciendo alusión a que no era él quien había dicho eso. Después, está obligado a responder, por cortesía espiritual hacia el que lo había interrogado. Si no lo hubiera hecho, habría mostrado su ignorancia de las realidades esenciales, y ¡qué lejos estaba Jesús de ello!

Ha dicho: «Nada más que lo que Tú me has ordenado», es decir, que eres Tú quien ha hablado por mi lengua, y que eres Tú quien es mi lengua. Considera esta dualidad espiritual y divina: qué fina y qué sutil es.

Es decir: ¡Adorad a Dios! Ha empleado el Nombre «Dios» a causa de la diversidad de las Leyes sagradas, sin dar privilegio a un Nombre particular antes que a otro. Ha utilizado el Nombre sintético y universal (que, en árabe, es «Allâh»).

Luego ha añadido: **Mi Señor y vuestro Señor.** Es bien conocido que Su relación en tanto que Señor con un ser existenciado no es la misma que la que mantiene con otro. Por eso ha establecido una distinción diciendo «Mi Señor y vuestro Señor», y ha utilizado dos pronombres: el de primera persona y el de segunda.

Con la frase «más que lo que Tú me has ordenado» se confirma como sometido a la Orden divina, expresando así su servidumbre, porque no está sometido a una orden más que el que está obligado a obedecerlo, incluso si no lo hace. La Orden divina, cuando desciende, reviste el estatuto de los grados de existencia que atraviesa: por eso cualquiera que es manifestado en un grado toma el «color» de lo que confiere la realidad propia de ese grado. El rango del que está sometido a la Orden expresa un estatuto que se encuentra en todos los que están sometidos a esa Orden. El rango del que le da expresa un estatuto que se manifiesta abiertamente en todos los que le dan. Dios dice: «¡Cumplid con la plegaria ritual!». Él es entonces el que da la orden mientras que el ser sometido a sujeción es el que la recibe. El servidor dice: **¡Señor, perdóname!** (Cor. 7, 151). En ese caso, es él quien da la orden y es Dios quien la recibe. Lo que Dios requiere del servidor para Su Orden es idéntico a lo que el servidor requiere de Dios para la suya. Por eso se responde necesariamente a toda súplica de petición, incluso si esta respuesta se retrasa. Del mismo modo ocurre con algunos de los que están sometidos a sujeción y a quien ha sido dirigida la orden de cumplir el ruego, cuando no lo hacen en el tiempo prescrito: retrasan la obediencia efectiva y cumplen el ruego en otro momento si tienen la posibilidad de ello. Aun allí, hay necesariamente una respuesta, aunque no sea más que con la intención.

Jesús ha dicho luego: **Y yo he sido contra ellos** (no ha añadido «y contra mí con ellos», igual que había dicho «mi Señor y vuestro Señor») **un testigo, en tanto que he permanecido entre ellos** (en efecto, los Profetas son testigos de cargo contra sus comunidades tanto tiempo como permanezcan entre ellas), **y cuando Tú me has conducido a Ti** (es decir, que Tú me has elevado hacia Ti, que Tú me los has ocultado y que Tú me has ocultado a ellos), **Tú has sido, Tú, El que ha ejercido una vigilancia en su contra,** no por medio de mi sustancia, sino por medio de la suya, puesto que Tú eres su vista y esta implica la posibilidad de vigilar: cuando el hombre se mira a sí mismo, es Dios quien lo mira.

Jesús ha designado (esta vigilancia divina) por medio del Nombre *al-Raqíb* (el Vigilante), porque, habiéndose atribuido el testimonio, ha querido establecer una distinción entre él y su Señor, a fin de que se sepa que él mismo no era más que un servidor, y que Dios era Dios, debido a que Él era para él «el Señor». Por ese motivo ha utilizado en su propia persona el término «testigo», y respecto a su Señor el término «vigilante». Además, en su caso, los ha mencionado en primer lugar diciendo «yo he sido contra ellos un testigo en tanto que he permanecido entre ellos», porque prefería darles la presencia, y también por el sentido de las conveniencias espirituales. Por el contrario, tratándose del aspecto divino de la misma función, los ha mencionado después de Dios, diciendo: «El que ha ejercido una vigilancia en su contra», porque el Señor tiene el derecho ocupar el primer rango.

Luego, Jesús ha hecho saber que a Dios, «el Vigilante», Le correspondía también el Nombre «el Testigo», que se había aplicado a él mismo cuando dijo «contra ellos un testigo». En efecto, añadió: **y Tú, Tú eres testigo de toda cosa.** Ha empleado el término «todo» porque es el más general, el término «cosa» porque es el menos determinado de todos, y ha empleado el Nombre «el Testigo» porque Dios es el Testigo de todo lo que puede ser visto en la medida de lo que implica su realidad esencial. Por eso, Jesús ha atraído la atención sobre el hecho de que era Él, el Altísimo, quien era el verdadero Testigo contra su pueblo cuando dijo: «Y yo he sido contra ellos un testigo en tanto que he permanecido entre ellos»; era el testimonio de Dios en la sustancia de Jesús, como está comprobado que Él era su lengua, su oído y su vista.

Luego ha pronunciado una palabra a la vez crística y muhamadí: crística, porque se trata de una palabra de Jesús, según eso que Dios nos ha comunicado a su vez en Su Libro, y muhammadí a causa del lugar que tomó en el corazón de Muhammad. Velará una noche entera repitiéndola sin cesar hasta el amanecer: **Si Tú los castigas, son Tus servidores, y si Tú los perdonas, Tú eres el Inaccesible, el Infinitamente Sabio.**

Este versículo fue utilizado por el Profeta como una fórmula de petición y de súplica dirigida a su Señor durante una noche entera, hasta el amanecer. Lo repitió para obtener la respuesta. Si la hubiera obtenido desde la primera demanda, no la habría repetido. Dios le expuso punto por punto las razones por las cuales habían merecido el castigo, y el Profeta le respondía, para cada punto y para cada razón: «Si Tú los castigas, son Tus servidores, y si Tú los perdonas, Tú eres el Inaccesible, el Infinitamente Sabio». Si hubiera percibido en esa exposición del Altísimo algo que lo hubiera obligado a dar la preferencia a Dios y la preponderancia a Su punto de vista, habría dirigido sus demandas contra ellos y no en su favor. Dios le expuso únicamente lo que habían merecido, es decir, lo que ese versículo concede a partir de su perfecta sumisión a Dios, que los hace dignos de Su perdón. En efecto, se nos dice en un hadiz que Dios, cuando ama la voz de Su servidor que Le implora, retrasa Su respuesta con objeto de que repita su petición: por amor hacia él, no porque se aparte de él.

Por eso ha empleado el Nombre «el Infinitamente Sabio», porque el Infinitamente Sabio es Aquel que pone las cosas en su sitio sin apartarse nunca de lo que implican y requieren sus realidades propias. El Infinitamente Sabio es Aquel que conoce el orden esencial de las cosas.

El Profeta ha repetido ese versículo según una ciencia inmensa que viene de Dios Altísimo. El que lo recite, que lo recite así; si no, es preferible que permanezca callado. Cuando Dios favorece a un servidor haciéndole expresar alguna petición, lo hace únicamente porque quiere atenderlo y satisfacerlo. Que nadie se lamente de la lentitud en obtener lo que contiene. Que cada uno se aplique más bien con la misma perseverancia que el Enviado de Dios en la recitación de ese versículo, en todos sus estados, hasta que oiga la respuesta con su oído exterior o con su oído interior, según el modo como Dios te lo haga entender: para una demanda hecha con la lengua, te recompensará por medio de una respuesta que oirá tu oído exterior; para una petición hecha con la mente, te recompensará con una respuesta que percibirá tu oído interior.

16

El engarce de una sabiduría
infinitamente misericordiosa
en un verbo de Salomón

───────

E LLA (una carta) **viene de Salomón, y es** (es decir, el contenido de la carta), **en Nombre de Dios, el Infinitamente Misericordioso, el Misericordioso sin límites** (Cor. 27, 30). Algunos han deducido de este versículo que el nombre de Salomón aparecía como precediendo al del Dios Altísimo, pero esto no es así. Los que esto dicen están usando un lenguaje inconveniente e inapropiado acerca del conocimiento que Salomón tenía de su Señor. ¿Cómo podrían ser apropiados esos comentarios cuando Bilqîs, la reina de Saba, dijo: **Me han enviado una carta llena de nobleza** (Cor. 27, 29), honrándolo con estas palabras? Lo que los ha llevado a esta interpretación puede ser el hecho de que Cosroes (que gobernaba en Persia en tiempos del profeta Muhammad) rompiera la carta que le envió el Enviado de Dios. Pero no lo hizo más que tras haberla leído en su totalidad y haber conocido su contenido. Lo mismo hubiera hecho Bilqîs si no hubiera gozado de la asistencia divina, que le condujo a la realización espiritual. El hecho de que Salomón pusiera su nombre delante del de Dios, o al revés, no hubiera preservado a la carta de ser destruida.

Salomón ha mencionado las dos misericordias: la misericordia otorgada por pura gracia y la misericordia de obligación, que son las que corresponden, respectivamente, a lo Nombres: «el Infinitamente Misericordioso» y «el Misericordioso sin límites». Sin embargo, esta «obligación» deriva también de un puro don, de modo que el «Misericordioso sin límites» «entra» en el «Infinitamente Misericordioso» de una manera que este último comprende de forma sintética. **Él se ha prescrito a Sí Mismo la Misericordia** (Cor. 6, 12), con el fin de que el servidor pueda beneficiarse gracias a las obras que lleve a cabo conforme a eso que Dios ha mencionado en Su Libro. Esta es una obligación que Dios se ha impuesto a favor de Su siervo, puesto que este obtiene esta misericordia por sus obras. Me estoy refiriendo, claro está, a la misericordia «de obligación». Aunque el servidor que se encuentra en ese caso sabe bien que no ha llevado a cabo esas obras más que a través de él. Ocho de sus miembros se los reparten, y Dios ha dejado bien claro que Él es la esencia de cada uno de ellos, de modo que no hay más agente que Él mismo. Solo la forma exterior pertenece al servidor. La Esencia está incluida en él, es decir, en el nombre y en ninguna otra parte, pues el Altísimo es la esencia de todo lo que aparece, y que recibe el nombre de «criatura». De ahí que los Nombres «el Exterior» y «el Último» pertenecen al servidor, por el hecho de que no hubiera tenido existencia para tenerla después. Del mismo modo ocurre con los Nombres «el Interior» y «el Primero», por el hecho de que depende de Dios tanto por su manifestación como por sus obras. Si consideras a la criatura, ves «el Primero y el Último, el Exterior y el Interior».

Este conocimiento (es decir, que es Dios el que actúa a través de él) no le es ajeno a Salomón. De hecho, formaba parte del **poder de dominio** (lit. «reino») **que no le convendría a nadie más tras él** (Cor. 38, 35). Es decir, que no convendría a nadie más manifestarlo en el mundo exterior, puesto que Muhammad recibió lo mismo que recibió Salomón, pero jamás lo manifestó al exterior. En efecto, Dios Altísimo puso a su merced a un *'ifrît*, un genio rebelde, que fue a él una noche para atacarlo por sorpresa. Quiso atraparlo y atarlo a una de las columnas de la mezquita de Medina hasta la mañana siguiente, con el fin de que los niños de la ciudad se divirtieran viéndolo, pero se acordó de la petición de Salomón y se abstuvo de hacerlo. Dios hizo que el *'ifrît* se retirara en un estado lamentable, de modo que Muhammad no manifestara aquello de lo que era capaz, al contrario de lo que ocurría con Salomón.

Este dijo «un reino», sin generalizar. Nosotros sabemos que se refería a un reino particular, es decir, a un poder efectivo de dominio ejercido no sobre el universo ni sobre el conjunto de los mundos, sino sobre un dominio particular. Vemos que Salomón no compartió con nadie más este «reino» que Dios le dio. Sabemos que su único privilegio fue el haber obtenido la totalidad. Y sabemos, gracias al hadiz del *'ifrît*, que este privilegio consistió únicamente en la manifestación exterior de este dominio. Los privilegios de Salomón son, pues, la totalidad y la manifestación exterior.

Si el profeta Muhammad no hubiera dicho en el hadiz: «Dios lo puso bajo mi poder», hubiéramos dicho que en el momento en que él quiso atraparlo, Dios le recordó la petición de Salomón para que supiese que Él no le había dado ese poder, y que era Él mismo el que hacía que el *'ifrît* se retirara en un estado lamentable. Pero como dijo lo que dijo, sabemos que Dios Altísimo le había dado el poder para que lo usara como quisiera. Pero Él le recordó la petición de Salomón, y fue entonces cuando el Profeta respetó las conveniencias espirituales a este respecto, absteniéndose de manifestar su poder. Podemos deducir que «lo que no convendría a ninguna criatura después de Salomón» era únicamente la manifestación de ese poder en la totalidad de su extensión.

Nuestro único objetivo aquí es tratar el tema de las dos misericordias mencionadas por Salomón en medio de los dos nombres, «el Infinitamente Misericordioso» y «el Misericordioso sin límites», y llamar la atención sobre ellos.

El Altísimo ha condicionado la misericordia de obligación, pero no la de pura gracia, tal y como aparece en su frase: **Mi Misericordia abarca todas las cosas** (Cor. 7, 156), comprendiendo los Nombres divinos, es decir, los aspectos esenciales que corresponden a las relaciones. Les ha concedido esa gracia para nosotros, pues somos nosotros el resultado de la misericordia donada por pura gracia a los Nombres divinos y a las relaciones señoriales. (Nosotros somos a la vez el resultado de la misericordia donada a los Nombres divinos, puesto que sin ellos nosotros no seríamos, y al mismo tiempo la condición de esa misericordia, puesto que, sin nosotros, es decir, sin lo que implica nuestra esencia, los Nombres no tendrían ninguna razón de ser.) Después, Él se los ha impuesto, manifestándonos a nosotros mismos. Nos ha enseñado que Él es nuestra esencia, con el fin de que sepamos que Él se la ha impuesto únicamente en Su propio favor, puesto que la Misericordia se convierte en algo exterior a Él, y este sería el caso, si se aplicase a algo distinto a Él. ¿A quién otorgará Él Su Gracia, si no hay nada más que Él?

Has de saber que el lenguaje de la distinción se impone favorablemente cuando aparecen entre las criaturas las jerarquías ligadas a la obtención de las ciencias divinas. Decimos, por tanto, que tal personaje es más sabio que otro, aunque la esencia es única.

Todo Nombre divino que hagas preceder sobre otro, lo nombras y lo cualificas por el conjunto de los Nombres. Lo mismo ocurre en la manifestación de las criaturas: cada una comporta virtualmente todo aquello con relación a lo cual es declarada superior. Cada parte del mundo es el conjunto del mundo, es decir, que puede ser el receptáculo de aspectos esenciales distintos en el Universo. Que digamos de fulano que posee menos ciencia que mengano no contradice en nada el hecho de que la Esencia de Dios sea la esencia de uno y del otro, ni que Él esté más dotado de perfección y de ciencia en el segundo que en el primero. Del mismo modo, una jerarquía aparece en los Nombres divinos aunque estos no sean algo distinto a Dios; en tanto que Él está dotado de Ciencia, el Altísimo rige un dominio más vasto que aquel que Él rige en tanto que está dotado de Voluntad y de Poder, aunque en ambas cosas se trate solo de Él, y de nadie más.

Amigo mío, deja ya de reconocerlo aquí y de ignorarlo allá, excepto si Lo afirmas bajo el aspecto en el que Él se afirma a Sí Mismo, o si Le niegas algo que Él se niega a Sí Mismo, como en el versículo que reúne la negación y la afirmación al respecto de Él Mismo, cuando dice: **Nada Le es semejante** (lo que supone una negación), y la continuación del versículo: **Y Él es Aquel que todo lo oye, Aquel que todo lo ve** (Cor. 42, 11), lo que es la afirmación de un atributo que se extiende a todo ser viviente [59] que escucha y que ve. Pero aquí no hay más que seres vivientes, aunque esta vida permanezca disimulada en este mundo a la percepción de algunos, esta se manifestará a todos los hombres en la vida futura, que es la «Morada de los vivientes». Este mundo lo es igualmente, salvo que la vida permanezca escondida a ciertos siervos de Dios, con el fin de que la Elección y la Excelencia aparezcan entre ellos siguiendo la percepción que tienen de las realidades del Universo. El poder de Dios es más evidente en

---

[59] Los comentarios sufíes de la obra señalan que la aplicación de este término debe extenderse al conjunto de la creación, aplicándolo a todo «lo que posea un cuerpo de luz, de fuego o de tierra», lo que es una referencia a la doctrina de los tres mundos.

aquel cuya percepción es integral que en aquel cuya percepción no lo es. Por tanto, no te dejes velar por estas excelencias, declarando falso el lenguaje de aquel que dice que la creación es la Esencia de Dios, cuando yo te he hecho ver que esas excelencias existen por los Nombres divinos. Reconoce, pues, que ellos son Dios sin lugar a dudas, que no son más que la realidad que designan, y que es Dios Altísimo.

¿Cómo podría haber colocado Salomón su nombre delante del de Dios, como algunos pretenden, si él formaba parte del conjunto de esos que la Misericordia ha traído a la existencia? Los Nombres «el Infinitamente Misericordioso» y «el Misericordioso sin límites» deben necesariamente ir delante para hacer constar la dependencia de aquel que es el objeto de esa misericordia. Hacer lo contrario sería invertir la jerarquía de las verdaderas realidades, poniendo delante lo que debe permanecer detrás, y poniendo detrás aquello que debe ir delante, en el lugar que merece.

La sabiduría de Bilqîs, la reina de Saba, y la elevación de su ciencia aparecen claramente en el hecho de que no mencionara la identidad del remitente de la carta. Actuó así para hacer ver a su entorno que ella estaba en contacto con cosas a las que ellos no tenían acceso. Se trata de una disposición divina en el arte de reinar. En efecto, cuando se ignora la manera en la que la información le llega al rey, las gentes a las que gobierna temen por sus propias decisiones y adoptan únicamente aquellas que no harían arriesgar sus vidas si llegaran a oídos del rey. Si supieran de manera precisa a través de qué intermediario le llegan las informaciones a su soberano, se esforzarían en halagarlo y corromperlo, con el fin de poder hacer lo que quisieran sin que el rey se enterara. La frase de Bilqîs «Me han enviado una carta», sin nombrar a quien se la había enviado, es muestra de un sentido político que le asegura el temor de sus súbditos y de la élite que los gobierna. Por esa razón tenía la preeminencia sobre ellos.

La superioridad de los sabios humanos sobre la de los sabios entre los genios, relativa a los secretos del gobierno esotérico del mundo y a las propiedades esenciales de las cosas, es reconocible aquí. En efecto, el «retorno de la mirada» hacia aquel que mira es más rápida que el gesto de levantarse del asiento [60]. El movimiento de la vista en la percepción de su objeto es más rápido que el del cuerpo que se desplaza. La percepción de la vista es instantánea, independientemente de la distancia que la separa de su objeto. El instante en el que se lanza la mirada es el mismo que aquel que alcanza la esfera de las estrellas fijas, y el de su «retorno» es el mismo que aquel en el que cesa la percepción. No sucede lo mismo para el hombre que se levanta: él no posee esta rapidez.

El prodigio llevado a cabo por Asaf ibn Barjiyâ' fue más perfecto que el llevado a cabo por el genio: en el momento mismo en que lo anunciaba ya se había realizado, y Salomón pudo ver con sus propios ojos el trono de Bilqîs **posarse ante él** (Cor. 27, 40), con el fin de que no se imaginara nadie que él lo percibía, cuando no se había movido de su sitio. A causa de esta «unidad del tiempo» no hubo para nosotros un verdadero desplazamiento, sino únicamente una «desaparición» (es decir, una «extinción», en el sentido de una desaparición en el seno de la realidad actual y de su retorno a lo no-manifestado), y un «retorno a la manifestación», de un modo que nadie puede tener consciencia, excepto el que posea el conocimiento supremo.

---

[60] Este pasaje alude a Corán XXVII, 39-40. Aquel que el Corán denomina el *'ifrît* **de entre los genios** dijo a Bilqîs, refiriéndose al trono de esta: «**Yo te lo traeré antes de que levantes del asiento**». Por su parte, Asaf ibn Barjiyâ', compañero de Salomón, dijo: «**Yo te lo traeré antes de que tu mirada vuelva a ti**».

Acerca de esta ignorancia generalizada habla el Altísimo con estas palabras: **Pero se encuentran más bien en la confusión al respecto de una nueva creación, de modo que no se agota ni un momento sin que continúen viendo lo que ven** (Cor. 50, 15). Si fue como decimos, podemos concluir que el momento de la desaparición del trono del lugar donde se encontraba fue el mismo que el de su manifestación donde se encontraba Salomón, a causa de la renovación de la creación con cada soplo divino.

Nadie posee la ciencia de este poder divino. El hombre ni siquiera es consciente de que, a cada soplo divino, «no es, y después es». No pienses que este «después» implica necesariamente un intervalo temporal. En algunos casos, en árabe este término implica solo una sucesión lógica. Por ejemplo, en los versos:

> *Como el hecho de blandir la lanza,*
> *que se pone después a temblar.*

Es indudable que el momento en el que se blande la lanza es el mismo momento en el que el objeto se pone a temblar. Y, sin embargo, aunque aquí no hay ningún intervalo temporal, el poeta utiliza este término. Sucede lo mismo con la renovación de la creación con cada soplo divino: el momento de la «extinción» es el de la realidad de lo parecido.

El asunto de la obtención del trono de Bilqîs es uno de los más difíciles que existen, excepto para aquel que posea el verdadero conocimiento acerca de lo que acabamos de mencionar. La superioridad de Asaf consiste únicamente en la obtención de la renovación de la creación del trono allá donde Salomón impartía consejo. Aquel que haya comprendido lo que hemos indicado, sabrá que el trono no recorrió distancia alguna, que no se «plegó la tierra» ni la traspasó.

Esta transferencia fue llevada a cabo por uno de los seguidores de Salomón, con el fin de que el prestigio de este aumentara en el alma de los presentes, en particular Bilqîs y su entorno. La causa es que Salomón fue el «don de Dios a David», según las palabras del Altísimo: **Y dimos Salomón a David como un don** (Cor. 38, 30). El don es aquello que el donador confiere por pura gracia, no en virtud de una recompensa o de un mérito. Él (Salomón) fue **la gracia abundante, la prueba decisiva y el golpe triunfante** (Cor. 21, 18). En lo que respecta a su ciencia, el Altísimo ha dicho a este respecto: **Hemos dado la comprensión a Salomón,** a pesar de que su padre tuvo otra opinión (en el juicio) [61]. **Y a cada uno de los Profetas** Dios le ha dado **un juicio y una ciencia** (Cor. 54, 55). La ciencia de David sobre este asunto era una ciencia recibida que Dios le había concedido, mientras que la de Salomón era la ciencia misma de Dios sobre este tema. Él [62] fue el juez, sin intermediario. Salomón fue el intérprete de Dios sobre un trono de Verdad. Esta comunidad de Muhammad ha recibido el grado de Salomón en el juicio, y también el de David. ¡Qué excelente comunidad es!

Una vez que Bilqîs vio su trono, conociendo la distancia que había entre su palacio y aquel lugar, y la imposibilidad de que este desplazamiento tuviera lugar en tan corto espacio de tiempo, dijo: **Es como si fuera él** (Corán 27, 42). Y decía la verdad, según nuestra enseñanza al respecto de la doctrina de la creación por medio de las similitudes: él era él, la cosa era bien cierta. Igual que tú

---

[61] Aquí Ibn 'Arabî se está refiriendo a un pasaje coránico que narra cómo Salomón, presente en un juicio que dirimía su padre, David, tuvo una opinión diferente a la este, lo que hizo que el rey poeta modificara su decisión.

[62] El autor puede estar refiriéndose aquí tanto a Dios como a Salomón.

mismo, en el momento de la renovación, eres el mismo ser que en el instante precedente.

La perfección de la ciencia de Salomón apareció especialmente en la enseñanza que le impartió a Bilqîs en el palacio: **Le dijo (a Bilqîs): «Entra en el palacio»** (Corán 27, 44). Era un palacio cuyo suelo estaba hecho de cristal, perfectamente liso, sin ninguna irregularidad. Cuando ella lo vio, lo tomó por agua, y descubrió sus piernas para que el agua no mojara su vestido. Salomón le mostró así que su trono, tal y como ella lo había visto, era de la misma naturaleza.

De este modo, Salomón le hizo ver que ella había tenido razón al decir que «era como si fuera él». Dijo ella entonces: **Señor mío, en verdad, me he perjudicado a mí misma. Me someto con Salomón** (es decir, con el sometimiento a Dios que es el propio de Salomón) **a Dios, el Señor de los mundos** (Cor. 27, 44). No se sometió a Salomón, sino a Dios, Señor de los mundos, mundos a los que pertenecía Salomón. Ella no condicionó su sumisión a Dios, pues los Enviados no condicionan su profesión de fe en Dios. Al contrario que el faraón, que dijo: **El Señor de Moisés y de Aarón** (Cor. 7, 122). Aunque la sumisión del faraón puede recordar en cierto modo a la de Bilqîs, ella hizo gala de una comprensión mayor que la de él. Es cierto que este se encontraba bajo la influencia del momento particular cuando dijo: **Creo en Aquel en quien creen los hijos de Israel** (Cor. 11, 90). Con estas palabras particularizó su creencia, pero lo hizo únicamente porque había visto a los magos expresar la suya en Dios, diciendo «el Señor de Moisés y de Aarón». La sumisión a Dios de Bilqîs era la misma que la de Salomón, puesto que ella dijo «con Salomón». Por tanto, no hubo punto alguno de la creencia profesada por Salomón que ella no aceptara, añadiendo además su propia fe.

Del mismo modo, nos encontramos sobre **la Recta Vía en la que se encuentra el Señor**, pues **el mechón de nuestro cabello está en Su Mano** (Cor. 11, 56). Nos es imposible separarnos de Él. Estamos «con Él» de forma implícita, igual que Él está «con nosotros» de forma explícita, pues ha dicho: **Y Él está con vosotros allí donde os halléis** (Cor. 57, 4). Nosotros estamos «con Él» por el hecho de que nos tiene agarrados por el mechón de nuestro cabello, de modo que Él está con nosotros a partir de Su Vía, sobre la que nos mantiene constantemente por la sobreabundancia de Su Gracia. No hay ser en el mundo que no se encuentre sobre una Recta Vía, que es la Vía del Señor Altísimo.

Esto es lo que Bilqîs aprendió de Salomón, y que expresó diciendo «a Dios, el Señor de los mundos», sin expresar preferencia de un mundo sobre otro.

En lo que respecta al dominio del Cosmos, que fue el privilegio de Salomón y su excelencia con relación a los otros Profetas, y que formaba parte de ese «reino que no convendría a nadie más después de él», tenía como característica que procedía de su único mandato, pues Él ha dicho: **Y le sometimos los vientos, que soplaban a sus órdenes** (Cor. 38, 6). No se trataba del dominio, en un sentido general, que Dios nos ha concedido a todos, sin hacer ninguna elección particular, diciendo: **Él os ha sometido lo que hay en los cielos y en la tierra de un modo absoluto, proveniente de Él** (Cor. 45, 13). En otro versículo ha mencionado a los vientos, a las estrellas, etcétera, pero sin precisar que están sometidos a nuestra orden, puesto que se trata de algo que es únicamente dependiente de la orden de Dios.

El privilegio de Salomón residía en un poder de ordenar, que no era el resultado de un estado de concentración ni de una energía espiritual, sino de una orden pura y simple. Precisamos esto porque sabemos que los cuerpos cósmicos pueden experimentar efectos de la energía espiritual de las almas que el Altísimo ha situado en la estación espiritual de la concentración. He sido testigo personalmente de esto que digo en esta vía espiritual. Para Salomón, sin embargo, era suficiente dirigir una orden a aquello que deseaba someter a su poder, sin que tuviera que recurrir ni a un estado de concentración ni a una energía espiritual.

Has de saber también que si se le concede un don de este tipo a un servidor, sea cual sea, este don no disminuye en nada aquello que vaya a poseer en la siguiente existencia, y no se le descontará. Salomón lo pidió expresamente a su Señor, y el «sabor» espiritual propio de la vía indica que se le adelantó en esta existencia algo que está reservado para los demás en la siguiente, y que les será descontado en ella si lo desean en la presente. En efecto, Dios ha dicho: **Este es nuestro Don** (sin añadir «para ti» o «para otro»), **dónalo a tu vez o guárdalo. No se te pedirán cuentas sobre ello** (Cor. 38, 39). Por el «sabor» propio de la vía espiritual [63], sabemos que él no pidió este don más que bajo la orden de su Señor. Cuando una petición se produce tras una orden divina, el solicitante recibe una recompensa perfecta. El Creador, si así lo quiere, satisface su necesidad conforme a eso que Le ha pedido, o bien, si así lo quiere, no le contesta. En cualquier caso, el servidor queda absuelto de la obligación que Dios le había impuesto, obedeciendo Su orden y pidiéndole a su Señor lo que Este le había ordenado que Le pidiera. Si el servidor Le hizo la petición por su propia iniciativa, sin que su Señor le haya dado la orden, se le pedirán cuentas.

Y esto vale para todo lo que se le pueda pedir a Dios Altísimo. Así, ha dicho Muhammad, Su Profeta: **Di: «Señor mío, acrecienta mi ciencia»** (Cor. 20, 114). El Pro-

---

[63] Aquí, Ibn 'Arabî afirma la autoridad de la enseñanza esotérica al respecto de una cuestión no verificable por medios exteriores y profanos.

feta se conformó con la orden de su Señor y pidió el aumento de su ciencia, hasta el punto que, cuando se le sirvió leche, la interpretó como una ciencia. También interpretó del mismo modo un sueño, en el que vio que se le ofrecía un tazón de leche, que bebía, dándole el resto a ʿUmar ibn al-Jattâb. Sus compañeros le preguntaron: «¿Cómo interpretas esto?». Él les dijo: «Es la Ciencia». Del mismo modo, cuando iba realizar el Viaje Nocturno (hasta la Presencia Divina), el ángel le presentó un recipiente en el que había leche y otro en el que había vino. Él eligió la leche, y el ángel le dijo: «Has elegido la Naturaleza Primordial (*fitra*). Que pueda tu comunidad verse colmada gracias a ti». La leche es la imagen visible de la Ciencia. Es la Ciencia la que tomó la forma sensible de la leche, del mismo modo que Gabriel tomó la forma de un hombre de bello aspecto para manifestarse ante María.

El Profeta dijo: «Los hombres duermen, y cuando mueren, despiertan». Con esto quiso decir que todo aquello que el hombre vea a lo largo de su vida en esta existencia es de la misma naturaleza que lo que alguien que sueña puede ver en sus sueños, es decir, una «imaginación» que necesita una interpretación.

> *El mundo es imaginario,*
> *pero en su verdadera naturaleza es bien real.*
> *Quien comprende esto*
> *domina los secretos de la Vía espiritual.*

Cada vez que le ofrecían leche, el Profeta decía: «Dios mío, bendícenos en ella y danos más», porque en ese momento estaba contemplando la imagen sensible de la Ciencia, y porque se le había ordenado pedir el aumento de la misma. Por el contrario, cuando se le ofrecía cualquier otra cosa, decía: «Dios mío, bendícenos en esto y aliméntanos de lo que es aún mejor».

Aquel a quien Dios ha dado aquello que Él le da a causa de una petición formulada como consecuencia de una orden divina, Dios no le descontará la Morada de la próxima existencia. Pero aquel a quien Dios da lo que le da, a causa de una petición formulada sin una orden divina, su caso depende de la voluntad de Dios. Si Él quiere, se le pedirán cuentas, y si él no lo quiere, no.

Yo espero de Dios, especialmente en lo que concierne a la Ciencia, que Él no pida cuentas a quien la pida, pues la orden que Él dio al Profeta, de pedir el aumento de la Ciencia, se aplica también a su comunidad. En efecto, Él ha dicho: **Se os ha dado en el Enviado un modelo excelente** (Cor. 33, 21). Y ¿hay acaso un modelo a imitar mejor que él para aquel que obtiene su comprensión directamente de Dios?

Si expusiéramos la estación iniciática de Salomón de forma completa, verías una cosa cuyo descubrimiento te llenaría de terror. La mayoría de los sabios de esta Vía espiritual ignoran su realización y su grado. Su realidad no es la que ellos se imaginan.

17

El engarce de una sabiduría de la realidad en un verbo de David

———

HAS de saber que la Profecía legiferante [64] y la misión del Enviado implican una elección divina. De igual modo, los dones que el Altísimo confiere a aquellos que detentan esas funciones son otorgados por pura gracia. No son una recompensa y no son reclamados por ellos. Les son dados por la vía de la Gracia y el Favor divino.

El Altísimo ha dicho: **Y les dimos como don a Isaac y a Jacob** (Cor. 6, 84). Se refiere a Abraham, el Amigo íntimo de Dios. Y dijo de Job: **Le dimos como don a su familia y, junto a este, otros dones parecidos** (Cor. 38, 43). Y, en el caso de Moisés, dijo: **Le dimos, procedente de Nuestra Misericordia, a su hermano Aarón como profeta** (Cor. 19, 53), y otros versículos semejantes.

Aquel que se ha hecho cargo de ellos desde el Origen, en virtud de la elección divina, es también Aquel que los asiste en el conjunto de sus estados, o en la mayor parte de ellos (pues puede suceder que haya momentos puntuales en los que pierdan la consciencia de que «su alma está en las Manos de Dios»). Y Aquel no es sino Su Nombre, «El Donador Universal».

Él ha dicho al respecto de David: **En verdad, le hemos dado a David, procedente de Nosotros, una gra-**

———

[64] Es decir, la que, en la Revelación, aporta una nueva Ley divina.

cia sobreabundante (Cor. 34, 10), sin relacionar este don con la recompensa por una obra anterior al don, que Él habría exigido. Cuando Él ha exigido que se le agradezca por este favor por medio de obras, se dirigió a la familia de David, sin mencionar a este último, con el fin de que fuera la familia la que le agradeciera por la gracia otorgada a David. Este don fue para él una pura gracia y un favor divino, mientras que, para su familia, fue la condición de su intercambio. En efecto, él ha dicho: **¡Familia de David, obrad por gratitud! ¡Qué raros son aquellos de entre Mis servidores cuya gratitud es perfecta**! (Cor. 2, 152).

Los Profetas, cuando agradecen a Dios las gracias y los dones que Él les prodiga, no lo hacen como consecuencia de una exigencia por Su parte, sino propia, de forma espontánea. Como lo hizo el Enviado de Dios, que permanecía de pie orando durante tanto tiempo que sus pies sangraban, y esto lo hacía por puro agradecimiento, después que Dios le hubiera perdonado **sus pecados pasados y venideros** [65] (Cor. 48, 1). Aquellos entre los servidores de Dios cuyo reconocimiento es perfecto son muy escasos.

La primera gracia que Dios concedió David fue el otorgarle un nombre que, en árabe, no contiene ninguna de las letras que, en la escritura, se unen a la que las sigue.

---

[65] Después de la revelación del versículo **Te hemos concedido una Victoria manifiesta, con el fin de que Dios te perdone tus pecados anteriores y venideros** (Cor. 48, 12), el Enviado rezaba de pie por las noches, hasta el punto de que sus pies sangraban a consecuencia de la inmovilidad en la postura. Su esposa 'Aisha, al verlo, se sorprendió de que, incluso tras la promesa presente en el versículo, el Profeta rezara con tanto sacrificio por su parte, manifestándole su opinión al respecto. A este comentario, él respondió: «¿Acaso no seré un servidor agradecido?». El perdón de los pecados «anteriores» y «posteriores» indica un estado de realización en el que el ser escapa a lo que podemos denominar como «las condiciones limitativas de la existencia». Por otra parte, la perfección de la gratitud implicaría la percepción de la universalidad de la Gracia divina.

De este modo, Dios nos hizo saber que Él lo había elimi-
nado de la existencia, simplemente por la mención de este
nombre compuesto por las letras árabes *dâl*, *alif* y *wâw*
(todas ellas letras que, en la escritura, no se pueden unir
con la letra siguiente). Por el contrario, puso el nombre
de Muhammad al Sello de los Profetas, usando tanto letras del tipo que no se une como otras que se unen: lo ha
unido a Él y lo ha separado de la existencia, reuniendo estos dos estados en su nombre, como los había reunido
para David, pero únicamente en cuanto a su sentido. Por
esto, Él ha manifestado la excelencia de Muhammad sobre David. Después ha mencionado, entre los dones que
Él le ha otorgado por pura gracia, el hecho de que las
montañas le respondían cuando él cantaba la trascendencia divina. Cantaban con él, de modo que el mérito le re-
virtiera a él, y lo mismo sucedía con los pájaros.

Él también le concedió la fuerza, así como **la Sabiduría divina y la reparación del discurso** [66] (Cor. 38, 20).
También fue detentador del don supremo y del grado de
la mayor proximidad el privilegio que Dios le confirió,
atribuyéndole Su Representación en la Tierra de forma
expresa, algo que no ha hecho con ninguno de los demás
miembros de su raza, aunque ha habido entre ellos otros
Representantes.

Dios ha dicho: **¡Oh David! Te hemos establecido como
representante sobre la Tierra. Ejerce la autoridad en-**

---

[66] Este término (en árabe *fasl al-jitâb*) es difícil de entender. Los
comentaristas clásicos de esta obra han llamado la atención sobre el hecho de que esta expresión puede comportar, por un lado, un sentido activo (la «palabra cortante» del juez o del gobernante, que separa la verdad de lo falso), y un sentido pasivo (la «palabra separada»), que puede
designar simbólicamente al Verbo manifestado, siendo la «separación»
los diferentes grados de la Existencia Universal, o que puede designar a
la diversificación de la Tradición primordial en el mundo del hombre en
las diferentes revelaciones y tradiciones.

tre los hombres por medio del Derecho sagrado y no sigas las tendencias de la pasión (Cor. 38, 26). Por «pasión» hay que entender lo que te pasa por la mente en el ejercicio de tu autoridad sin proceder de una inspiración que tenga su origen en Dios. Y sigue el texto sagrado: **pues esto te apartará del camino de Dios**. Es decir, te apartará de la Vía por medio de la cual la Inspiración se comunica a Mis Enviados. Después, Él ha añadido, para respetar las conveniencias: **Aquellos que se apartan lejos del camino de Dios atraerán hacia sí un castigo terrible, pues han olvidado el Día en que deberán rendir cuentas.** Pero Dios no le dijo: «Si tú te apartas de Mi camino, atraerás hacia ti un castigo terrible».

Si pones como objeción a lo anterior el hecho de que Adán también aparece explícitamente mencionado en el Corán como Representante de Dios en la Tierra, te responderé que esto no se produce de la misma forma, puesto que el Altísimo se dirige a los ángeles diciendo: **Voy a establecer un representante sobre la Tierra** (Cor. 2, 30), pero no dice «voy a establecer a Adán como representante sobre la Tierra». Pero, aunque lo hubiera dicho, tampoco hubiera sido lo mismo que decir: «Te hemos establecido a ti como representante de Dios» (como sí que aparece expresado en el caso de David), pues esta forma de expresarlo indica una realización actual ausente en el primer caso. La mención de Adán en ese pasaje no implica que sea él mismo el Representante que Dios anuncia. ¡Presta mucha atención al modo en que Dios se expresa al respecto de Sus servidores…! [67].

---

[67] Según Gilis, estas precisiones del Shayj al-Akbar han llevado a algunos comentaristas a pensar que este pasaje coránico, tradicionalmente considerado como alusivo a Adán, se refiere en realidad a David. Además, la respuesta de los ángeles (**¿Vas a establecer a alguien que traerá la corrupción y haga correr la sangre?**) parece aplicarse más al rey-profeta que al padre del género humano.

Otra especificidad de la función de David como Representante de Dios en la Tierra es el hecho de que Dios lo estableciera con esa función con capacidad de ejercer la autoridad efectiva, y esta no puede proceder más que directamente de Dios. Él le ha dicho: «Ejerce la autoridad en medio de los hombres por medio del Derecho sagrado». En cuanto a la Representación de Adán, podría ser que no comportara ese grado, y que hubiera que comprenderlo en el sentido de que él había sucedido a aquellos que se encontraban antes sobre la Tierra [68], no en el sentido de que él fuera el Representante de Dios entre las criaturas, investido de la autoridad divina [...].

Dios tiene sobre la Tierra representantes que obtienen su autoridad directamente de Él. Son Sus Enviados. En cambio, los representantes de la autoridad religiosa obtienen su autoridad de los Enviados, no directamente de Dios, puesto que la ejercen únicamente en virtud de la Ley Sagrada que el Enviado ha establecido para ellos, y se limitan a esto. Se trata este de un tema delicado, conocido solo por los que están a nuestra altura. Concierne al fundamento de las decisiones que los representantes religiosos toman, y que forman parte de eso que es la Ley Sagrada para el Enviado. En efecto, la autoridad religiosa que obtiene su autoridad del Enviado de Dios funda sus decisiones bien en lo que se ha transmitido del Enviado, bien en el esfuerzo interpretativo de lo transmitido. Sin embargo, hay entre nosotros seres que obtienen su autoridad directamente de Dios, de modo que son los «representantes de Dios» en virtud de la fuente de su autoridad. Su situación es análoga a la del Enviado de Dios. Según las apariencias, siguen a este último, pues no entran en conflicto con su autoridad, como Jesús cuando descienda

---

[68] Se trata de una frase ciertamente enigmática. Puede estar haciendo alusión a los ángeles o a una humanidad anterior a Adán.

y reine, o como el profeta Muhammad, según el versículo:
**Esos son aquellos que Dios ha guiado. Sométete, pues,
a su Guía** (Cor. 6, 90). Según la verdad de lo que conocen, de la fuente de su autoridad, son elegidos que actúan
en conformidad con la revelación. Están en el mismo
grado que el Profeta, en el sentido que él confirmó ciertas leyes reveladas por los Enviados que le precedieron,
pues nosotros seguimos estas leyes por el hecho de esta
confirmación, no por el hecho de que hayan sido reveladas a otros antes que a él.

Del mismo modo, el Representante de Dios que obtiene su autoridad directamente de Dios bebe directamente
en la misma fuente que el Enviado. Por esta razón, nosotros lo designamos, según el lenguaje del desvelamiento
espiritual, como el «Representante de Dios» y, según el
lenguaje de la apariencia, como el «Representante del Enviado de Dios».

Por esta razón, el profeta Muhammad no designó a
nadie para sucederle tras su muerte. No dejó nada dicho
al respecto, pues él sabía que habría en su comunidad seres que obtendrían la categoría de Representantes directamente de su Señor. Sabiendo que esto sería así, el Enviado de Dios no tomó esa decisión.

Dios dispone entre sus criaturas de Representantes que
beben de la Fuente original del Enviado y del resto de Enviados lo mismo que estos han bebido. Reconocen la excelencia de quien les ha precedido aquí, pues el Enviado tiene
el poder de dictar reglas nuevas, algo que el Representante
no puede hacer por sí mismo, salvo que sea al mismo tiempo
Enviado. La ciencia y la autoridad que el Altísimo le ha dado
en aquello que prescribe no sobrepasa lo que ha sido prescrito al Enviado de forma específica. Exteriormente, sigue
al Enviado y no se opone a él, a diferencia de los mismos
Enviados, que no siguen a quienes les ha precedido y se
oponen a ellos en las nuevas prescripciones que dicten.

Mira el caso de Jesús: mientras los judíos pensaban que no añadiría nada a la Ley de Moisés, creyeron en él y lo reconocieron. Pero en el momento en que añadió nuevas prescripciones o abrogó algunas que había establecido Moisés, no pudieron aceptarlo, porque se oponía a la idea que se habían hecho de Jesús y de su función. Los judíos ignoraron su verdadero rango y exigieron su muerte. Dios ha narrado su historia en Su Libro venerado. Él era un Enviado que poseía el poder de innovar, de suprimir prescripciones que habían sido establecidas o de añadir otras.

La Representación en nuestro tiempo no comporta ese poder, y no suprime ni añade nada de lo salido de la boca de Muhammad. Sin embargo, puede ser que el Representante, es decir, el detentador de la autoridad espiritual en nuestro tiempo, parezca oponerse a alguna frase del Profeta al respecto de una prescripción, y pudiéramos imaginar que esta oposición es la consecuencia de un esfuerzo de interpretación, cuando no se trata de nada de eso. Simplemente, se trata de que este Guía no ha recibido confirmación, por medio del desvelamiento intuitivo, de esta frase del Profeta. Incluso aunque aquellos que la hayan transmitido sean dignos de fe, no están al abrigo, ni de la opinión conjetural, ni de una transmisión operada únicamente en cuanto al sentido [69].

Algo parecido se producirá con Jesús. Cuando descienda (en su Segunda Venida), abolirá gran parte de las imposiciones establecidas por la Ley religiosa, haciendo aparecer claramente la forma del Derecho divino que era la del Profeta. Los fundadores de las grandes escuelas de la Ley religiosa han enunciado reglas contradictorias so-

---

[69] Como en tantas otras ocasiones, Ibn ʿArabî declara la supremacía de la vía del desvelamiento espiritual sobre cualquier otra forma de adquisición del conocimiento.

bre un mismo tema. Sabes que, si hubiera descendido una revelación a ese respecto, hubiera comportado una de las soluciones propuestas: la que expresaría, en consecuencia, la Decisión divina. Las otras soluciones, incluso «confirmadas» por Dios, no son más que un derecho confirmado con el fin de evitar a esta comunidad restricciones que no hubiera podido soportar, y de mostrar la capacidad de adaptación de la que esta Revelación es capaz.

El hadiz del Profeta que dice: «Si se le presta juramento de fidelidad a dos representantes, matad al segundo de ellos», se refiere a la representación exterior, que es a la que pertenece la espada, no a la Representación esotérica. Pero, efectivamente, esto es así: incluso aunque ambos estén de acuerdo en las mismas cosas, es necesario que uno de los dos muera. Esto no sucede en la Representación esotérica. Si el segundo Representante, aunque sea el Representante del Enviado de Dios, no posee esta estación iniciática consistente en obtener la autoridad directamente de Dios, esto es en virtud de la aplicación del principio según el cual se imagina la existencia de dos divinidades, es decir, la Unidad en tanto que aparece como «repetido» y, por consecuencia, «múltiple» en el dominio existencial [...].

Gracias a ello, sabemos que toda autoridad efectiva presente en todo momento en el mundo es la Autoridad de Dios, incluso cuando se opone a la autoridad tradicional establecida exteriormente y designada como «Ley sagrada», pues una autoridad no se impone nunca a no ser que pertenezca verdaderamente a Dios. La realidad efectiva manifestada en el mundo se rige únicamente por la Voluntad divina esencial, no por la Ley sagrada establecida exteriormente, aunque su establecimiento procede siempre de esta misma Voluntad. Por esta razón, es ella la única que se impone. La Voluntad no concierne más que al establecimiento de la Ley, no a su puesta en práctica por medio de las obras.

La Voluntad esencial posee un poder inmenso. Por esta razón, Abû Tâlib [70] la ha denominado «el Trono de la Esencia». La autoridad es inherente a su naturaleza. Nada sucede o desaparece de la existencia que no esté sometido a su poder. La Orden divina a la que se opone aquí, en el dominio regido por la Ley, por medio de lo que recibe el nombre de «desobediencia», es únicamente aquella transmitida a través de un intermediario, no la Orden existenciadora.

Nadie, en ninguno de sus actos, puede oponerse jamás a Dios al respecto de la Orden de la Voluntad esencial. La oposición existe solo desde el punto de vista de la Orden revelada, transmitida por un intermediario. Según la verdadera realidad, la Orden de la Voluntad esencial contempla únicamente la realización del acto, no aquel por medio del cual el acto se manifiesta, de modo que es imposible que no aparezca en la existencia. Sin embargo, al respecto de ese receptáculo particular, a veces se calificará de «desobediencia» a la Orden de Dios, o se dirá que está en armonía con ella, y se le llamará «obediencia». Le seguirá el lenguaje de la alabanza o el de la crítica, según su naturaleza.

Al ser la realidad tal y como la afirmamos, el fin al que se dirigen todos los seres, independientemente de su heterogeneidad, ella es la felicidad. Dios ha expresado esta doctrina esotérica diciendo que la Misericordia divina «se extiende a toda cosa», y que «precede» a la Cólera

---

[70] Abu Tâlib Muhammad ibn 'Alî al-Makkî fue un gran sabio de las ciencias religiosas, además de uno de los sufíes más importantes del siglo X. Es autor de la obra *Qût al-qulûb fî mu'amalat al-Mahbûb wa wasf tarîq al-murîd ilâ maqâm al-tawhîd* (El alimento de los corazones en el trato con el Amado y la descripción de la vía del aspirante a la estación de la Unidad), que tuvo una gran influencia sobre al-Gazâlî y su obra. Murió en Bagdad en el año 996.

divina [...]. La Misericordia prevalece, se sitúa en el límite supremo y todo camina hacia ella. Es imposible que no sea así. Es imposible alcanzar la Misericordia y no abandonar la Cólera. La autoridad de la Misericordia está por encima de todo lo que llega hasta ella, según el estado de cada uno.

> *El ser dotado de intuición*
> *contempla directamente eso de lo que hablamos.*
> *Toma de nosotros la enseñanza,*
> *si se encuentra desprovista de ella.*
> *En este dominio hay únicamente aquello*
> *que hemos recordado.*
> *Toma apoyo sobre él*
> *y realízalo como lo hemos hecho nosotros.*
> *De Él a nosotros, lo que os hemos enseñado.*
> *De nosotros a vosotros, lo que os hemos enseñado.*
> *De nosotros a vosotros, os lo hemos dado*
> *de nosotros mismos.*

En cuanto al «ablandamiento» del hierro [71], se trata de los corazones endurecidos que la represión y la amenaza ablandan como el fuego ablanda el hierro. La dificultad viene únicamente de esos corazones **más duros** (Cor. 2, 74) que la piedra, pues el fuego rompe y calcina la piedra, sin ablandarla.

Dios ha ablandado el hierro para David únicamente para la confección de corazas protectoras. Es un modo de instruirlo, en el sentido de que uno no se protege de una cosa más que por medio de ella misma. Por medio de una coraza, uno se protege de lanzas, de espadas, de dagas y de cuchillos. Nos protegemos del hierro con el hierro. En

---

[71] Según el Corán, esta fue una de las cualidades que concedió Dios a David.

la Revelación muhammadí se nos dice: «Me refugio en Ti contra Ti». Comprende esto, pues. Ese es el espíritu del ablandamiento del fuego. Él es el Vengador Supremo, el Misericordioso sin límites.

Y Dios es Quien concede el éxito.

18

El engarce de una sabiduría del alma en un verbo de Jonás

H AS de saber que esta es la constitución humana en su perfección: espíritu, cuerpo y alma. Dios la ha creado según Su Forma. El poder de desatar este conjunto pertenece únicamente a Aquel que la ha creado, bien porque Él la haga morir por Su propia Mano (lo que, en realidad, es siempre el caso), bien porque la muerte venga dada en virtud de Su Orden. El que se atribuye ese poder sin haber recibido la orden de Dios **se perjudica a sí mismo** (Cor. 65, 1), transgrede el límite que Dios ha fijado a este respecto y **se propone destruir** (Cor. 2, 114) lo que Dios ha ordenado edificar.

Has de saber también que la clemencia para con los servidores de Dios es mejor que aquello cuya función es guardarlos con celo por Dios, es decir, causarles la muerte.

David quiso construir el templo de Jerusalén y emprendió su construcción en muchas ocasiones, pero cada vez que estaba a punto de acabar la obra, esta se derrumbaba. Entonces se lamentó ante Dios, que le respondió por vía de inspiración: «Esta casa Mía no será levantada por manos de alguien que ha vertido sangre». David dijo entonces: «Señor, ¿acaso no ha sido vertida por Ti?». Dios respondió: «Así es. Pero aquellos a los que tú has dado muerte, ¿es que no eran Mis servidores?». David contestó: «Señor, entonces hazlo construir por algún descendiente mío». Dios le reveló por vía de inspiración: «Será tu hijo Salomón quien lo construya».

El objeto de esta historia es mostrar la consideración que hay que tener para con esta constitución humana; es preferible mantener su existencia que destruirla.

Piensa en los enemigos de la religión: Dios los ha sometido al impuesto y ha establecido la conciliación a fin de protegerlos, diciendo: **Si se inclinan por la paz, haced lo mismo y poned el asunto en manos de Dios**. (Cor. 8, 61).

Fíjate en aquel contra el que se tiene el derecho de exigir el talión: está establecido que aquel a quien corresponda vengar la sangre acepte una compensación u olvide. Es únicamente si rehúsa a una de estas dos soluciones cuando la sentencia es ejecutada.

Recuerda cómo el Profeta dijo respecto a aquel que estaba en posesión del cinturón: «Si lo mata, será semejante a él» [72].

Fíjate como Dios ha dicho: **La compensación de una mala acción es una mala acción semejante a ella**. Ha definido, por tanto, el talión como una mala acción o, dicho de otro modo, ha dicho que semejante acto es un mal, aunque sea legal. **Mientras que aquel que borra y enmienda, su salario corre a cargo de Dios** (Cor. 42, 40). En efecto, el que beneficia con ese perdón es alguien «según Su Forma». El salario del que perdona y renuncia a dar muerte está a cargo de Aquel según la Forma del que es beneficiario, y que tiene más derecho al perdón que

---

[72] Ibn ‘Arabî se está refiriendo aquí a un episodio de la vida del Profeta. Un hombre apareció asesinado, siendo el arma del crimen un cinturón que poseía y que fue hallado en manos de un vecino. El encargado de llevar a cabo la venganza quiso matarlo en el acto. El Profeta dijo entonces: «Si lo mata, será semejante a él», es decir, que cometerá una injusticia, pues lo matará sin una prueba legal de su culpabilidad.

este, puesto que lo ha constituido tal como es para Él. No puede manifestarse por el Nombre «el Exterior» más que por medio de la realidad actual del hombre. El que tiene consideraciones para el hombre no tiene en realidad más que consideraciones para Dios.

Lo que es censurable en el hombre no es su ser, sino los actos que realiza. Sus actos no son su ser, y es de su ser de quien hablamos.

No hay acto que no pertenezca a Dios y, sin embargo, algunos son censurables y otros loables. El lenguaje de la censura, que procede de motivos individuales, es a su vez censurado ante Dios. La única censura legítima es la que la Ley sagrada pronuncia, porque es motivada por una sabiduría conocida por Dios y por aquellos a quienes Dios la ha dado el conocimiento de la misma. Así, ha establecido el talión con vistas a una doble ventaja: mantener el género humano y retener a aquellos que querrían transgredir los límites fijados por Dios a este respecto. **Y hay para vosotros en el talión una vida, vosotros que estáis dotados de intelecto** (Cor. 2, 179), es decir, aquellos que conocen el interior de las cosas y que han encontrado el secreto de las Leyes divinas y humanas.

Si posees la ciencia de los cuidados que Dios tiene para esta naturaleza humana y para con su conservación, con mayor razón debes tenerla tú también, porque es en donde reside tu propia felicidad. En tanto que el hombre permanece vivo, se puede esperar de él que alcance la perfección para la cual ha sido creado. El que pretenda destruirlo le impide obtener eso para lo que ha sido creado.

¡Qué admirables son estas palabras del Enviado de Dios!: «¿Acaso no voy yo a enseñaros la invocación de Dios, que es mejor para vosotros que ir al encuentro de vuestros enemigos para matarlos y que ellos os maten?». En efecto, solo el que practica la invocación de Dios tal como es requerida por Él conoce el valor de la constitución humana, porque el Altísimo «es el Compañero del que Lo invoca». El Compañero es contemplado directamente por el que practica la invocación, y mientras no contemple a Dios, que es su Compañero, no la practica verdaderamente, porque la invocación de Dios es la que penetra al servidor en su totalidad [73]. Ese hadiz no concierne, pues, solamente al que lo invoca con su lengua, porque, en ese momento, Dios es únicamente el «Compañero de su lengua»: la lengua Lo ve, pero el hombre no Lo ve por el medio habitual de la vista, que es la mirada.

Comprende, pues, ese secreto relativo a la invocación de los que están distraídos. Eso que en el distraído practica la invocación, está presente y contemplando, sin duda alguna, y el objeto de su invocación es su Compañero, de modo que Lo contempla. Pero el distraído, en tanto que tal, no practica la invocación: Dios no es el Compañero del distraído.

El hombre es múltiple, su ser no es uno. Dios es Uno en Su Ser y múltiple por Sus Nombres como el hombre lo es por sus miembros. La invocación de una parte no implica la de las demás. Dios es el Compañero de la parte del hombre que practica efectivamente la invocación, mientras que las otras permanecen cualificadas por la distracción. Por lo demás, es necesario que haya en el hombre una parte por la cual practique la invocación de Dios, y que Dios sea el Compañero de esta parte, de suerte que pueda otorgar a las partes restantes una salvaguarda providencial.

---

[73] Como nos recuerda Gilis en su edición de las *Fusus*, mediante la verdadera invocación, que actualiza la Presencia divina en cada parte de su ser, el hombre toma consciencia del hecho de que está constituido y manifestado según la Forma divina, y que mediante la invocación obtiene la Suprema Beatitud. Esta excelencia totalizadora no se adquiere más que «en» y «para» la constitución humana sintética, puesto que, según la doctrina del sufismo, tras la muerte solo subsisten, para quienes no han alcanzado la Liberación, las delicias del Paraíso, que son limitadas y condicionadas.

Dios no asume la destrucción de la constitución humana por medio de eso que llamamos «muerte». Esta no es un aniquilamiento, sino únicamente una separación de las partes que componen al ser, por la que Dios lo lleva hacia Sí. Eso es únicamente lo que quiere: **y hacia Él retorna la Orden en su totalidad** (Cor. 11, 123). Cuando lo conduzca a Sí, «dispondrá armoniosamente» para él un cuerpo compuesto diferente de este, apropiado a la Morada hacia la cual se dirige, y que es la definitiva. La presencia del equilibrio en el seno de esta condición nueva impide toda separación de las partes que entran en su composición, de suerte que el ser no muere ya nunca más.

En cuanto a las Gentes del Fuego, los condenados, el final al que ellos se encaminan es igualmente la felicidad, pero en el interior del fuego infernal. Este, cuando el castigo haya terminado, tomará necesariamente la forma **de la frescura y de la salvación** (Cor. 21, 69) para los que hayan caído en ese abismo. Tal es, en efecto, la felicidad que les es propia.

La felicidad de las Gentes del Fuego, después del cumplimiento de las penas legales, es la de Abraham, el amigo íntimo de Dios. Cuando fue arrojado en el fuego, su único sufrimiento fue el hecho de verlo, porque compartía la ciencia y la convicción habituales según las cuales el fuego es una causa de dolor para los seres del reino animal que se aproximan a él. Ignoraba lo que Dios quería para él en el fuego, y gracias a él. Después de los sufrimientos iniciales, lo encontró «fresco y saludable», a pesar de mantener su forma ígnea. Eso fue únicamente para él, porque el fuego permanece tal como es a los ojos de los demás hombres. Una cosa única puede tomar apariencias diferentes para los que la miran.

Así es en la manifestación de Dios. Puedes decir, si quieres: «Dios se manifiesta de modo semejante en ese fuego». Y, si quieres, puedes decir también: «El mundo, cuando lo miramos tal como se nos presenta y tal como es, es semejante a lo que es Dios en la manifestación». Dicho de otro modo: o bien el mundo se diversifica a los ojos de los que lo contemplan, en función de sus propias naturalezas, o bien son esas mismas naturalezas las que se diversifican en función de las manifestaciones de Dios. Todos esos puntos de vista son legítimos desde el punto de vista de las realidades esenciales.

Si el que muere o el que es matado no volviera a Dios, Dios no decidiría ni ordenaría legalmente la muerte de nadie. El Todo está en Su mano. Nadie está perdido para lo que Le concierne. Si Él ordena o decide la muerte, es porque sabe que Su servidor no Le faltará y que volverá hacia Él conforme a Su Palabra: «Y a Él regresa la Orden». Es decir, sobre Él se ejerce el gobierno esotérico, y solo Él gobierna. Nada sale de Él que no sea Su Ser, o más bien, es su Esencia quien es el ser de eso. Tal es el sentido que la revelación iniciática confiere a Su Palabra: «Y es a Él a quien regresa la Orden». Es decir, todo retorna a Él porque todo procede de Él y no cesa jamás de pertenecerLe, en su esencia.

19

El engarce de una sabiduría secreta en un verbo de Job

Has de saber que el secreto de la vida reside en el agua[74], que es el origen de los elementos del mundo corporal y de los fundamentos del Universo. Por eso Dios **ha hecho surgir del agua a todo ser viviente** (Corán 21, 30), y no hay nada que no tenga vida. En efecto, no hay nada que no **celebre Su trascendencia mediante la Alabanza de Dios**, aunque no **comprendamos esta celebración** (Cor. 17, 44) más que por medio de una intuición de naturaleza divina. Solo un «viviente» puede celebrarlo de esta manera. Todo es, pues, viviente, y tiene su origen en el agua.

Considera cómo el Trono se encuentra **sobre el agua** (Cor. 11, 7): habiendo recibido su existencia a partir de ella, se eleva en su superficie; y ella lo preserva estando por debajo de él.

Del mismo modo ocurre con el hombre. Dios lo ha creado en un estado de servidumbre, pero luego se ensoberbeció frente a su Señor y se levantó contra Él. A pesar de eso, Él lo preserva, permaneciendo por debajo de él, a causa de la altura de ese servidor ignorante de sí

---

[74] Como podemos apreciar por el contenido de este párrafo, el *shayj* no se está refiriendo aquí al agua en tanto que elemento líquido del mundo físico.

mismo [75]. Recuerda las palabras del Profeta: «Si dejáis colgar una cuerda, caerá sobre Dios». Con esto, ha indicado indirectamente que la profundidad puede serLe atribuida, del mismo modo que la altura, presente en Sus palabras: **Temen a su Señor, que está por encima de ellos** (Cor. 16, 50). De igual modo en esta otra: **Y él es el Reductor, colocado por encima de Sus servidores** (Cor. 6, 61). Él es Dueño de lo alto y de lo bajo. Por eso las seis direcciones no son manifestadas más que por el hombre, que ha sido hecho «según la Forma del Todo Misericordioso» [76].

Solo Dios da el alimento. Ha dicho a propósito de un grupo: **Y si hubieran puesto en práctica la Tora y el Evangelio**…; luego, se ha expresado de una manera indeterminada y general: **Eso que les ha sido revelado de parte de su Señor,** incluyendo allí todo estatuto revelado por boca de un enviado o por vía de inspiración, **comerían de lo que está por encima de ellos** [77]; es Él quien da el alimento a partir de la dimensión de lo «alto» que Le es atribuida; **y de lo que está por debajo de sus pies**

---

[75] Este confuso párrafo parece ser voluntariamente ambiguo. Podemos entender, bien que Dios preserva al servidor a causa de la elevación de su rango (por el hecho de que el hombre ha sido creado según la Forma divina), bien que Él lo preserva, por pura misericordia, «por debajo de él», puesto que el hombre se ha «elevado» con orgullo a pesar de su condición de siervo.

[76] Como bien recuerda Gilis en su edición de la obra, las direcciones del espacio corresponden al aire en cuanto a los elementos, a la forma en cuanto a las condiciones de la existencia corporal, y al principio metafísico designado como el Ser. La Esencia divina es indiferenciada, pues encierra sintéticamente todas las direcciones. Estas no aparecen de forma distintiva más que con relación al hombre, que, en el grado supremo, designa al «ser total». En tanto que Representante de Dios, el Hombre Universal es la expresión perfecta de la Forma divina.

[77] Se trata de alimentos espirituales obtenidos en los grados esenciales, por oposición a los que se encuentran «por debajo de sus pies», obtenidos como consecuencia del avance en el «sendero» de de la vía iniciática por medio del combate espiritual y actos de devoción.

(Cor. 5, 66). Y es Él igualmente quien proporciona el alimento a partir de la dimensión de lo «bajo» que se ha atribuido a Sí Mismo por boca de Su Enviado, que es también Su intérprete.

Si el Trono no está sobre el agua, su existencia no estará preservada, porque es la vida la que preserva la existencia del viviente. Considera al viviente: cuando muere de muerte natural, se descompone y las facultades unidas a su condición particular son aniquiladas.

El Altísimo ha dicho al respecto de Job: **Golpea la tierra con tu pie: aquí tienes con qué lavarte**, es decir, agua **fresca** (Cor. 38, 42), a causa del dolor que le causaba un exceso de calor. Dios calma este exceso por medio de agua fresca. Por eso la ciencia de la medicina consiste en disminuir lo que es excesivo y en aumentar lo que es deficiente; su fin consiste en realizar el equilibrio.

Este no puede alcanzarse, pero la ciencia de la medicina puede aproximarse a él. Decimos que no puede alcanzarse porque la percepción directa de las realidades esenciales indica que la existenciación se realiza permanentemente por medio de los Soplos [78]. No puede producirse más que a partir de una tendencia que, cuando se manifiesta en el seno de la Naturaleza primordial, es denominada desequilibrio o, en última instancia, descomposición, y es denominada «Voluntad» en tanto que se refiere a Dios, porque se trata entonces de una tendencia hacia un objeto particular querido con exclusión de los demás. El equilibrio requeriría, por el contrario, que el conjunto fuera tratado de igual modo, lo que no sucede. Por eso negamos la presencia del equilibrio permanente en el seno de la Manifestación.

La ciencia divina profética nos enseña que Dios es cualificado por la satisfacción y la cólera, así como por otras

---

[78] Se refiere a la renovación de la creación a cada instante, llevada a cabo por el Soplo del Infinitamente Misericordioso.

cualificaciones opuestas entre sí. La satisfacción lleva consigo el cese de la cólera, y la cólera la de la satisfacción para el que sea objeto de ella, cuando el equilibrio implique su presencia simultánea. No se puede estar encolerizado contra alguien cuando se está satisfecho de él, como tampoco se puede estar satisfecho de alguien cuando se está encolerizado contra él: tanto en un caso como en el otro, Dios manifiesta respecto del servidor una sola de esas dos cualificaciones, o, dicho de otro modo, una «tendencia».

Decimos esto únicamente a causa de los que pretenden que las Gentes del Fuego sufren para siempre la cólera de Dios y que se encuentran excluidos de Su satisfacción. En efecto, esta manera de ver confirma lo que queremos mostrar, y si ello es como lo decimos (es decir, que el destino de las Gentes del Fuego, a pesar de permanecer allí para siempre, es el cese de los sufrimientos), es entonces la satisfacción la que lo arrebata, porque la cólera acaba con el sufrimiento. La cólera es el sufrimiento, ¡entiéndelo bien! El que monta en cólera es alguien que ha sido herido y que busca vengarse haciendo sufrir a su vez al que es objeto de su cólera, a fin de recuperar su propia tranquilidad por la traslación de su sufrimiento.

Si consideras a Dios como separado del mundo, Él es de una elevación tal que es imposible atribuirle una cualificación de este género. Si consideras, por el contrario, que es el Yo del mundo, es a partir de Él y en Él como se manifiestan todos los poderes regidores de las realidades esenciales expresadas por los Nombres divinos. Se trata de Sus Palabras: **Y hacia Él retorna la Orden en su totalidad** (Cor. 11, 123), según la realidad verdadera y la revelación esotérica, **adóralo, pues, y confíale tus asuntos**, según lo que es percibido a través de los velos del pudor y de la protección.

La contingencia no contiene nada más perfecto que este mundo, porque fue hecho «según la Forma del Infinitamente Misericordioso». Dios lo ha manifestado, es decir, que Su propia Realidad se ha manifestado por la exteriorización del mundo, como el hombre se manifiesta por la existencia de la forma natural. Resulta de esta analogía que nosotros somos Su Forma exterior y que el Yo divino es el Espíritu de esta Forma. El poder rector no se aplica más que a Él, del mismo modo que no es ejercido más que por Él. Él es, pues, **el Primero**, en cuanto a la significación esencial, **el Último** en cuanto a la Forma, **el Exterior** en la modificación de los estatutos y de los estados, y **el Interior** por el poder de regir, **y Él es Conocedor de todo** (Cor. 57, 3). Es también **el Testigo de todo** (Cor. 4, 33), pues Él conoce por medio de una visión directa, no de una reflexión. Asimismo, la ciencia de las Degustaciones espirituales no procede de la reflexión, sino que es una ciencia verdadera. Todo lo demás no es más que conjetura y aproximación; no es verdaderamente una ciencia.

Para Job, esta agua fue también **una bebida** (Cor. 38, 42) a fin de poner fin al tormento de la sed, que formaba parte de la **desdicha** y del **tormento** por los que **Satán lo había herido** (Cor. 38, 41), es decir, el alejamiento extremo que le impedía comprender las verdades esenciales como ellas son. Desde el momento en que pudo comprenderlas, estuvo en una situación de proximidad.

Todo lo que es contemplado está cerca del ojo, incluso si está lejos. La mirada llega hasta él porque implica una visión directa que, sin eso, no existiría. Sea lo que fuere, se trata de una proximidad entre la mirada y su objeto. Por eso Job ha empleado el término «herido»; él lo atribuyó a «Satán» a pesar de la proximidad evocada por este término. Dijo: «El que se ha alejado de mí está cerca a causa de su poder sobre mí». Por lo demás, tú sabes bien que la lejanía y la proximidad son nociones relativas, dos conceptos desprovistos de realidad propia en el ser al cual se aplican, a pesar de su poder real en «lo que está lejos» y «lo que está cerca».

Has de saber que el secreto de Dios en Job es aquel del que ha hecho una lección para nosotros y un **Libro escrito** (Cor. 52, 2), perceptible por el «estado espiritual», que lee esta comunidad muhammadî a fin de aprender lo que contiene y de acercarse así al que es su Maestro; todo eso es para señalar su excelencia.

Dios ha alabado la paciencia de Job, a pesar de que este había suplicado el fin de sus desdichas. Sabemos por eso que, si el servidor dirige a Dios semejante demanda, eso no es nocivo para su paciencia. Que siga siendo **paciente** y **un excelente servidor** (Cor. 38, 44), como ha dicho el Altísimo, y que **se arrepienta sin cesar**, es decir, que se vuelva sin cesar hacia Dios y no hacia las causas segundas. Dios obra entonces por medio de una causa debido a que el servidor se ha apoyado en Él, porque, si las causas que pueden hacer cesar algo son numerosas, su origen es un Ser único. Es, pues, preferible que el servidor retorne hacia el Ser único que ponga fin a su sufrimiento por medio de una causa segunda antes que hacia una causa particular, porque puede ser que en ese caso su paso no concuerde con la ciencia de Dios sobre este asunto. Y el servidor dice: «Dios no me responde», cuando no se ha dirigido a Él, sino que se ha vuelto hacia una causa particular cuya existencia no está implicada ni por el tiempo ni por el momento de la petición.

Job ha obrado según la Sabiduría de Dios, porque era uno de los Profetas. Es sabido que la paciencia para algunos consiste en impedir al alma lamentarse, pero esa definición no es válida para nosotros. Nosotros pensamos que la paciencia consiste más bien en impedir al alma que se lamente ante otro que no sea Dios. Lo que conduce a aquellos a la falta de discernimiento es la idea de que el que se lamenta perjudica a la satisfacción que debe experimentar respecto del Decreto eterno, cuando no es nada. La queja, tanto si se dirige a Dios o a otro, no daña a la satisfacción que conviene experimentar respecto del Decreto eterno, sino únicamente a la que se refiere a lo que ha sido efectivamente decretado, pues no hemos sido exhortados en ningún caso a sentirnos satisfechos. El daño sufrido por Job es el que ha sido efectivamente decretado, no la esencia del Decreto eterno.

Job sabía que el hecho de impedir al alma quejarse a Dios para que Él borre el daño es una manera de oponerse a Su poder aplastante, una ignorancia del ser que Dios somete a prueba al respecto de lo que hace sufrir a su alma, de suerte que se abstuvo de pedir a Dios que lo librara del objeto que causaba su dolor. El ser realizado, por tanto, le dirige súplicas a Dios y Le pide que ponga fin a su sufrimiento.

Para el gnóstico dotado de intuición, se trata de librar a Dios. En efecto, el Altísimo se ha descrito como quien puede ser ofendido, diciendo: **Los que ofenden a Dios y a su Enviado** (Cor. 33, 57). ¿Hay una ofensa más grande que la prueba que Él te inflige, cuando tú te muestras indiferente hacia Él y de una Estación divina de la que no tienes la ciencia? Esto es a fin de que tú vengas a Él a través tu queja y que Él la aparte de ti, a fin de que se mantenga la dependencia de Él (que es tu realidad esencial), para que el mal sea apartado de Dios por la petición que tú Le diriges, porque tú eres Su Forma exterior.

Un gnóstico tenía hambre y se puso a llorar. Alguien que no tenía el conocimiento divino se lo reprochó. El gnóstico respondió: «Él me ha hecho padecer hambre únicamente para que llore». Es decir: «Me ha probado únicamente para que Le ruegue que me libre de este mal, lo que no disminuye en nada mi paciencia».

Sabemos, pues, que la paciencia consiste únicamente en impedir que el alma no se lamente ante ningún otro más que a Dios; y por «otro», entiendo un Rostro particular de entre los Rostros de Dios. Sin embargo, Dios ha determinado un Rostro particular entre los Rostros de Dios, que Él ha nombrado «el Rostro de la Esencia». Es en este Rostro al que el servidor creyente se dirige para pedir ser librado del mal que le ha alcanzado, no a los otros Rostros, llamadas «causas segundas», que no son, sin embargo, sino Él, considerado bajo el punto de vista de la distintividad esencial presente en Él. El gnóstico que pide a la Esencia de Dios que lo libre del mal no está velado del hecho de que el conjunto de las causas segundas son Su Esencia, considerada bajo puntos de vista particulares.

En su soledad, se atienen constantemente a esta forma de pedir los Servidores de Dios que tienen el sentido de las conveniencias, Guardianes fieles de los secretos de Dios.

Dios tiene Fieles que Él solo conoce y que se reconocen entre ellos.

Te hemos dado un consejo prudente: obra en consecuencia. Dirige tus súplicas solo a Él.

20

El engarce de una sabiduría
majestuosa en un verbo
de Juan el Bautista

———

Esta es la sabiduría de la primordialidad en el orden de los Nombres divinos.

Dios lo ha llamado *Yahya* (Juan), es decir, que Él ha vivificado[79] mediante el **recuerdo de Zacarías, y no le hemos dado antes ningún homónimo** (Cor. 19, 7). De este modo, ha reunido la obtención de un atributo presente en ellos de entre los profetas anteriores que habían dejado tras ellos un hijo para vivificar su recuerdo y un nombre que confirmaba esa obtención.

Lo llamó «Yahya» (Juan el Bautista), y este nombre vivificante era como una ciencia de la Degustación espiritual. El recuerdo de Adán fue vivificado por Set, el recuerdo de Noé fue vivificado por Sem, y lo mismo sucedió con los demás Profetas. Pero, antes de Juan el Bautista, Dios no reunió para nadie el nombre propio y el atributo que él representaba como lo había hecho para Zacarías, por solicitud hacia aquel que había dicho: **Regálame, de Tu parte, un descendiente** (Cor. 19, 5). Mencionó a Dios antes de mencionar a su hijo, como Asya, la esposa del faraón, Lo mencionó cuando dijo: **Junto a Ti, una morada en el Paraíso** (Cor. 66, 11).

———

[79] Ibn 'Arabî hace hincapié en el parentesco entre el nombre *Yahya* (Juan en árabe) y el verbo árabe *yuhy*, «vivificar».

Por tanto, Dios lo honró, respondió a su demanda y nombró a Juan el Bautista por su cualidad, de tal modo que su mismo nombre fuera un recuerdo de aquello que le había pedido su profeta Zacarías. En efecto, este había deseado sobre todo asegurar el mantenimiento del recuerdo de Dios en su descendencia (pues el hijo es el secreto de su padre), diciendo: **Que herede de mí y que herede de la familia de Jacob** (Cor. 19, 6). Y estos [80] no dejan más herencia que la Estación espiritual del recuerdo de Dios y de la llamada hecha a los hombres para que regresen a Él.

Además, Dios anunció a Zacarías la buena nueva de Su saludo de paz sobre su hijo **el día que fue engendrado, el día que morirá y el día que será resucitado** (Cor. 19, 15), con el que Él lo ha privilegiado. Le ha dado el calificativo de «vivo» (*Yahya*), que no es otro que su nombre. Ha informado a Zacarías de este saludo, y Su Palabra es verídica y cierta.

Aunque las palabras de Jesús, el Espíritu de Dios, cuando dijo: **La Paz está sobre mí el día que fui engendrado, el día en que muera y el día en que seré resucitado** (Cor. 19, 33), son más perfecta desde el punto de vista de la «Unión esotérica», las de Juan el Bautista son más perfectas desde el punto de vista de la Unión esotérica y de la creencia común, pues evitan toda posibilidad de interpretación errónea.

En el caso de Jesús, lo extraordinario fue la facultad de hablar desde la cuna. Estaba en plena posesión de su inteligencia, que había alcanzado ya su perfección, en el momento en que Dios le hizo hablar. En cualquier caso, el dominio de la palabra (sea cual sea su modalidad, extraordinaria o no) no implica la veracidad de aquel que se beneficia de un testimonio divino a su favor, como

---

[80] Es decir, los profetas en general.

ocurre con Juan el Bautista. Desde este punto de vista, el saludo de Dios sobre Juan el Bautista está más desprovisto de ambigüedad, al respecto de la solicitud divina, que el saludo que Jesús se dirigió a sí mismo, incluso si las circunstancias muestran su Identidad Suprema, así como la veracidad de sus palabras. Él habló así para dar testimonio de la pureza de su madre, ya desde la cuna. Él fue, a este respecto, uno de los dos testimonios que la Ley de Dios exige (para probar la inocencia de alguien). El otro fue el tronco seco de palmera del que (según la tradición) cayeron **dátiles frescos y maduros** (Cor. 19, 25), sin que hubiese habido fecundación por parte de una palmera macho, del mismo modo que María engendró a Jesús sin la intervención de un hombre, sin fecundación ni unión sexual en un sentido normal y habitual.

Si un Profeta dijera: «Mi signo y mi milagro es que este muro va a hablar», y el muro hablara, diciendo: «Mientes. No eres el Enviado de Dios», el signo sería auténtico y confirmaría que ese profeta es el enviado de Dios, sin tener en cuenta las palabras del muro. Igual las palabras de Jesús, debidas al hecho de que su madre le había señalado con el dedo [81] mientras estaba en la cuna, no están a salvo de una suposición de esta naturaleza, es decir, que sean tenidas por falsa a pesar de su carácter extraordinario, especialmente por parte de aquellos que se apoyan exclusivamente en la razón humana. A este respecto, el saludo de paz que Dios dirigió a Juan el Bautista está más a salvo de ambigüedades a este respecto.

El objetivo de su discurso es mostrar que él, Jesús, es el siervo de Dios, frente a los que decían que era Su hijo. El simple hecho de hablar ya sirvió para probar la pureza

---

[81] Este gesto, que el Corán describe, fue una especie de «ruptura del ayuno de silencio», mediante el que María solicitaba el testimonio de su hijo.

de su madre, y lo que dijo sirvió para mostrar a los otros, que reconocían su cualidad de profeta, que él era el siervo de Dios. Lo que sigue de su discurso, es decir, las palabras: **Me ha dado el Libro, me ha hecho profeta, me ha bendecido allá donde me encuentro. La Paz sea sobre mí el día en que fui engendrado, el día en que muera y el día en que sea resucitado** (Cor. 19, 30), forman parte, al respecto de la razón, del ámbito de la suposición, hasta que llega el momento en el que la verdad de eso que él había anunciado desde la cuna se hace manifiesto.

¡Date buena cuenta de aquello a lo que estamos aludiendo!

21

El engarce de una sabiduría de realeza en un verbo de Zacarías

———————

HAS de saber que la Misericordia de Dios **se extiende a todas las cosas** (Cor. 7, 156) en la realidad de la Existencia y en el «poder rector». La realidad de la Cólera divina procede de la Misericordia de Dios al respecto de la Cólera. «Su Misericordia precede a Su Cólera», es decir, que la atribución a Dios de la Misericordia precede a la atribución de la Cólera. Cada ser posee una realidad propia de la que solicita la actualización por parte de Dios. Por esta razón, Su Misericordia se extiende a todos los seres. Por la Misericordia que Él concede a cada ser, Él acoge su deseo de ser dotado de realidad y Él da la existencia. Por esta razón decimos que la Misericordia de Dios se extiende a todas las cosas, en la Realidad de la Existencia y en «poder rector».

Los Nombres divinos forman parte de las «cosas» y se reducen a una Esencia única. La primera cosa a la que se extiende la Misericordia de Dios es esta Esencia que da la existencia, para la Misericordia, debida a las posibilidades de manifestación que desean ser dotadas de realidad, por la Misericordia del Infinitamente Misericordioso. La primera cosa a la que se extiende la Misericordia es ella misma, en tanto que cualificación suprema de la Esencia divina. Después, a la cualidad de cosa a la que acabamos de ha-

cer alusión [82]. Y, por fin, a la cualidad de cosa de todo ser
que viene a la Existencia, y así indefinidamente, ya se trate
de este mundo o de la vida futura, de un accidente o de
una sustancia, de un ser compuesto o de uno simple, sin
que haya que considerar en ella ni la búsqueda de su objetivo ni una conveniencia de naturaleza. Es decir, que la
Misericordia pertenece al orden esencial y no se ve afectada por las vicisitudes de la Manifestación. Haya o no
una conveniencia tal, la Misericordia divina se extiende a
todo.

He mencionado, en mi obra *Las iluminaciones de La
Meca,* que la «influencia» pertenece únicamente no a aquello que está dotado de realidad, sino a aquello que no lo
está. Incluso cuando pertenece aparentemente a aquella
que está dotada, es en virtud de un poder que pertenece
a aquello que no está dotado.

Se trata de una ciencia extraña, de una relación rara-
mente comprendida cuya verdadera realidad no es conocida más que por los Maestros de la «ilusión», que es para
ellos una «degustación espiritual». Aquel en quien esta facultad no ejerce su influencia se encuentra lejos de poder
comprender esta cuestión.

La Misericordia de Dios se expande por los seres,
omnipresente en las esencias y las determinaciones.
Su rango es el de la similitud,
si tu ciencia procede de la contemplación.

Todo aquello que es mencionado por la Misericordia
es bienaventurado, y no hay nada que no sea mencionado
por Ella. La mención que la Misericordia hace de las co-

---

[82] Al parecer, y siempre según Gilis, para la mayoría de los comentaristas tradicionales de la obra, se trata de la cualidad de cosa inherente
al Ser Único.

sas es la esencia misma de su existenciación. Todo ser traído a la Existencia es un objeto de la Misericordia divina.

Amigo mío, que no te impida comprender lo que decimos el hecho de ser en este mundo alguien que debe pasar por duras pruebas, o tu fe en los castigos de la Otra Existencia.

Has de saber, antes de nada, que la Misericordia consiste en la existenciación de un modo general. Él ha hecho existir los sufrimientos por Su Misericordia hacia los sufrimientos.

La Misericordia ejerce un efecto según dos modalidades. La primera procede de la Esencia, y consiste en la existenciación de todo ser manifestado, sin consideración de objetivo, o de ausencia de objetivo, de conveniencia o de ausencia de conveniencia natural. Ella considera únicamente la determinación esencial del ser manifestado antes de su existencia. Para ser más preciso, ella considera su esencia inmutable. Por esa razón, Ella ve al Dios «de los credos» como una esencia inmutable entre otras y le hace don de su Misericordia, por medio de la existenciación. Por esta razón decimos que el «Dios de los credos» es la primera cosa objeto de la Misericordia tras la Misericordia que Esta se hace a Sí Misma, en tanto que tiene como función la existenciación de los seres manifestados.

La segunda modalidad procede de la demanda. Los velados piden misericordia a Dios, tal y como Lo conciben según sus creencias, exponiéndoLe sus peticiones tal y como Lo condicionan y Lo imaginan en sus credos. Sin embargo, las Gentes del desvelamiento espiritual piden que la Misericordia de Dios se realice en ellos. La piden por medio del Nombre «*Allah*» y dicen: «¡Oh Allâh, ten Misericordia de nosotros!». Solo obtienen misericordia con la realización de la Misericordia en ellos. Ella es la que detenta el poder regidor, pues esta, según la verdadera realidad, se vincula al significado realizado por un receptáculo particular. Y es este significado el que tiene misericordia verdaderamente. Dios no derrama Su Misericordia a aquellos de Sus siervos que son objeto de Su solicitud más que por la Misericordia. Cuando esta se realiza en ellos, experimentan la degustación espiritual propia de este «poder regidor».

Los estados espirituales no están ni provistos ni desprovistos de realidad. Por una parte, no corresponden a ninguna determinación particular en el seno de esta. Por otra parte, no están desprovistos, en razón de su «poder regidor», pues, por ejemplo, aquel en quien la ciencia se realiza es llamado «sabio», lo que es un estado.

El «sabio» es una esencia cualificada por la ciencia. Él no es ni esta esencia como tal ni la ciencia como tal. Por tanto, ahí no es más que una ciencia y una esencia en la que esta ciencia se realiza. El hecho de ser sabio es un estado pasajero de esta esencia, en tanto que está cualificada por este significado particular. El «poder regidor» correspondiente a la ciencia nace entonces para él, de modo que se le llama «sabio».

Según la verdadera realidad, la misericordia es un «poder regidor» engendrado por aquel que practica la misericordia. Es la misericordia la que lo hace misericordioso. Dios, que la hace existente en el ser que es objeto de la misericordia, no la trae a la existencia para ser, mediante ella, misericordioso con ese ser. Él la existencia únicamente para que, por ella, el ser en quien ella se realiza practique la misericordia.

Él mismo no es un receptáculo para las cualificaciones que nacerán en Él. Él no es un receptáculo en cuyo seno la Misericordia puede ser existenciada. Él es «el Misericordioso sin límites», y no puede ser así más que si la Misericordia es realizada en Él. Él es, pues, sin duda, la esencia de la Misericordia.

Aquel que no posee el gusto iniciático de este tema y no la conoce íntimamente no se aventurará a decir que Él es la esencia de la Misericordia o la esencia del Atributo, sino que dirá: «Él no es la esencia del Atributo y no es otra cosa». Para él, los Atributos de Dios, de la Realidad, no son ni Él ni otra cosa distinta a Él, y se siente incapaz tanto de negarlos como de identificarlos a Su Esencia. Entonces, se vuelve hacia esta manera de expresarse, que consiste en negar que los Atributos son esencias dotadas de realidad propia, establecidas en la Esencia que ellos cualifican, mientras que se trata únicamente de relaciones conceptuales, relaciones entre Aquel al que ellos cualifican y sus propias esencias.

Aunque la misericordia es universal, se diferencia en su relación con cada Nombre divino. Por esa razón se Le dirigen demandas, con el fin de que Él le haga misericordia por medio de cualquier Nombre.

La Misericordia de Dios es la que se «extiende a todas las cosas». Después, se diferencia en ramificaciones tan numerosas como los Nombres divinos, cesando de ser universal en su relación con el Nombre divino particular presente en las palabras del peticionario: «¡Señor, ten misericordia de mí!», o usando otros Nombres, incluso el del «Vengador». El peticionario dirá entonces: «¡Vengador, ten misericordia de mí!».

La razón es que estos Nombres designan a la vez a la Esencia que nombran y, por los aspectos esenciales a los que corresponden, a significaciones diversas. El peticionario que recurre a ellos para obtener la misericordia considera el Nombre al que invoca con la exclusión de otros en tanto que designa la Esencia nombrada, no el significado particular que este Nombre confiere en tanto que está separado de los otros y se distingue de ellos. Además, este Nombre no se distingue de los otros, pues es para el demandante una designación de la Esencia. Se distingue únicamente por él mismo, a causa de su esencia propia, pues su significado habitual, cualquiera que sea el término usado para designarla, corresponde a un aspecto distinto a los otros por su esencia.

Por un lado, todos sirven para designar al Ser único que nombran. Por otro, todo Nombre posee una función distinta que conviene tener en consideración, como es tomando en consideración el hecho de que designen a la Esencia que nombran. Por esta razón, Abû-l-Qâsim ibn Qissî [83] ha afirmado al respecto de los Nombres divinos que cada uno, a pesar de su singularidad, puede ser nombrado por el conjunto de los otros. Incluso si los pones delante en la mención que tú haces de Dios, lo cualificas en realidad por el conjunto de los Nombres. Y eso es porque designan a un Ser único, a pesar de su multiplicidad y de la diversidad de los aspectos esenciales correspondiente a esos Nombres.

Y, por fin, la misericordia puede ser obtenida de dos maneras. Una es en virtud de una obligación. Esto es lo que aparece en Sus palabras: **Yo lo inscribiré en favor de aquellos que posean el temor de Dios, que den la limosna legal** (Cor. 7, 156). La otra manera por la que la Misericordia puede obtenerse es en virtud de un puro favor divino no ligado a la retribución de una obra, lo que está expresado en Sus Palabras: **y Mi Misericordia se extiende a todas las cosas**. Es esta segunda manera la que se vincula las Palabras: **con el fin que Dios te perdone tus pecados pasados y futuros** (Cor. 48, 2). También es a esta Misericordia a la que se vincula las palabras del hadiz: «Actúa como quieras, pues Yo ya te he perdonado». Recuerda esto.

---

[83] Célebre sufí, autor de la obra *Jal' al-na'layn*, en la que trata ampliamente la figura del Mahdî.

22

El engarce de una sabiduría íntima en un verbo de Elías

―――――

E LÍAS es Enoc. Era un profeta que vivió antes de Noé. Dios **lo alzó a un lugar elevado** (Cor. 19, 57). Permanece en el corazón de los cielos planetarios, que es el cielo del sol.

Después, fue enviado como Elías [84] a la ciudad de Baalbek. Baal es el nombre de un ídolo, y Bek designa al soberano de esta ciudad. Ese ídolo llamado Baal estaba reservado al rey.

Elías, que es Enoc, se benefició de una aparición: el monte llamado Líbano (del árabe *lubána*, que significa «necesidad») se hendió, liberando a un caballo de fuego, cuyos arreos eran de fuego. En cuanto lo vio, montó sobre él. Entonces, el deseo de su ego desapareció y se convirtió en un puro intelecto, desprovisto de deseos. Todo vínculo de orden individual dejó de existir para él.

Dios en él era trascendencia, realizando así la mitad del Conocimiento de Dios. El intelecto, cuando se aísla y extrae de la especulación las ciencias que adquiere, conoce a Dios en Su trascendencia, pero no en Su inmanencia. Si después Dios le confiere el Conocimiento por medio de

―――――

[84] Se refiere al Elías «histórico», considerado aquí como una simple modalidad temporal del principio permanente designado como Enoc (*Idrís* en árabe).

Su manifestación, su Conocimiento de Él se convierte en perfecto, tanto si considera Su trascendencia como Su inmanencia. Él ve la presencia universal de Dios en las formas naturales y elementales. No es ya la forma de la que no ve la esencia divina.

Ahí está el Conocimiento completo que aportan las Leyes reveladas de la parte de Dios. Gracias a él, las ideas que proceden de las facultades conjeturales ejercen su poder. Por esa razón, estas facultades son más poderosas en el hombre que el intelecto. Aquel que haga uso de su intelecto, por muy eminente que sea, no escapa al poder que ejercen sobre él la facultad conjetural y la representación imaginal en los dominios en los que se usan.

La facultad conjetural es el soberano supremo en esta Forma perfecta que es la del hombre. Las Leyes reveladas recurren a ella: afirman la inmanencia y la trascendencia, introducen la inmanencia en la trascendencia por medio de la facultad conjetural, y la trascendencia en la inmanencia por medio del intelecto. El Todo está ligado al Todo, y no podemos separar la trascendencia de la inmanencia ni la inmanencia de la trascendencia. El Altísimo ha dicho: **Nada es como Su Rostro** (Cor. 42, 11), proclamando así a la vez trascendencia e inmanencia. También ha dicho: **Y Él es Aquel que todo lo oye, Aquel que todo lo ve**, lo que es otra proclamación de inmanencia. Este versículo es el más significativo de aquellos que han sido revelados al respecto de la trascendencia, y sin embargo, a causa de la presencia de la palabra «como», no está desprovisto de una alusión a la inmanencia. Él es quien mejor se conoce a Sí Mismo, y se expresa al respecto de Sí Mismo únicamente del modo que acabamos de mencionar.

Él también ha dicho: **Glorificado sea tu Señor, el Señor de la Gloria, por encima de lo que Le atribuyen** (Cor. 37, 180). Ellos Le atribuyen únicamente aquello que le confieren sus intelectos. Él proclama Su propia trascendencia al respecto de aquello que Le atribuyen, porque ellos Lo limitan por esa trascendencia, de la impotencia del intelecto para captar una cosa de esta naturaleza, y me estoy refiriendo a la «interpenetración» de la trascendencia y de la inmanencia.

Todas las Leyes sagradas comportan eso que deriva del poder de la facultad conjetural. Ellas no despojan a Dios de ninguno de los Atributos mediante los que Él se manifiesta. Eso es lo que ellas enseñan y ponen en práctica. Los pueblos obtienen su ciencia de este modo. Dios les confiere Su manifestación, de modo que permanecen unidas a los Enviados por medio de la herencia y se expresan del modo en que se expresan los Enviados, **y los Enviados de Dios, Dios sabe mejor dónde situar Su Mensaje** (Cor. 6, 124). La frase «Dios sabe mejor» comporta muchas interpretaciones. Según la primera, el segundo «Dios» sería el atributo de la expresión «los Enviados de Dios» (lo que, en árabe, se leería: «Los Enviados de Dios son Dios»). Según otra interpretación, la frase es simplemente el sujeto de «sabe mejor dónde situar Su Mensaje». Ambas interpretaciones contienen una verdad esencial, la primera («los Enviados de Dios son Dios») de inmanencia y la segunda («Dios sabe mejor dónde situar Su Mensaje») de trascendencia. Por esa razón he hablado de inmanencia en la trascendencia y de trascendencia en la inmanencia.

Habiendo dejado esto bien establecido, dejamos caer de nuevo los velos protectores tras haberlos levantado un momento, dejamos caer las pantallas sobre el ojo del crítico y de aquel que lo sigue ciegamente, aunque ellos mismos formen parte de las formas en las que Dios se manifiesta. Si se nos ha ordenado usar el velo protector, es para que parezca la jerarquía de las predisposiciones esenciales correspondientes a estas formas. Aquel que se manifiesta en una forma es regido por la predisposición de esta, de forma que Le imputan únicamente aquello que confiere el aspecto esencial de esta forma, así como sus implicaciones. Y no puede ser de otro modo.

Siguiendo el ejemplo del que ve a Dios en sueños, que no niegue esta visión ni el hecho de que Dios es sin duda la esencia de lo que ve. Las implicaciones y los aspectos esenciales de la forma en la que Él se manifiesta en el sueño acompañan a lo que él ha visto. Después, esta forma es interpretada, es decir, que se va «más allá» para alcanzar otra cosa que implica una trascendencia que deriva del intelecto. Sin embargo, si aquel que lo interpreta posee intuición o fe, no «irá más allá» únicamente para alcanzar la trascendencia, sino que dará a esta forma su derecho, tanto desde un punto de vista de la trascendencia como desde el punto de vista de aquello en lo que se ha manifestado.

El espíritu de esta sabiduría y su engarce es que la realidad se divide en dos expresiones correlativas: «el que produce el efecto» y «el que lo recibe». El primero, desde cualquier punto de vista, y en cualquier estado y dignidad, es Dios. El segundo, desde cualquier punto de vista, y en cualquier estado o dignidad, es el mundo.

Si un acontecimiento espiritual, un suceso de origen divino, surge, une todas las cosas al principio que le corresponde, pues eso que tiene lugar es siempre y necesariamente la consecuencia de un principio. Por ejemplo, el amor divino que deriva de las obras no obligatorias que lleva a cabo el servidor. Aquí nos encontramos ante un efecto producido por el agente, sobre aquel que lo soporta. Del mismo modo, Dios es, como dice el hadiz, el oído del servidor, su vista y el conjunto de sus facultades, como consecuencia de ese amor.

En cuando al intelecto sano, o bien se beneficia de una manifestación divina en un receptáculo natural y conoce de forma directa esto que estamos diciendo, o bien se trata de un creyente sumiso y cree simplemente en ello. Tanto en un caso como en el otro, la facultad conjetural ejercerá su poder soberano sobre el ser dotado de intelecto que busca lo que Dios ha comunicado en esta forma.

Aquel que no es creyente enunciará su juicio sobre la facultad conjetural, estando él mismo bajo la influencia de esa facultad y se imaginará, usando la especulación racional, que es absolutamente imposible aplicar a Dios lo que esta manifestación divina manifestada en sueños ha conferido. En esto, permanece bajo la influencia de la ilusión sin darse cuenta de ello, pues se ha olvidado de él mismo y de las limitaciones inherentes a su individualidad, de modo que condiciona su comprensión de la Divinidad por la forma en la que concibe Su Trascendencia.

A este respecto se refieren también las palabras del Altísimo: **Pedidme, y os responderé** (Cor. 40, 60). Y también: **Si Mi siervo te pregunta sobre Mí, dile que estoy próximo. Yo respondo a la petición del que me pide, cuando me pide** (Cor. 2, 186). En efecto, Él no puede responder más que si hay alguien que Le pida, aunque sabemos que Aquel que pide es la misma esencia de Aquel que responde a la demanda. La diferencia entre las formas exteriores no implica contradicción alguna.

Todas estas formas exteriores son lo mismo que los miembros de su cuerpo para fulano. Es evidente que fulano es una sola persona y que la forma de su mano no es la de su pie, ni la de su cabeza, ni la de su oído ni la de su ceja. Por tanto, es a la vez múltiple y uno. Múltiple por las formas y único por el ser.

Lo mismo sucede con el hombre: su ser específico es, sin lugar a dudas, único. Por tanto, está claro que 'Umar no es Zayd, ni Jâlid ni Ya'far, y que las personas que pertenecen a este ser único son innumerables en la existencia. Aunque el ser sea único, el hombre es múltiple por las formas que componen su individualidad y por las personas que forman parte de su especie.

Si eres creyente, sabrás igualmente que Dios se manifestará el Día de la Resurrección bajo un aspecto en el que será reconocido, pero que después adoptará uno en el que no se Le reconocerá, para por fin adoptar otro en el que sea reconocido de nuevo. Pero será siempre Él, Él solo, quien Se manifieste en cada una de las formas aunque, desde el punto de vista de las apariencias, una forma no sea la otra.

El Ser único es como un espejo; si aquel que lo mira ve la forma de su propia convicción al respecto de Dios, la reconoce y la acepta. Si sucede que lo que ve es la convicción de otro, la rechaza. Del mismo modo que puede ver en el espejo su propia forma o la de otro.

El espejo es un ser único, pero el que lo mira puede ver en él múltiples formas. Ninguna de estas formas queda fijada en el espejo. Sin embargo, este produce un efecto sobre ellas bajo un cierto aspecto. Su efecto propio consiste en reenviar una imagen cuya apariencia ha sido modificada. Por ejemplo, se ha vuelto más pequeña o más grande, más alta o más ancha, etc. El espejo produce un efecto sobre las dimensiones de la imagen, y es a él a quien debe achacársele dicho efecto, no a las imágenes. Estos cambios que tienen lugar en su seno son causados únicamente por diferentes dimensiones de los espejos.

Siguiendo este ejemplo, piensa en uno solo de estos espejos, no en el conjunto. Es la imagen de tu mirada sobre Él en tanto que Esencia. Desde ese punto de vista, Él **es independiente de los mundos**. Por otro lado, si Lo miras desde el punto de vista de los Nombres divinos, en ese momento es una multitud de espejos. Cualquiera que sea el Nombre divino en el que tú mismo te consideres (o en el que se considere cualquier ser), solo aparecerá ante aquel que contemple el aspecto esencial correspondiente a ese Nombre.

Si has comprendido bien esto, no debes sentir preocupación ni miedo. Dios ama el valor, aunque no sea más que matando a una serpiente. Y esta serpiente no es otra cosa que tu ego.

La serpiente es una serpiente en sí misma por su forma arquetípica y por la realidad esencial que manifiesta. Pero una cosa no se mata en ella misma. Incluso si su forma exterior desapareciera del mundo sensible, su definición la mantendría, y la imaginación no la haría desaparecer. Si es así, es ahí donde reside la salvaguarda de los seres, la invencibilidad y la inviolabilidad. Tú no tienes el poder de hacer desaparecer las definiciones esenciales. ¿Hay acaso una invencibilidad mayor que esa? Tú te imaginas, en tu ilusión, que has matado. Pero el intelecto iluminado y la facultad conjetural te muestran que la forma no cesa de estar existenciada en el grado de la definición [85]. La prueba la tenemos en el versículo: **Tú no lanzaste cuando lanzaste. Fue Dios quien lanzó** (Cor. 8, 17). El ojo no percibió más que la forma muhammadí (es decir, la individualidad del Profeta), a la que se vincula el lanzamiento en el mundo sensible. Sin embargo, Dios ha negado al principio de esta frase esta atribución. Después la ha confirmado para, finalmente, rectificarla de nuevo diciendo que fue Dios el que lanzó, bajo el aspecto de la forma muhammadí.

Piensa aquí también en eso que «produce el efecto», hasta el punto de hacer descender a Dios en la forma muhammadí. No es uno de nosotros quien dice esto, sino que es Él mismo Quien lo dice de Sí mismo. Y lo que Él dice es la Verdad, y así debes creerlo, poseas la ciencia de Sus Palabras o no, seas un sabio o un vulgar creyente.

---

[85] No se trata de la definición lógica de la forma, sino de su definición metafísica en tanto que es una «esencia inmutable» distinta en el seno de la Esencia divina.

Una de las cosas que te muestran la debilidad de la especulación intelectual cuando se limita a la reflexión es que el intelecto juzga que la causa no puede ser causada por aquello de lo que ella es la causa. Tal es el juicio del intelecto. La ciencia de la manifestación divina afirma lo contrario, es decir, que la causa está causada por aquello de lo que ella es la causa.

El juicio del intelecto es cierto si se acompaña de «fineza» en la especulación. Lo más lejos a donde puede llegar es decir, cuando vea que la realidad difiere de las conclusiones aportadas por la demostración especulativa: «El Ser, una vez establecido que es uno en la multiplicidad de las formas, aparece en una de ellas como la causa de un aspecto cualquiera No puede ser causado por ese aspecto, pues él es la causa. Sin embargo, el estatuto que se deriva de la relación causal se desplaza por el hecho de que él mismo se desplaza de una forma a la otra, de modo que, desde este punto de vista, está causado por aquello de lo que él mismo ha sido la causa. Aquello de lo que él es la causa se convierte en su causa a su vez». Ese es el límite que el intelecto puede alcanzar cuando contempla la realidad tal y como es, y no se dedica a la especulación racional.

[...] En cuanto a los Enviados de Dios, su intelecto no se encuentra trabado por las limitaciones de la facultad reflexiva, sino iluminado por la Inspiración divina. Ellos comunican enseñanzas que provienen del «lado divino», confirmando así aquello que el intelecto ha establecido, añadiendo lo que el intelecto es incapaz de captar por sí solo y que considera imposible. El intelecto reconoce la verdad en el momento en que la manifestación divina tiene lugar, pero después, cuando de nuevo queda reducido a sí mismo, se encuentra perplejo por lo que ha visto. Si él es el siervo de un Señor, el intelecto vuelve a Él, pero si es el siervo de la especulación, el intelecto abandona a Dios a su propio juicio.

No obstante, esto no puede producirse más que mientras permanezca bajo las condiciones de esta existencia, velado, en este mundo, al respecto de la próxima existencia. Los gnósticos, por su parte, aparecen en este mundo revistiendo una forma, de modo que siguen las leyes del mundo, pero interiormente Dios los ha transportado ya a las condiciones de la próxima existencia. Esto es necesariamente así, pues de lo contrario no se trataría de verdaderos gnósticos. Su forma real permanece ignorada, salvo por aquellos a los que Dios ha abierto la mirada sutil, de forma que lo perciben.

No hay gnóstico que no se encuentre ya en las condiciones de la siguiente existencia, en tanto que se beneficia de la manifestación divina. Ya ha conocido en este mundo el Día de la Resurrección, ha sido resucitado en su tumba (que es su propio cuerpo), él ve lo que tú no puedes ver, y contempla lo que no puedes contemplar. Esto es un don de Dios, que Él concede a algunos de sus servidores.

Aquel que comprenda verdaderamente esta sabiduría de «Elías-Enoc» que Dios ha manifestado en una doble condición (puesto que él era profeta antes que Noé, fue elevado después al cuarto cielo, para descender de nuevo como enviado, de modo que Dios reunió en él ambas funciones, la de profeta y la de enviado), que descienda, abandone el poder de su intelecto y regrese a su deseo pasional, que se vuelva un animal sin restricción alguna hasta que reciba el desvelamiento intuitivo del que todo animal disfruta, con la excepción de los dos «seres dotados de peso» (los hombres y los genios). Sabrá entonces que ha realizado plenamente su animalidad.

El signo de su realización será doble. El primero es el desvelamiento mismo: verá quién está siendo castigado en su tumba y quién goza de la gracia, verá al muerto vivo, al mudo hablar, y al que está sentado lo verá andando. El segundo signo es que se vuelve mudo. Incluso

si deseara hablar de lo que ve, sería incapaz. Solo entonces habrá realizado su animalidad. Yo tenía un discípulo
que acababa de obtener el desvelamiento intuitivo, pero
la mudez no lo preservó, de modo que no realizó su animalidad de forma completa.

En cuanto a mí, cuando Dios me estableció en esta estación espiritual, realicé mi animalidad de un modo total.
Yo veía. Tenía el deseo de hablar sobre aquello que podía
contemplar mediante la visión directa, pero no podía. No
había diferencia alguna entre mí y los mudos que no pueden hablar.

Una vez que realiza lo que acabamos de decir, se trans-
porta, abandonando esta estación de la animalidad, allá
donde es un puro intelecto desprovisto de «materia natural», corporal o sutil; contempla las realidades que son los
principios de las formas manifestadas en el orden natural,
conociendo por tanto el origen de aquello que rige exteriormente esas formas, obteniendo la ciencia y la degustación espiritual. Si le es desvelado que la Naturaleza es
idéntica al Soplo del Infinitamente Misericordioso, **habrá
recibido sin duda un don inmenso** (Cor. 2, 269). Por el
contrario, si no sobrepasa en esto la medida de eso que hemos mencionado, esto es suficiente para que el conocimiento de Dios rija su intelecto. Se le contará entre los
gnósticos y obtendrá la degustación espiritual del versículo
que dice: **No los habéis matado vosotros, sino que ha
sido Dios quien los ha matado** (Cor. 8, 17). Los mató el
hierro, quien dio el golpe y Aquel que creó esas formas. La
reunión de este conjunto actualiza en hecho de matar o
de lanzar, como en el versículo comentado anteriormente.
Contemplará las cosas a la vez en su principio y en sus formas exteriores, de modo que obtendrá el Conocimiento
completo. Si, además, contempla el Soplo divino, obtendrá
la perfección. No verá más que a Dios en todo lo que vea,
y verá que «aquel que ve» es idéntico a «lo que es visto».
Y esto basta. Dios es quien concede el éxito, Él es el Guía.

23

El engarce de una sabiduría de la realización perfecta en un verbo de Luqmân

---

*Si Dios desea esencialmente, desea en acto un alimento
para Él, y el universo entero
es un alimento.
Si Dios desea esencialmente, desea en acto un alimento
para nosotros, y Él es un alimento según Su voluntad.
Su Voluntad esencial es Su Voluntad en acto.
Seguid esta doctrina. [...]*

EL Altísimo ha dicho: **En verdad, Le hemos dado a Luqmân la Sabiduría** (Cor. 31, 12) [...], **y aquel que ha recibido la Sabiduría, en verdad ha recibido un bien abundante** (Cor 2, 269). Así pues, Luqmân, en virtud del texto coránico y del testimonio del Altísimo, posee el bien abundante.

La Sabiduría puede ser enunciada de forma expresa o de forma callada. La frase de Luqmân a su hijo: **Hijito mío, he aquí que incluso si se trata del peso de un grano de mostaza, y que se encuentra en una roca, o en los Cielos o sobre la Tierra, Dios le dará [...]** (Corán 31, 16), es el ejemplo de una Sabiduría enunciada. Consiste en considerar que es Dios mismo Quien da lo que se recibe. Dios confirma en Su Libro esta frase de Luqmân sin contradecir a aquel que la pronuncia. En cuanto a la Sabiduría callada, se la conoce por el contexto y se basa en el hecho que no dice a quién se aportará este grano. No hace mención de ello en absoluto. No dice a su hijo: «Te la dará» o «Él le dará a alguien más». Habla de una «aportación» de modo general, situando eso que es aportado en los Cielos, llegado el caso, o sobre la Tierra para atraer la atención de aquel que considera el sentido de este versículo sobre Sus Palabras: **Y Él es Dios en los Cielos y en la Tierra** (Cor. 6, 3). Luqmân indica así, por lo que expresa y por lo que calla, que Dios es la esencia de todo lo conocido, siendo la noción de «conocido» más universal y menos determinada que la de «cosa» [86].

Después Luqmân completa esta Sabiduría con el fin de perfeccionar su realización en ella, diciendo: **En verdad, Dios es el Infinitamente Sutil** (Cor. 21, 16). Deriva de Su sutileza física y espiritual que Él es, en toda cosa, la esencia misma de esa cosa. Decimos que eso es un cielo, una tierra, una roca, un árbol, un animal, un ángel, una subsistencia y un alimento, mientras que el Ser de todo, y en el Todo, es único.

Los teólogos dicen que el mundo entero es homogéneo en cuanto a su sustancia y que se trata de una sustancia única, lo mismo que el «ser único» del que hablamos. Dicen también que los accidentes difieren, lo que corresponde a lo que decimos al afirmar que el ser se diversifica y se multiplica por medio de las formas y las relaciones conceptuales que introducen en él la distinción. Dicen entonces: «Esto no es aquello» desde el punto de vista de su forma, de su «accidente» o de su «composición». Puedes decir lo que quieras. «Esto es la esencia de aquello» desde el punto de vista de la sustancia. Por eso

---

[86] En efecto, el término «cosa» se aplica únicamente a las posibilidades de manifestación, sean o no sean manifestadas, mientras que todas las posibilidades, sea cual sea su naturaleza, están incluidas en la Ciencia esencial.

encontramos la sustancia en toda definición de forma y de ser compuesto. Por nuestra parte, nosotros decimos que ella no es otra cosa más que Dios. El teólogo es de la opinión de que eso que es llamado «sustancia» es un principio inmutable, pero que no es «Dios» en el sentido en que lo entienden las gentes del desvelamiento esotérico y de la manifestación divina. Todo esto es la sabiduría inherente al hecho de que Él es el Infinitamente Sutil.

Después, Luqmân ha añadido la cualificación de «Aquel que todo lo sabe», es decir, el poseedor de una ciencia obtenida de una puesta a prueba, como lo indica el hecho de que la raíz árabe de este Nombre divino *(al-Jabîr)* es la misma que la de *ijtibâr* («puesta a prueba»). Se trata igualmente de Su frase: **Os pondremos a prueba hasta eso que Nosotros conocemos** (Cor. 47, 31), que encierra la ciencia de los Gustos espirituales. Dios, a pesar de la ciencia que Él posee de la realidad tal y como es verdaderamente, Se hace beneficiario de una ciencia adquirida. No podemos negar la verdad de lo que Dios ha dicho de forma expresa sobre Sí mismo.

El Altísimo establece de este modo una distinción entre la ciencia no condicionada y la ciencia del Gusto espiritual, condicionada por las facultades, puesto que Él ha dicho de Sí mismo que Él es la esencia de las facultades de su siervo en Su frase «Yo soy su oído...» (una de las facultades del servidor), «su vista» (otra de sus facultades), «su lengua» (que es uno de los miembros de su cuerpo), «su pie y su mano», etc. No se ha limitado a la enumeración de las facultades, pues ha mencionado igualmente los miembros. El servidor no es más que estos miembros y estas facultades; la esencia de eso que llamamos «el servidor» es Dios, pero la esencia del servidor no es «el Señor». Las relaciones se distinguen por ellas mismas, unas de otras, pero Aquel a quien ellas se refieren no comporta distinción, puesto que no hay nada más que Su Ser en el conjunto de las relaciones: Él es un Ser único dotado de relaciones conceptuales, de atributos y de cualificaciones.

La culminación de la sabiduría de Luqmân en la enseñanza que ha dado a su hijo queda marcada especialmente por la mención en ese versículo de los dos Nombres, «el Infinitamente Sutil» y «El que todo lo sabe», por medio de los cuales se designa a Dios Altísimo. Si él los hubiera mencionado en el «Ser» (que es la realidad esencial), usando el verbo «ser» en árabe (*kâna*) [87], la Sabiduría habría sido más completa aún, y la expresión, mucho mejor. Pero Dios ha transmitido la palabra de Luqmân según su sentido en lengua árabe, y no en su formulación original, tal y como él lo había dicho, sin añadir nada [88].

En cuanto a sus palabras: «Incluso si es el peso de un grano de mostaza», para quien él mismo es el alimento, y que no es otro sino la hormiga que aparece en el Corán (**Y aquel que haya hecho el bien el peso de una hormiga, lo verá, y quien haya hecho el mal el peso de una hormiga, lo verá**) (Cor. 99, 7-8), se trata de el ser más pequeño de los que se alimentan, del mismo modo que el grano de mostaza es el más pequeño de los alimentos. Si hubiera alguno más pequeño aún, Él lo diría, como ha dicho: **En verdad, Dios no se vergüenza de poner como símbolo un mosquito** (Cor. 2, 26). Y después, ha añadido: **O algo más pequeño aún**.

---

[87] Se trata, en realidad, del verbo «ser» en pasado. En estos casos, se usa para expresar la eternidad o el eterno presente.

[88] Ibn 'Arabî nos está intentando decir que, al no ser ni profeta ni enviado de Dios, Luqmân no estaba obligado a comunicar una enseñanza esotérica relativa a la Esencia divina. Desde luego, Luqmân, como el resto de personajes que aparecen en esta obra, es una expresión particular del Verbo eterno y, como tal, posee una ciencia perfecta. Sin embargo, al haber sido manifestado únicamente en calidad de «sabio», no la hace aparecer como los demás Enviados.

Por otra parte, el uso del diminutivo para designar al hijo de Luqmân (en el texto coránico) es una muestra de misericordia, y lo mismo los consejos espirituales que le proporciona, que asegurarán su felicidad si los pone en práctica.

La sabiduría de su consejo de prohibición («**No aso-cies a Dios nada, pues la asociación a Dios es en verdad una injusticia inmensa**») (Cor. 31, 13) se explica así: la víctima de esta injusticia es la Estación divina, puesto que el asociador le atribuye la división, cuando se trata en realidad de un Ser único. A Él no se le podría asociar más que su propia esencia, lo que sería el culmen de la ignorancia.

La causa de esta asociación es la siguiente: cuando la diversidad de las formas que existen en el seno del Ser único se presenta a una persona que no tiene el conocimiento de la realidad y de la verdad esencial de las cosas, alguien que ignora que esta diversificación tiene lugar en el seno de un Ser único, esta persona asocia estas formas unas con otras en el seno de esta estación, y considera que cada una de ellas es una «parte» (es decir, que cada Nombre divino se asocia a los otros como las partes en el interior de un todo).

Sin embargo, tratándose del asociado, es bien sabido que el elemento que lo distingue de ese al cual está asociado difiere de aquel que comparte con este último, puesto que este elemento común también le pertenece. Por tanto, no hay ahí «asociado» alguno, según la verdadera realidad, pues cada uno de los términos de los que se dice que mantienen una relación posee una parte que le es propia.

La causa de la asociación es la imposibilidad de la división. Si esa existe, la actividad independiente de uno de los dos asociados termina. **Di: invocad a Dios o invocad al Infinitamente Misericordioso** (Cor. 17, 110). Este es el espíritu de todo este asunto.

24

El engarce de una sabiduría del Imâm[89] en un verbo de Aarón

---

HAS de saber que la existencia de Aarón procede de la dignidad de la más alta misericordia, como nos indica la frase del Altísimo: **Y le hemos hecho un don de pura gracia procedente de nuestra Misericordia.** Se trata de un don a Moisés, el don de tener **a su hermano Aarón como profeta** (Cor. 19, 53). Su cualidad de profeta procede de esa dignidad. Él era mayor que Moisés en cuanto a su edad, aunque este estaba por encima de él en cuanto a la cualidad profética.

La razón por la que se dirigiera a su hermano Moisés diciéndole **¡Oh hijo de mi madre!** (Cor. 20, 94) se debe precisamente al hecho de que su cualidad profética procediera de esta dignidad. Se dirigió a su hermano refiriéndose a su madre, y no a su padre, porque la misericordia predomina en las madres. Sin ella, no serían capaces de cuidar y educar a sus hijos. Después, continuó diciendo: **No me agarres de la barba ni de la cabeza [...]. No des a los enemigos la ocasión de burlarse de mí** (Corán 7, 150). Todo esto no son sino soplos de la misericordia. Moisés actuó de la manera en que lo hizo porque

---

[89] Literalmente, la palabra imâm significa «el que está delante», es decir, «el que lidera», o «el guía». El Diccionario de la Real Academia Española recoge esta palabra como imán.

no había mirado de forma suficientemente atenta las Tablas que llevaba en sus manos y que había arrojado. Si lo hubiera hecho, habría encontrado la guía y la misericordia. La guía, pues habría visto que Aarón era inocente de todo aquello que había sucedido, y que había hecho que entrara en cólera. Y la misericordia, al respecto de su hermano, pues no lo habría cogido por la barba ante su pueblo, como lo hizo, para demostrar su superioridad, a pesar de ser el menor de los hermanos. Estas palabras de Aarón fueron una muestra de ternura hacia Moisés. Como la cualidad profética de Aarón procedía de la misericordia de Dios, todo lo que exteriorizaba era de la misma naturaleza.

Aarón siguió diciendo: **En verdad, tengo miedo de que digas que he dividido a los hijos de Israel** (Cor. 20, 94), es decir, que me imputes su división, la que la adoración del becerro había establecido entre ellos. Algunos lo adoraron porque seguían a Sâmirî y lo imitaron, mientras que otros se abstuvieron de adorarlo, a la espera de que Moisés bajara del monte Sinaí, con el fin de consultarle a este respecto. Lo que temía Aarón es que esta división le fuera atribuida.

Pero Moisés sabía mejor que Aarón qué es lo que ocurría. Él sabía lo que en realidad adoraban los adoradores del becerro. Él sabía que Dios había decretado esto desde la eternidad: **Que nada sea adorado sino Él** (Cor. 17, 23), y que, si Dios decide una cosa, esa cosa tiene lugar. La reprimenda concernía, pues, a la realidad efectiva que Aarón desconocía en ese momento, pues el gnóstico es aquel que ve a Dios en toda cosa, o que ve que Él es la esencia de toda cosa.

Moisés instruyó a Aarón en la ciencia, a pesar de ser su hermano pequeño. Por esa razón, cuando Aarón le habló de esa manera, se volvió hacia Samîrî y le dijo: **¿Qué tienes que decir a eso, Samîrî?** (Cor. 20, 95). Es decir, «¿qué tienes que decir sobre el hecho de haber fabricado lo

que has fabricado con tus propias manos, sobre la acusación de haber desviado la adoración exclusivamente hacia
la forma del becerro, de haber fabricado con las joyas del
pueblo esta forma ilusoria, y de haber aprisionado sus corazones con las riquezas?». En efecto, Jesús dijo a los hijos de Israel: «Hijos de Israel, el corazón de todo hombre
está allá donde se encuentran sus riquezas. Guardadlas,
pues, en el Cielo, para que vuestro corazón esté en el Cielo».
La esencia de las riquezas es de una naturaleza tal que
los corazones se inclinan hacia ellas para adorarlas. Son
objeto de la búsqueda más ávida, pues los corazones las
magnifican de forma que dependen de ellas.

Las formas son efímeras. La del becerro habría desaparecido, sin duda alguna, incluso si Moisés no hubiera ace-
lerado su destrucción quemándola. Lo hizo bajo la influencia de los celos, y después **dispersó totalmente las
cenizas en el mar**, diciendo: **Mira tu divinidad.** Lo
llamó «divinidad» para atraer la atención y dar una enseñanza, pues él sabía que el becerro era un receptáculo de
la Presencia divina. **Voy a quemarla** (Cor. 20, 97), continuó diciendo.

La cualidad animal del hombre le permite disponer de
la del animal, pues Dios ha sometido este último al hombre. Tanto más en el caso del becerro de oro, que no se
trataba de un verdadero animal y que era, por tanto, más
fácil de someter. Al no poseer voluntad propia, se encontraba enteramente a merced de aquel que pudiera disponer de él. El animal puede desear y perseguir un objetivo,
e incluso oponerse al hombre en algunos de sus compor-
tamientos. Si posee una fuerza suficiente para manifestar
esta oposición, se mostrará testarudo y recalcitrante. Si no
la posee, o si sucede que el objetivo del hombre coincide
con el suyo, se someterá. Lo mismo sucede con el hombre, que se somete a un semejante por alguna razón con
la que Dios ha elevado a uno de los dos (como el dinero,

por ejemplo), conforme a Sus palabras: **Hemos elevado a algunos de vosotros sobre otros en grados, con el fin de que algunos de entre vosotros reduzcan a los otros a servidumbre** (Cor. 43, 32). El hombre aceptará el dominio de un semejante únicamente en lo que respecta a su animalidad, no en lo que respecta a su cualidad de hombre, pues los semejantes se oponen. Aquel que ocupa un grado superior por el dinero o la reputación social someterá al otro en virtud de su cualidad de hombre, mientras que el que se someta lo hará por miedo o por avidez, en virtud de su animalidad, no de su cualidad humana.

¿Acaso no ves cómo se pelean las bestias, precisamente por ser semejantes, de una misma especie? Los semejantes se oponen. Por esta razón, es decir, la de que los semejantes no pueden someterse el uno al otro, Él ha dicho que ha «elevado a algunos de entre vosotros en grados». El que somete no está en el mismo grado que el sometido. La sumisión implica la diferencia de grados.

El sometimiento es de dos tipos. Uno es el voluntario, llevado a cabo de manera deliberada, como el sometimiento del esclavo por el amo, aunque este sea su semejante en lo que respecta a la cualidad humana, o como el sometimiento que el soberano ejerce sobre sus súbditos, a pesar de ser estos sus semejantes. En este último caso, los somete por el grado que ocupa.

El otro tipo de sometimiento es el que deriva del estado interior, y que no comporta libre elección por parte del que somete, como el que ejercen los súbditos sobre el rey, que debe de defenderlos, protegerlos, combatir a sus enemigos y salvaguardar sus bienes y sus personas. Es el sometimiento ejercido por los súbditos en virtud de su estado, y de este modo reducen a su rey a la servidumbre. Este tipo de sometimiento es denominado, según su verdad esencial, «el sometimiento del rango», pues es el rango el que, en este caso, «rige» sobre el rey. Algunos reyes actúan por ellos mismos, al no ser conscientes de su situación real, pero otros conocen la verdadera realidad, y saben que sus propios rangos los someten a sus súbditos. Conocen el valor de estos últimos y conocen sus derechos. Dios les da, por esto, la recompensa que tiene reservada a aquellos que poseen la ciencia de la realidad tal y como es. Tal recompensa está a cargo de Dios, por el hecho de que Él se ocupa de los asuntos de sus servidores. El Universo en su totalidad reduce a servidumbre, en virtud de su estado, a Aquel del que jamás podríamos decir que está «sometido». Por eso ha dicho el Altísimo: **Cada día, Él está en un asunto** (Cor. 55, 29).

La incapacidad de Aarón para contrariar a los adoradores del becerro, dominándolo, como pudo hacer Moisés, es una sabiduría procedente de Dios Altísimo y manifestada en la existencia, con el fin de que Él sea adorado bajo todo aspecto y forma. Esa forma desapareció, pero no lo hizo antes de haber revestido para sus adoradores la función divina. Por esta razón no hay ningún tipo de ser que no sea adorado en la existencia, bien como una divinidad, como en el caso de los ídolos, bien bajo el aspecto de sometimiento. Esto es así necesariamente para aquel que esté dotado de inteligencia.

Ningún ser del Universo es adorado si no está revestido de superioridad a ojos de aquellos que lo adoran, y si no aparece dotado de un grado de elevación en su corazón. Por esta razón, Dios se ha nombrado para nosotros como «**Aquel que está elevado en grados**» (Cor. 40, 15). No ha dicho «elevado en grado», sino que ha mencionado una multitud de grados en el seno de un Ser único. Él **ha decretado desde la eternidad que nada sea adorado sino Él** en grados múltiples y diversos, cada uno de ellos ofreciendo un soporte de manifestación divina en el que Él es adorado.

El más importante y el más elevado de estos soportes es la pasión, como ha dicho: **¿Has visto a aquel que ha tomado a su pasión por dios?** (Cor. 45, 23). Es el adorado supremo. Nada es adorado si no es por ella, y ella misma no es adorada más que por su propia esencia. He dicho a este respecto:

¡Por la verdad de la pasión! La pasión es causa de la
                                                    [pasión.
Si ella no estuviera en el corazón, no sería adorada.

Mira cómo la ciencia que Dios posee de las cosas es perfecta. Cómo Él la ha completado, al respecto de aquel que adora su pasión y la toma por un dios, diciendo: **Y que Dios ha extraviado en estado de ciencia.**

El extravío es la perplejidad que sobreviene al adorador cuando ve que no adora más que a su pasión, y que es conducido a obedecerla cuando le ordena la adoración de tal o cual ser, hasta el punto de que su adoración a Dios procede también de una pasión. Así es, pues si una pasión (es decir, una voluntad acompañada de amor) no se hubiera despertado en él por esta Dignidad santa, no adoraría a Dios ni Le preferiría a cualquier otro objeto de adoración. Del mismo modo, quien adore una u otra forma de las que forman parte del Universo y la toma por divinidad, no actúa más que por pasión. El adorador no cesa jamás de estar bajo el dominio de la pasión. Cuando el adorador ve la diversidad de seres adorados, y cómo el que adora a uno declara incrédulo a quien adora a otro distinto al suyo, aquel cuyo despertar espiritual es inferior, se encuentra en la perplejidad, pues no percibe la unión, o más bien la unidad esencial de la pasión, que es una esencia única en todo adorador. «Dios lo extravía», es decir, lo sumerge en la perplejidad «en estado de ciencia», puesto que sabe que el adorador, sea quien sea, no adora más que a su propia pasión, y que es únicamente su pasión la que le conduce a adorar, coincida o no con la Orden enunciada por la Ley revelada.

Por el contrario, el gnóstico cuya realización es perfecta es aquel que ve cómo todo objeto de adoración es un receptáculo para la manifestación divina, en el que Dios es adorado. Por esta razón, todos los adoradores llaman a esos objetos de adoración «divinidad», aunque cada uno posea su propio nombre: piedra, árbol, animal, hombre, astro o ángel. Esos son, en efecto, los nombres que definen su identidad particular. Aquel que lo adora se imagina que la Cualidad divina es una dignidad inherente al objeto de su adoración, mientras que se trata, en realidad, de una manifestación de Dios respecto del adorador, que le da culto a ese objeto de adoración en esa manifestación divina particular.

Por este motivo, algunos de los que tienen el Conocimiento divino, pero cuya realización es imperfecta, continúan teniendo un lenguaje de ignorantes, y dicen: **Los adoramos únicamente para que os acerquen a Dios** (Cor. 39, 3), a pesar del hecho de que los llaman «divinidad», hasta el punto que dicen: **¿Ha hecho de la divinidad un Dios único? En verdad, es una cosa sorprendente** (Cor. 38, 5). Por tanto, no se trata de que ignoren la Unidad divina. Se asombran solo porque se han detenido en la multiplicidad de las formas y a la atribución a estas de la Cualidad divina.

Vino entonces el Enviado de Dios, y los llamó a una divinidad única a la que ellos ya conocían, pero no reconocían como tal. Los llamó por el hecho de que, según su propio testimonio, afirman esa unidad y la profesan públicamente cuando dicen: «Los adoramos únicamente para que nos acerquen a Dios», sabiendo bien que esa forma no era más que una piedra. Por esa razón el argumento decisivo ha venido cuando Él ha dicho: **Di, oh Profeta:**

«¡**Nombradlos!**» (Cor. 13, 33). En efecto, ellos no podían nombrarlos sin saber que eran esos nombres los que les pertenecían en realidad.

Aquellos que poseen el conocimiento de la realidad tal y como es adoptan la apariencia formal de desaprobación de esas formas adoradas. Su grado en la Ciencia es tal que, en virtud de la autoridad propia en el instante preciso, se someten a eso que ejerce sobre ellos el Enviado de Dios en el que creen y gracias al que son llamados «creyentes».

Son los «servidores del instante». Saben que los adoradores de esas formas no las adoran en tanto que tales, sino que adoran a Dios en ellas en virtud del poder de la manifestación divina que estos gnósticos disciernen en ellos. Esto lo ignoran los que les reprueban su adoración, pues no poseen la ciencia de lo que se manifiesta. Esto lo oculta aquel que posee la realización perfecta, ya se trate de un profeta, de un enviado de Dios o de uno de los herederos de la ciencia de estos. Ellos les ordenarán abandonar la adoración de esas formas para seguir al enviado de ese momento, buscando el amor que Dios les tiene, como Él ha dicho: «**Si amáis a Dios, amadme, y Él os amará**» (Cor. 3, 71).

Él los ha llamado a reconocer una Divinidad en la que se pueden apoyar y que pueden conocer, pero que no puede ser contemplada, pues **las miradas no Le alcanzan**, mientras que Él **llega a todas las miradas**, gracias a Su sutileza infinita y Su omnipresencia en la esencia de todas las cosas. **Las miradas no Le alcanzan**, como tampoco le alcanzan los espíritus que rigen a los individuos y sus formas exteriores. **Y Él es el Infinitamente Sutil, el Que todo lo sabe** (Cor. 6, 103).

«Saberlo todo» es una «degustación» espiritual, y este es una manifestación divina, y estas tienen lugar en las formas. No hay manifestación divina sin formas, ni for-

mas que no sean una manifestación divina. Aquel que
Lo contemple en todas las formas, Lo adorará necesariamente con su pasión. Espero que hayas comprendido mi
enseñanza. **Y a Dios compete la búsqueda del Camino**
(Cor. 6, 19).

25

El engarce de una sabiduría de la eminencia en un verbo de Moisés

———

L A Sabiduría de la masacre de los niños a causa de Moisés consistió en que la vida de cada una de esas víctimas lo fortaleció, porque cada uno de ellos murió por él. Allí no hubo ignorancia divina alguna: la vida de cada uno de los que fueron muertos a causa de él debía necesariamente ir a él. Una vida en estado puro, que seguía en su naturaleza primordial, y a la que ningún deseo individual había afectado aún, sino que permanecía en la naturaleza primordial del «¡Sí!» [90] (Cor. 7, 172).

Moisés era la suma de las vidas de los que habían sido asesinados en su lugar; todo lo que había sido preparado para las víctima en cuanto a la predisposición de su espíritu se encontraba en Moisés. Eso fue una elección divina en su favor, de la que nadie se había beneficiado antes de él.

Las Sabidurías de Moisés son numerosas. Si Dios quiere, expondré algunas en este capítulo a medida que la Orden divina me inspire. Esta de la que acabo de hablar es la primera que me fue comunicada.

———

[90] Se refiere aquí al Pacto primordial del género humano en su estadio arquetípico, cuando, antes de ser creados, reconocieron espontáneamente la soberanía de Dios. Así, según el Corán, cuando Él les preguntó: **¿Acaso no soy Yo vuestro Señor?**, ellos respondieron: **¡Sí, damos testimonio de ello!**

Desde su nacimiento, Moisés fue la suma de una multitud de espíritus, la síntesis de las fuerzas poderosas, porque el niño ejerce un poder sobre el adulto.

Observa cómo influye este por sus privilegios: el adulto renuncia a su dignidad para jugar con él, balbucea, quiere ponerse a la altura de su inteligencia y cae bajo su poder sin ser consciente de ello. Luego, el niño le obliga a ocuparse de él para educarlo, protegerlo, velar por sus intereses, reconfortarlo para prevenir su angustia. Todo eso muestra la influencia que ejerce sobre el adulto gracias a la fuerza de su estación espiritual[91]. En efecto, el niño permanece cerca de su Señor porque su llegada a este mundo es reciente, mientras que el adulto está más alejado de Él. Aquel que está más cercano de Dios ejerce su dominio sobre el que está más alejado, de la misma manera que los allegados al rey, debido a su proximidad, ejercen su poder sobre los que están lejos de él.

El Enviado de Dios se exponía a la lluvia cuando caía, y se descubría la cabeza para que esta lo mojara, diciendo que ella estaba cerca de su Señor[92]. Considera este conocimiento que el Profeta tenía de Dios, lo trascendente, sublime y claro que es. La lluvia ejercía un poder sobre el mejor de los seres humanos debido a que estaba «cerca de su Señor». En eso, era comparable al Enviado, sobre quien descendía la Revelación. El agua lo convocaba por medio de la esencia que subyace bajo su estado pasajero, y él se exponía entonces a ella para estar en contacto con lo que ella le traía de parte de su Señor. No se exponía a ella más que por el Beneficio divino que de ella obtenía.

---

[91] Se trata de la naturaleza primordial o *fitra*, que el niño pequeño posee de forma natural y que puede ser hallada de nuevo gracias a la realización espiritual. Se trata del «sed como niños» evangélico.

[92] Recordemos que la lluvia simboliza las influencias celestes o espirituales.

Esa es la Revelación del agua, de la que Dios ha creado **todo ser vivo** (Cor. 21, 30). ¡Entiéndelo!

La sabiduría que consistió en colocar a Moisés en el arca y lanzarlo en las aguas es la siguiente: el arca es su naturaleza humana, y las aguas son la ciencia que obtuvo por mediación de su cuerpo, y que le había dado la especulación racional y las facultades sensoriales y de imaginación. En efecto, estas y otras del mismo género no pueden transmitir nada al alma humana sin la existencia de ese cuerpo compuesto a partir de elementos. Cuando el alma adquiere esta ciencia en el interior del cuerpo y ella recibe la orden de disponer de este y de gobernarlo, Dios hace de esas facultades instrumentos que le permiten obtener lo que él desea de ella, en el gobierno de esta arca donde reside la Presencia divina del Señor. Fue arrojado en las aguas para que adquiriera, gracias a ellas, los diferentes aspectos de la Ciencia divina. Dios le enseñó por ella que, si el espíritu que lo gobernaba era ciertamente el rey, no lo gobernaba sin embargo más que por él mismo; por eso lo ha dotado de esas facultades presentes en esta naturaleza humana simbolizada por el arca en el lenguaje sutil del Corán y de las Sabidurías (de los maestros espirituales).

Es verdaderamente de este modo como Dios gobierna el mundo: no lo hace más que por él mismo o por su forma. No lo gobierna más que por él mismo, según la ley que quiere que el engendrado dependa de la existenciación del engendrador, que los resultados dependan de las causas, que los seres condicionados dependan de las condiciones a las que están sometidos, que los efectos dependan de sus causas, que las conclusiones dependan de sus pruebas, y que las verdades dependan de los aspectos esenciales que las rigen. Todo eso forma parte del mundo y demuestra la manera como Dios lo gobierna: nunca lo hace más que por él mismo.

Al añadir las palabras «o por su forma» (es decir, la forma del mundo), tenía en mi mente los Nombres Excelentes y los Atributos trascendentes por los que Dios Se nombra y Se cualifica. No nos llega ninguno de los Nombres con los que Él Se nombra sin que encontremos su sentido y su espíritu presentes en el mundo; también bajo este punto de vista, no gobierna el mundo más que por la forma del mundo. Por eso el Profeta ha dicho respecto a la creación de Adán que es el prototipo que sintetiza los grados fundamentales de la Dignidad divina, que son la Esencia, los Atributos y los Actos: «Dios creó a Adán según Su Forma». Su Forma no es otra que la Dignidad divina.

Él ha existenciado en ese noble microcosmos que es el Hombre Perfecto la esencia de los Nombres divinos y de las Verdades esenciales que proceden de Él en modo distintivo en el macrocosmos. Él lo ha establecido como un espíritu para el mundo, lo ha sometido lo alto y lo bajo a causa de la perfección de la Forma. Del mismo modo que no hay nada que forme parte del mundo que no **celebra la trascendencia de Dios por Su propia Alabanza** (Corán 17, 44), asimismo no hay nadie que no esté sometido a este Hombre por lo que le confiere la realidad esencial de su forma. El Altísimo ha dicho: **Os ha sometido lo que hay en los Cielos y lo que está sobre la Tierra como un conjunto que viene de Él** (Cor. 45, 13). Todo lo que hay en el mundo está sometido al Hombre. Lo sabe quien lo sabe, es decir, el Hombre Perfecto, y lo ignora quien lo ignora, es decir, el hombre animal.

Según las apariencias, el hecho de meter a Moisés en el Arca y de arrojar el Arca a las Aguas significaba su pérdida, mientras que, según la verdad interior, supuso su salvación de la masacre. Siguió vivo lo mismo que las almas permanecen vivas por medio de la ciencia divina y son preservadas por ella de la muerte de la ignorancia. Como ha dicho el Altísimo: **O el que estaba muerto** (es decir, muerto por la ignorancia) **y a quien nosotros hemos devuelto la vida** (por la ciencia divina), **por quien Nosotros hemos hecho una luz gracias a la cual camina entre los hombres** (una luz que es la Guía), **¿es acaso semejante al que está en las tinieblas** (que son el extravío) **sin poder salir de ellas?** (Cor. 6, 122). Es decir, que nunca será guiado. La Orden divina no tiene término final alguno.

La Guía consiste en que el hombre sea conducido a la perplejidad, que sepa que la Orden divina es perplejidad, que la perplejidad es turbación y movimiento, que el movimiento es vida, de modo que no hay ni reposo ni muerte, que el movimiento es realidad, de tal forma que no hay nada irreal.

Ocurre lo mismo para el agua que da la vida de la Tierra, y su movimiento. Aparece en las palabras del Altísimo: **Ella se estremece.** Su embarazo aparece expresada por Sus Palabras: **Y se abulta**, y su alumbramiento, en Sus Palabras: **Y germina a partir de toda pareja radiante de belleza y de beatitud** (Cor. 22, 5). Es decir, que no da a luz más que lo que es semejante a la Tierra y pertenece, como ella, al orden natural. En efecto, la cualidad de «pareja», o, dicho de otro modo, la dualidad, le es atribuida por lo que es creado y manifestado a partir de ella.

Es lo mismo para el Ser de Dios, que implica la multiplicidad y la enumeración de los Nombres, afirmando que Él es «como esto» y «como aquello», de acuerdo con lo que es manifestado en el mundo a partir de Él, porque la constitución del mundo requiere los aspectos esenciales de los Nombres divinos. Esos aspectos son afirmados por él, pero se contradicen por la unidad de la multiplicidad. La unidad esencial del mundo es comparable a la de la Sustancia primordial: una en su esencia, es múltiple en las formas que se manifiesten en ella y que ella comprende por su esencia. Lo mismo vale para Dios, por las formas, manifestaciones divinas, que proceden de Él. Es el soporte de las formas del mundo, que se ven en Él como en un espejo. Ellas no perciben más que su propia multiplicidad, sabiendo (aunque sin percibirlo) que el espejo es único.

¡Considera la belleza de esta enseñanza divina que Dios reserva, por vía de Elección, a los que Él quiere de entre Sus servidores!

La familia del faraón encontró al niño en el agua, junto al árbol. El faraón lo llamó *Mûsa* (Moisés en árabe): *mû* designa el agua en lengua egipcia y *sâ* el árbol. Le puso, pues, un nombre que recordaba el lugar al lado del cual lo había encontrado, pues el arca se había detenido junto al árbol, en el agua.

(En un principio), él quiso matarlo, pero su esposa empleó con él un lenguaje divino, pues Dios Altísimo lo destinaba a la perfección, conforme a las palabras del Profeta a este respecto, quien nos dijo que ella, la mujer del faraón, y María, hija de Joaquín, habían alcanzado la perfección que pertenece la mayoría de las veces a los hombres [93]. Ella le dijo al faraón: **Una frescura del ojo para ti y para mí** (Cor. 28, 9). Para ella, porque obtuvo por él la perfección, como acabamos de decirlo, y para el faraón, a causa de la Fe que Dios le dio en el momento de morir ahogado. Dios le hizo morir en un estado de pureza perfecta, purificado de cuerpo y de espíritu, libre de todo mal, porque le sobrevino la muerte en el momento de su profesión de Fe, antes que hubiera podido cometer el menor pecado, pues el hecho de someterse por completo a Dios

---

[93] En efecto, en un hadiz, el profeta Muhammad dijo: «Numerosos son los hombres que han alcanzado la perfección. De entre las mujeres, solo tres han alcanzado una perfección tal: María, hija de Joaquín; Asya, la mujer del faraón, y Jadîya, hija de Juwaylid». Jadîya fue la primera esposa del Profeta.

borra todo el mal que se pueda haber cometido antes. Ha hecho de él **un signo** (Cor. 10, 92), mostrando el auxilio providencial que Él concede a quien quiere, a fin de que nadie desespere de la misericordia de Dios, porque **no desespera del descanso liberador de Dios más que el pueblo de los incrédulos** (Cor. 12, 87). Si el faraón hubiera formado parte de los que desesperan, no se habría apresurado a proclamar su Fe.

Todo eso indica que Moisés era, como dijo la esposa del faraón, **una frescura de ojo para mí y para ti; quizá sea para nosotros causa de beneficio** (Cor. 28, 9). Porque es así como fue efectivamente para él: Dios los favoreció a los dos gracias a él, aunque no sabían que él era el profeta que causaría la pérdida de su reino y de su familia.

Habiéndole Dios protegido del faraón, **el corazón de la madre de Moisés se vació** (Cor. 28, 10) de la tristeza que albergaba. Luego Dios **le prohibió los alimentos** (Cor. 28, 12) para que tomara únicamente el pecho de su madre. Ella lo alimentó a fin de que Dios hiciera perfecta su alegría.

Es lo mismo para la ciencia de las Leyes sagradas. Como ha dicho el Altísimo: **Para cada uno de entre vosotros Hemos establecido una Ley y un método espiritual** que es su alimento, del mismo modo que la rama del árbol no es alimentada más que por su raíz. En efecto, lo que está prohibido en una Ley sagrada está permitido en otra, según las apariencias. [...] La Orden divina es una nueva creación constante, sin posibilidad alguna de repetición. Queremos atraer la atención sobre este punto. Es a eso a lo que Dios ha hecho alusión en el caso de Moisés, al mencionar la prohibición de las nodrizas que no eran su madre.

La verdadera madre es la que amamanta, no la que engendra. Esta lleva su hijo como un depósito que le es confiado, se forma en ella y se alimenta de su sangre sin intervención de su voluntad, de modo que él no le debe nada. En efecto, si no se alimentase de esa sangre y no le hiciera salir de ella, le haría daño y la pondría enferma. Por el contrario, es el feto quien, alimentándose, le hace un favor a su madre y la protege del mal que le causaría la retención de esa sangre si no la hiciera salir y no se alimentara de ella. No es lo mismo con la que lo amamanta, porque al amamantarlo voluntariamente ella le da su vida y su subsistencia. Dios hizo que fuera su madre quien lo amamantara, de modo que ninguna otra mujer tuviera una superioridad sobre él, con el fin de que **su ojo se refrescara** por el hecho de educarlo y de verlo crecer en su seno, **y que no se entristeciera** (Cor. 20, 40).

Dios lo **libró del peligro** (Cor. 20, 40) del arca: gracias a la Ciencia divina que Dios le confirió, penetró en las tinieblas de la naturaleza sin salir completamente de esta última (pues permaneció en el estado humano), **y lo sometió a pruebas**, es decir, que lo probó en numerosas circunstancias a fin de que su paciencia, que estaba presente en él solo de forma virtual, se realizara en él y pudiese afrontar las tribulaciones que Dios le reservaba.

La primera fue el asesinato del egipcio, que cometió por inspiración y con la ayuda que Dios le dio en su secreto (es decir, en su corazón, receptáculo de la inspiración divina), incluso si carecía de ciencia a este respecto. No se sintió afectado por este asesinato, a pesar de no haber esperado la llegada de una orden expresa de su Señor para actuar. Es decir, que actuó en virtud de una inspiración interior, en ausencia de una orden divina expresa. En efecto, todo profeta esta preservado interiormente, es impecable, de un modo del que él no tiene conciencia en tanto que no ha recibido en este aspecto una notificación divina.

Fue por este motivo por el que al-Jidr[94] le hizo ver la muerte del joven[95]. Moisés desaprobó este acto sin acordarse de que él mismo había matado a aquel egipcio. Al-Jidr le dijo entonces: **No lo he hecho mi propio superior** (Cor. 18, 82) para atraer su atención sobre el grado que él poseía antes que fuera informado que, según la verdadera realidad, era impecable en sus actos, incluso sin tener conciencia de ello.

Le mostró también el agujero que había hecho en el barco, cuya apariencia era perdición y cuyo sentido oculto fue salvar a aquellos que allí se encontraban de la mano del usurpador. Al-Jidr mostró eso a Moisés para establecer un paralelismo con lo que había sido, para él, el arca cerrada sobre él, en el agua: la apariencia era igualmente de algo negativo, y el sentido oculto hubo una salvación en ello. Su madre había hecho eso únicamente por temor a que el faraón usurpador se apoderara de él y lo sacrificara ante sus propios ojos. Todo ocurrió gracias a una inspiración que le había venido de Dios sin que ella fuera consciente de ello. Encontró en ella misma que debía amamantarlo, pero, temiendo por él, lo arrojó en las aguas, pues, en efecto, «lo que el ojo no ve no aflige el corazón».

Su angustia y su tristeza no fueron las de un testigo directo. El pensamiento se apoderó de ella de tal modo que Dios se lo devolvió quizá debido a la absoluta confianza

---

94 Al-Jidr o al-Jâdir, (lit., «el Verde») es el inmortal guardián de la fuente de la eterna juventud, el patrón errante de los viajeros y de todas las órdenes sufíes, así como la puerta abierta hacia la gnosis para todos aquellos a quienes las circunstancias de diversa índole impiden el acceso a los canales regulares de la iniciación. Es el maestro esotérico de los sufíes y los profetas. El Corán se refiera a él como maestro de Moisés en la ciencia de la predestinación.

95 Se trata del episodio narrado en la azora XVIII, en la que al-Jidr educa espiritualmente a Moisés en una «ciencia» que él desconocía, a través de tres hechos que, aparentemente, contravenían la Ley revelada.

que ella tenía de Él. Ella vivía con esta idea en su interior, dividida entre la esperanza, el temor y la desesperanza; diciéndose a causa de eso, cuando le vino la inspiración para obrar así: «Quizá sea este niño el enviado que cause la pérdida del faraón y de los egipcios». Vivía y se regocijaba de lo que no era para ella más que imaginación y suposición, cuando en realidad se trataba de una ciencia de la verdadera realidad.

Luego, cuando se pusieron a buscar a Moisés, este salió de la ciudad huyendo: exteriormente era temor, pero, según el verdadero sentido, era por amor de la salvación, pues el movimiento procede siempre del amor, y solo del amor. El que lo considera es velado por otras causas que no son la causa verdadera. El principio fundamental es aquí el movimiento del mundo desde la no-manifestación, donde permanece en reposo, hasta la existencia, de suerte que se puede decir que la Orden es un movimiento que procede de una quietud. El movimiento, que es la realidad misma del mundo, es un movimiento de amor. El Enviado de Dios nos ha enseñado eso por medio de Sus palabras: «Yo era un Tesoro ignorado y quise (lit., "amé") ser conocido». Sin ese amor a ser conocido, el mundo no se habría manifestado en tanto que ser determinado. Su movimiento desde la no-manifestación hasta la existencia es el movimiento de amor de Aquel que otorga al mundo su realidad, y el mundo igualmente, en su estado de no-manifestación, ama contemplarse en tanto que está dotado de esta realidad, del mismo modo que él se contempla en ese estado, en tanto que esencia inmutable. Así, bajo cualquier aspecto que se le considere, el movimiento desde la inmutabilidad de la no-manifestación hasta la existencia es un movimiento de amor, bien desde lado de Dios, bien desde el lado del mundo.

La perfección es amada por ella misma. La ciencia que el Altísimo tiene de Él mismo en tanto que es independiente de los mundos Le pertenece en propiedad y eternamente. Solo permanece por realizar la realización del grado de la Ciencia por medio de la ciencia de lo efímero que proviene de los seres determinados (los seres del mundo), cuando son traídos a la existencia. La forma de la perfección aparece por la ciencia de lo efímero y de lo eterno; el grado de la Ciencia alcanza la perfección por la unión de estos dos aspectos.

La perfección de los grados de la Realidad se realiza del mismo modo. Esta puede ser eterna, o no, es decir, «producida». La Realidad eterna es la de Dios tal como es en Sí mismo; la Realidad no-eterna es la de Dios en las formas el mundo arquetípico. Es denominada «efímera» porque sus elementos se manifiestan los unos a los otros y se manifiesta a ella misma por medio de las formas del mundo. Es así como la Realidad se ha hecho perfecta. El movimiento que engendra la realidad del mundo es un movimiento de amor de la perfección. ¡Comprende esto!

¿No ves el alivio que trae a los Nombres cuando los libera de la restricción que supone el no poder manifestar sus efectos en el ser determinado que llamamos «el mundo»? Él ama el descanso, pero este no se puede alcanzar más que por la existencia de la Realidad en el orden formal, desde lo más alto a lo más bajo.

Esto confirma que el movimiento es un atributo del Amor. No hay movimiento en el universo que no sea de naturaleza amorosa. Algunos sabios lo saben, mientras que otros están cegados por la causa segunda más próxima a ese movimiento, debido a su poder inmediato y a la fascinación que ella ejerce sobre el alma.

Moisés no veía más que su miedo, porque había matado a un egipcio, pero este temor encerraba el amor a su propia salvación. Huyó porque tenía miedo, mientras que, según la verdadera razón, huyó por amor a la salvación, para escapar **al faraón y a lo que le haría** (Cor. 66, 11).

Mencionó la causa segunda más próxima, tal como la veía en ese momento, y que era comparable a lo que es, para el hombre, la forma del cuerpo: el amor de la salvación estaba encerrado en ese temor, igual que el cuerpo encierra el espíritu que lo rige.

Los Profetas utilizan un lenguaje accesible a fin de poder dirigirse a todos, fiándose de la comprensión del verdadero sabio. Los Enviados no toman en consideración más que al hombre común, porque saben el grado de las Gentes de la comprensión, los gnósticos. El profeta ha evocado este grado cuando ha dicho, respecto de los dones: «Yo doy una parte del botín a un hombre, mientras otro me es más querido, por miedo a que Dios no arroje al primero al Fuego» [96]. En efecto, él pensaba en aquellos cuyas inteligencias y capacidades de reflexión eran débiles y estaban dominados por la avidez y la naturaleza animal. Y lo mismo ocurre con las ciencias que ellos transmiten, cuando las revisten de lo que es más accesible a la comprensión. El que no puede «sumergirse en las profundidades» se detiene en la apariencia y dice: «¡Qué hermoso vestido!», tomándolo por el grado supremo. Por el contrario, el que está dotado de una comprensión más sutil, el que se sumerge en las profundidades para pescar las perlas de las Sabidurías, dice, gracias a su estado de realización espiritual: «¡Esto es un vestido que proviene del Rey!». Considera el valor del vestido y su clase, y, a partir de ahí, conoce el valor del que se ha vestido con él, accediendo a una ciencia que no pueden obtener los que no tienen un conocimiento de este orden.

Los profetas, los enviados y sus herederos espirituales saben qué seres poseen este grado en el mundo, y especialmente en las comunidades que están a su cargo. Por

---

[96] Es decir, porque su fe es tan débil que solo puede ser mantenida a base de este tipo de «estímulos».

eso utilizan para expresarse un lenguaje accesible, válido tanto para la élite esotérica como para el vulgo de los creyentes. La élite comprende lo mismo que comprende la mayoría, pero además algo extra, que la cualifica como tal y que la distingue de los creyentes comunes. Los que transmiten las ciencias divinas que no están destinadas al común de los hombres se contentan con eso. Esta es la Sabiduría en sus palabras: **Estuve (lejos) de vosotros porque os temía** (Cor. 26, 21); no ha dicho: «Estuve lejos de vosotros por amor a la salvación y a la salvaguarda».

Moisés llegó a Madián y allí encontró a las dos jóvenes. **Abrevó el rebaño para ellas** (Cor. 28, 24) sin pedir salario alguno, **luego se retiró a la sombra** (es decir, a la Sombra divina) **y dijo: «Mi Señor, yo estoy necesitado de cualquier cosa que hagas descender sobre mí»**, haciendo del acto de abrevar la esencia del bien que Dios había hecho descender sobre él, y describiéndose él mismo como «pobre hacia Dios» [97] tratándose del bien que está junto a Dios [98]. Más tarde, al-Jidr le mostró el muro que él había levantado sin pedir nada a cambio. Cuando Moisés se lo censuró, al-Jidr le recordó entonces el agua que había sacado sin pedir nada a cambio. Hubo también otras cosas que no se mencionaron, hasta el punto que el Enviado de Dios mencionó cómo permaneció Moisés silencioso sin manifestar objeción alguna. De otro modo, Dios habría continuado el relato que le concernía, y el Profeta habría conocido otras circunstancias en las que Moisés habría obrado del modo que convenía sin tener la ciencia de ello. Si la hubiera tenido, no habría desapro-

---

[97] Que, en el sufismo, es la cualidad esencial de aquel que sigue una vía espiritual.

[98] Como acertadamente aclara Gilis en su edición, el hombre depende de Dios para obtener el bien que está junto a Dios y que Le pertenece, y Dios «depende» de la manifestación del receptáculo humano para hacer aparecer en este mundo ese bien que Él posee.

bado unas maneras análogas de obrar que provenían de
al-Jidr, a despecho del testimonio que Dios había dado a
favor de la ciencia de este último, y debido a que Él le había hecho puro y justo. Moisés olvidó esta purificación
puesta por Khidr para que pudiese seguirlo, ¡por misericordia en nuestro favor cuando olvidamos el Mandato de Dios!

Si Moisés hubiera sabido lo que sabía al-Jidr, este no le
habría dicho: **Lo que tú no abarcas con tu conocimiento
por vía de Notificación divina** (Cor. 18, 68); dicho de
otro modo: «Yo poseo una ciencia de la que tú no has gus-
tado, igual que tú posees una ciencia que no conozco».
Se expresó de un modo justo.

La Sabiduría presente en el hecho de que al-Jidr se se-
parara de Moisés reside en el hecho de que Dios ha dicho
respecto al enviado: **¡Lo que el enviado os dé, tomadlo,
y lo que os prohíba, absteneos de ello!** (Cor. 59, 7).
Los sabios que conocen la ciencia divina, sabedores del
valor de la misión divina y del enviado que se ocupa de
ella, se atienen a estas palabras. Al-Jidr sabía que Moisés
era el enviado de Dios, y estaba, pues, atento a lo que venía de él, a fin de respetar las conveniencias debidas a su
función. Le había oído decir: **¡Si te pregunto más sobre
algo, deja de ser mi compañero!** (Cor. 18, 76). Moisés
le había prohibido acompañarlo más, en este caso, así que
cuando lo interpeló una tercera vez, al-Jidr le dijo: **Esto
es la separación entre tú y yo** (Cor. 18, 78). Moisés no
le dijo que no lo hiciera, porque conocía el valor de su
función y de la prohibición que había formulado; se calló
y se consumó la separación.

Considera a estos dos hombres, su ciencia, su respeto
total de las conveniencias divinas, la rectitud de al-Jidr en
la confesión que hizo a Moisés: «Yo poseo una ciencia
que Dios me ha enseñado y que tú no conoces, y tú posees una ciencia que Dios te ha enseñado y que yo no conozco». Esta declaración de al-Jidr a favor de Moisés fue

un bálsamo en la herida que le había infligido con sus palabras: «¿Cómo soportarías una cosa que no abarques con tu ciencia?», a pesar del conocimiento que tenía de su rango en tanto que enviado, rango que él mismo poseía.

Una enseñanza análoga apareció en el seno de la comunidad muhammadí en el hadiz relativo a la fertilización de la palmera. El Profeta dijo a sus compañeros: «Sois más sabios que yo sobre lo que es conveniente para las cosas de vuestro mundo». Nadie duda que la ciencia es mejor que la ignorancia. Por eso Dios se ha glorificado Él mismo diciendo que **posee la Ciencia de todo** (Cor. 2, 29). Sin embargo, el Profeta ha dicho a sus compañeros que ellos eran más sabios que él sobre lo que era favorable para el mundo, porque se trataba de algo en lo que él no tenía experiencia, y de una ciencia que requiere conocimiento directo y práctico. No tenía tiempo de aprender eso, cuando tenía que ocuparse de lo esencial. Con esto, acabo de indicarte una cortesía suprema de la que podrás sacar partido si meditas sobre ella.

En cuanto a las palabras de Moisés dirigida al faraón: **Mi Señor me ha otorgado el poder**, quería decir con eso «la representación». Con sus palabras: **Y me ha contado en el número de los enviados** (Cor. 26, 21), quería decir: la Revelación.

No todo enviado es representante de Dios como «califa». El califa posee la espada y el poder de instituir y destituir. Pero ese no es el caso del enviado que tiene por única función comunicar lo que le ha sido revelado. Si combate para defender la Revelación y utiliza la espada para protegerla, entonces es un enviado-califa. De igual modo que no todo profeta es un enviado [99], no todo en-

---

[99] *Rasúl* o «enviado» es, en el islam, un *nabí* o «profeta», que trae consigo una nueva Revelación. Es, por así decirlo, el «instaurador» de una nueva religión.

viado es califa, pues no ha recibido forzosamente el reino
y el poder de gobernarlo.

La Sabiduría inherente a la pregunta del faraón («¿Qué
es el Señor de los mundos?») sobre la naturaleza de la
Divinidad procedía, no de la ignorancia, sino de una voluntad de probar a Moisés para ver lo que respondería, al
pretender haber sido encargado de una misión por parte
de su Señor. El faraón conocía el grado de los enviados
en la ciencia divina, y quería comprobar por su respuesta
la autenticidad de su pretensión. Hizo una pregunta en-
caminada a engañar a los que estaban presentes y a darles
a conocer, sin que se dieran cuenta, lo que percibía él
mismo al hacerla. En efecto, si Moisés daba la respuesta
de los sabios que conocen la verdadera Realidad, el faraón
pondría de manifiesto, con objeto de preservar su propia
dignidad, que no había respondido a su pregunta. Aparecería claro entonces, para los que estaban presentes y cuya
comprensión era limitada, que el faraón era más sabio
que Moisés. Por eso, cuando este le dijo en su respuesta
lo que convenía (y, según las apariencias, no era la respuesta a la pregunta hecha, pero el faraón sabía perfectamente que no le daría otra), exclamó, en honor de los
que lo rodeaban: **En verdad, vuestro enviado, el que
está supuestamente encargado de un Mensaje divino
para vosotros, está completamente loco** (Cor. 26, 27).
Es decir, como si dijera: «La ciencia sobre la que le he
preguntado le es desconocida», pues es una pregunta a la
que no se puede contestar.

Sin embargo, se trata de una pregunta válida, porque
la pregunta sobre la naturaleza de la Divinidad lleva en
sí la realidad propia de lo que es buscado, y es indudable
que Lo que es buscado aquí posee en Él mismo tal realidad. Aquellos que dicen que las definiciones deben estar
compuestas de un género y de una especificación, tienen
razón para todo lo que puede constituir el objeto de una

asociación en el seno de un género único, pero de ahí no se deduce forzosamente que Aquel que no puede formar parte de una especie no tenga en Él mismo una realidad que Le pertenece en propiedad, porque, en realidad, nadie más que Él la posee. La pregunta es válida según las gentes de la Verdad, del verdadero conocimiento y del intelecto sano, y la respuesta no puede ser más que la que dio Moisés.

Hay aquí un gran secreto. Moisés respondió con un acto a alguien que lo interrogaba sobre la esencia. Ha dado como definición esencial Su relación con ciertas formas del mundo en las que Él se ha manifestado o con ciertas formas del mundo que se han manifestado en Él. Es como si hubiera respondido a la pregunta del faraón: **¿Qué es el Señor de los mundos?**, diciendo: «Aquel en quien se manifiestan las formas del mundo, desde las elevadas (como el Cielo) hasta las inferiores (como la Tierra), o Quien se ha manifestado Él mismo en ellas».

El faraón había dicho a sus compañeros: «Está completamente loco», con el sentido que hemos dado líneas atrás al término *majnûn*, es decir, el de alguien poseído. Moisés añadió otra aclaración para que el faraón conociera su grado en la ciencia divina, porque sabía que el faraón tenía conocimiento de ella. Dijo: **El Señor del Levante y del Poniente** (Cor. 26, 28), mencionando lo que se ha manifestado y lo que ha sido ocultado (y es el **Exterior y el Interior**) (Cor. 57, 3), **y (el Señor) de lo que está entre los dos,** lo que corresponde a Sus Palabras **y Él es Omnisciente, si estáis dotados de intelecto.**

La primera respuesta se dirigía a los que poseen la certeza, las Gentes de la revelación intuitiva y de la Realidad esencial, los gnósticos. Moisés les dijo: «Si poseéis la certeza», es decir: «Gentes de la revelación intuitiva y de la realización, os informo de una cosa de la que ya tenéis la certeza gracias a vuestra intuición y a vuestra realización espiritual. Si no pertenecéis a esta categoría, si formáis parte de las gentes del intelecto creado y del condicionamiento, si limitáis la Verdad en lo que concierne a las pruebas racionales, es a vosotros a quienes me he dirigido en la segunda respuesta».

Moisés manifestó los dos aspectos para que el faraón conociese su excelencia y la autenticidad de su misión. Sabía que el faraón poseía (o poseería) esta ciencia, debido a que había hecho una pregunta referente a la naturaleza de la Divinidad. Sabía también que su pregunta no usaba el lenguaje técnico de los filósofos antiguos cuando se preguntaban sobre la naturaleza divina. Por esa razón le respondió, porque, en el caso contrario, habría declarado defectuosa su forma de plantear la pregunta.

Moisés identificó eso sobre lo que se le había interrogado respecto a la esencia del mundo, y el faraón mantuvo el mismo lenguaje, sin que su entorno se apercibiera de ello. Le dijo entonces el faraón: **Si tomas una Divinidad que no sea yo, te haré contar en el número de los prisioneros (masjûnîn)** (Cor. 26, 29). El sentido oculto de esto era «yo te ocultaré», puesto que eres tú quien me ha respondido de una forma que me anima a responderte con un lenguaje semejante [100]. Si replicas: «Faraón, la amenaza que blandes contra mí es la prueba de tu ignorancia, porque la Esencia es una: ¿cómo es que tú la divides?», el faraón te dirá: «Son únicamente los grados los que introducen una separación en la Esencia; esta no la incluye, porque es indivisible. Ahora bien, el grado que yo ocupo ahora me da sobre ti, ¡oh! Moisés, un poder efectivo. Yo soy "tú" en cuanto a la esencia y otra cosa distinta de ti en cuanto al grado ocupado».

---

[100] Es decir, que al identificar Moisés la Esencia divina con la esencia del mundo, el faraón tenía, de algún modo, derecho a arrogarse la divinidad, pues él también formaba parte del mundo.

Moisés lo había comprendido bien. Reconoció el derecho del faraón diciéndole: «No podrás hacer eso». (Es decir, el poder que ejerces exteriormente no podrá ocultar, como pretendes, la Revelación divina que traigo.) Sabía que el rango del faraón atestiguaba un poder sobre él que podía hacer efectivo, que el Derecho divino vinculado a ese rango venía de la forma exterior, y que ese rango implicaba un poder regidor sobre el que él mismo ocupaba, según las apariencias, en esta asamblea. Él respondió de forma que detuviera su hostilidad y le dijo: **¿Verdaderamente? ¿Incluso si presentara algo evidente?** (Cor. 26, 30). El faraón no tuvo más remedio que responder: **¡Preséntalo, si estás entre los verídicos!** (Cor. 26, 31), con el fin de no parecer parcial a los espíritus débiles de su entorno, lo que les habría hecho dudar de él.

Se trataba de aquellos **ligeros de espíritu, que lo obedecían; eran gentes corrompidas** (Cor. 43, 54), es decir, que habían salido de los límites respetados por las inteligencias sanas, porque estas no habrían concedido ninguna credibilidad a la pretensión del faraón enunciada mediante un lenguaje evidente, incluso para ellas. En efecto, el intelecto se detiene en un límite que puede exceder el que posee la revelación intuitiva y la certeza. Por esta razón Moisés había alegado una respuesta que se dirigía especialmente, en primer lugar, a los que poseían la certeza, y luego a los que estaban dotados de intelecto.

Moisés **arrojó su bastón** (Cor. 26, 32), que era la imagen de la resistencia que le oponía el faraón rehusando responder a su llamada, **y he aquí que era una serpiente evidente**, es decir, aparente ante los ojos de todos. La resistencia, que era un mal, se transformó así en obediencia, es decir, en un bien, según Sus Palabras: **Dios cambiará sus obras malas en obras buenas** (Cor. 25, 70), es decir, en el estatuto divino que los concernía. En este caso, ese estatuto era el de una esencia diferenciada en el seno de una sustancia única, ya fuera un bastón, ya una serpiente aparente.

Devoró las serpientes que le eran semejantes en tanto que era él mismo serpiente, y los bastones en tanto que era bastón. La prueba de Moisés lo llevó sobre las traídas por el faraón bajo la forma de bastones, de serpientes y de cuerdas. En efecto, los magos tenían cuerdas, mientras que Moisés no las tenía. El término árabe *habl* («cuerda») designa también una pequeña elevación. Se trata de una alusión a propósito del valor de los magos respecto al de Moisés, que era a la medida de pequeñas colinas de arena con relación a altas montañas.

Cuando los magos vieron eso, comprendieron el rango de Moisés en la Ciencia divina. Lo que ellos habían visto no estaba al alcance de una criatura humana y, si esta lo era, no podía ser más que alguien eminente en la Ciencia divina, en una realización desprovista de imaginación y de ilusión. Desde entonces creyeron **en el Señor de los mundos, el Señor de Moisés y de Aarón** (Cor. 26, 47-48), es decir, el Señor al que apelaban Moisés y Aarón. Ellos se expresaron así porque sabían que el pueblo presente no ignoraba que Moisés no lo llamaba a seguir al faraón. Como este, en tanto que «señor del instante», detentaba la función de gobierno, y era «califa» poseedor de la espada (incluso si no era más que un tirano respecto de la Ley divina), exclamó: ¡**Soy vuestro Señor Altísimo!** (Cor. 79, 24). Es decir: «Aunque todos sean señores bajo uno u otro aspecto, yo soy el más eminente de entre ellos debido a que me ha sido conferido el poder de gobernaros exteriormente». Los magos sabían que lo que decía era verdad, así que no le contestaron y le reconocieron su poder diciendo: **Tú no gobiernas más que esta vida del mundo. ¡Decide, pues, acerca de eso de lo que tú eres juez!** (Cor. 20, 72), porque el poder efímero te pertenece.

Las palabras «Yo soy vuestro Señor Altísimo» eran verdad, porque si el Señor supremo no es otro que la Esencia de Dios, sin embargo la forma aparente pertenece al faraón. La acción de cortar las manos y los pies, así como la crucifixión, fueron realizadas por una esencia verídica manifestada de forma engañosa con objeto de que los magos obtuvieran unos grados de realización que no habrían podido obtener de otro modo.

No hay modo alguno de ignorar las causas segundas, porque las esencias inmutables les implican necesariamente: estas no pueden ser manifestadas en la existencia más que por medio de la forma correspondiente a lo que ellas son en el estado esencial. **Las palabras de Dios no pueden ser modificadas** (Cor. 10, 64), y las Palabras de Dios no son nada más que las esencias inmutables de las cosas que han aparecido en la existencia. Esas esencias son eternas en su estado esencial de inmutabilidad, y efímeras en su estado de existencia y de manifestación. Del mismo modo que una persona, un huésped, por ejemplo, puede llegar de improviso sin que su aparición repentina implique que no existía antes de aparecer.

Por eso el Altísimo ha dicho respecto de Su inestimable Palabra, o más bien respecto de la transmisión de Su Palabra eterna: **Ninguna llamada por parte de su Señor les ha sido transmitida bajo un aspecto nuevo sin que lo escuchen sin interrumpir su juego** (Cor. 21, 2). **Ninguna llamada de parte del Infinitamente Misericordioso les ha sido transmitida bajo un aspecto nuevo, sin que ellos se desvíen de ella** (Cor. 26, 5). El Infinitamente Misericordioso no transmite nada que no sea la misericordia, y el que se aparte de la misericordia se expone al castigo, que es la ausencia de misericordia.

En cuanto a Sus Palabras: **Su Fe no les es de ninguna utilidad cuando vean Nuestro Rigor: esa es la Norma de Dios, que se ha perpetuado en el pasado entre Sus**

servidores, a excepción del pueblo de Jonás (Cor. 10, 98).
La aproximación de estos dos versículos no quiere decir
que no les sea de alguna utilidad para la vida futura debido a que Él ha establecido una excepción únicamente a
favor del pueblo de Jonás. Lo que ha querido decir es que
esta fe no los preservará de la destrucción de ese mundo.
Por eso el faraón ha perecido, a despecho de la fe que había expresado antes de morir.

Eso, si se considera que su caso era el de alguien que
tiene la certeza de su muerte inminente, cuando las circunstancias indican que no lo era, puesto que había visto
a los creyentes marchar a pie enjuto por el paso que Moisés había abierto, golpeando el mar con su bastón. El faraón no estaba en modo alguno convencido que pere-
cería si tenía fe, a diferencia del agonizante que ve la
muerte presente, al cual no puede ser asimilado. Creyó
en **Aquel en el que creían los Hijos de Israel** (Cor. 10,
90) con la certeza del que sería salvado. Y sucedió efectivamente así, pero no en la forma que él pensaba. Dios
lo salvó en su alma del castigo de la vida futura, y salvó
su cuerpo según Sus Palabras: **Hoy Nosotros te salva-
mos en tu cuerpo a fin de que seas un signo para
aquellos que vengan después de ti** (Cor. 10, 92). En
efecto, si su forma aparente hubiera desaparecido, su pueblo habría podido decir que él solamente se había ocultado a sus ojos. Reapareció sin vida, pero en su forma habitual para que se supiera que ciertamente era él. Se salvó
así totalmente, tanto en el mundo sensible como interiormente.

Al contrario, aquel **en contra de quien la Palabra** del
castigo en la vida futura **ha sido pronunciada,** no creerá,
incluso si un Signo divino le es **comunicado, en tanto
que** no haya visto **un castigo doloroso** (Cor. 10, 96-97).
Es decir, que sufrirán el castigo de la vida futura, pero el
faraón no pertenece a esta categoría.

Es eso lo que el Corán refiere con una evidencia manifiesta. Añadiremos, sin embargo, por nuestra parte, que su caso depende directamente de Dios, debido a la convicción general de las criaturas, que dicen que el faraón forma parte de los réprobos, aunque no puedan apoyarse en ningún texto para afirmarlo. En cuanto a su pueblo, se les aplica otro estatuto, pero este no es el lugar para exponerlo.

Has de saber que Dios no quita la vida a nadie sin que sea creyente, es decir, sin que añada fe a las enseñanzas tradicionales, al menos si se trata de agonizantes que tienen conciencia de su muerte inminente. Por eso es detestable morir súbitamente o tras un asesinato llevado a cabo por sorpresa. La definición de la muerte súbita es que el soplo inspirado vuelva a salir sin que venga seguido de una nueva inspiración: esa es la muerte súbita en la que no se tiene conciencia. Del mismo modo, el que es muerto por sorpresa, por ejemplo, por un golpe dado en la nuca sin que él lo sepa, muere en el estado en que estaba en ese momento, sea de fe o de incredulidad. Por eso el Profeta dijo: «El servidor resucitará en el estado en que murió, de la misma forma que fue sorprendido por la muerte en el estado en que se encontraba».

El que es consciente de su muerte inminente está necesariamente dotado de contemplación directa y de fe en lo que contempla.

Por último, hablaremos de la Sabiduría de la Manifestación divina y de la Palabra de Dios en la forma de fuego. Esto reside en el hecho que este elemento era la forma visible del deseo de Moisés. Dios se manifestó en lo que era objeto de su búsqueda, a fin de que se orientara hacia Él y no se apartara de Él. Si Dios se le hubiera manifestado en una forma extraña a este objeto, Moisés se habría apartado, porque su aspiración se había concentrado sobre un objeto particular. Si se hubiera apartado, eso se habría vuelto contra él y Dios se habría apartado de él a su vez, siendo como era un «Elegido Cercano». Porque él estaba próximo se le manifestó Dios en el objeto de su búsqueda sin saberlo él.

Como el fuego de Moisés: lo vio como algo que él necesitaba, cuando en realidad era Dios, pero él lo ignoraba.

26

El engarce de una sabiduría
del soporte universal
en un verbo de Jâlid

LA sabiduría de Jâlid ibn Sinân [101] se manifiesta en el
hecho de que él mismo pidió al Altísimo la Profecía en el mundo intermedio. En efecto, no pretendió
comunicar lo que había en este mundo más que tras la
muerte, ordenando que se lo exhumara y que se lo inte-
rrogara a fin de poder confirmar que la condición del
mundo del *barzaj* [102] es la de una forma análoga a la de

---

[101] Según la tradición, la historia de este personaje es la siguiente.
Jâlid ibn Sinân vivió en algún punto de la Península Arábiga poco antes
de Muhammad. Su aspiración espiritual lo condujo a un grado de realización completo, y al parecer ejercía también cierta función exterior que
su pueblo reconocía. Dice la tradición que un día «un gran fuego des-
tructor surgió de una caverna». Su pueblo le pidió ayuda, y él hizo que
el fuego retornara al interior de la cueva, golpeándolo con su bastón.
Tras esto, anunció que él mismo permanecería en el interior de la cueva
durante tres días, pidiendo a su pueblo que, durante este tiempo, no le
obligaran a salir, pues, de hacerlo, moriría. Pasados dos días, su pueblo
perdió la paciencia y se puso a llamarlo entre grandes lamentos. Jâlid entonces salió, muriendo poco después. Antes de morir, les dijo que lo en-
terraran y que, pasados cuarenta días, lo desenterraran, para así darles
testimonio acerca del conjunto de los Profetas. Sin embargo, su voluntad
no fue respetada, de modo que su pueblo lo perdió definitivamente.

[102] Este término (lit., «istmo» o «barrera») designa, en la termino-
logía islámica, al estado intermedio entre este mundo y la vida futura,
en el que las almas de los fallecidos residen hasta el momento de la resurrección.

la vida de este mundo, y que sea reconocida así la veracidad del conjunto de los Enviados en la enseñanza que han transmitido en el transcurso de su vida en esta existencia terrenal.

El objetivo de Jâlid era que el universo entero creyera en las enseñanzas dadas por los enviados divinos y que él mismo fuera una misericordia para todos. Obtuvo su nobleza de la proximidad cíclica que su propia cualidad profética presentaba con la de Muhammad, y sabía que Dios enviaría a este **como una misericordia para los mundos** (Cor. 21, 107).

Jâlid no era un enviado divino, pero quería obtener la parte más abundante posible de esta misericordia presente en la Revelación muhammadí. No habiendo recibido la orden divina de transmitir mensaje alguno, quiso obtener esta función en el mundo intermedio a fin de reforzar la ciencia divina a los ojos de las criaturas. Su pueblo lo ignoró. El Profeta no dijo de ese pueblo que estaba perdido, sino que habían perdido a su profeta, en el sentido de que no habían cumplido su voluntad.

¿Le dará Dios el salario que merece su deseo? No hay duda alguna ni desacuerdo sobre el hecho de que obtendrá el salario que merece semejante deseo. La duda y el desacuerdo descansan únicamente sobre la recompensa debida por su realización. Dicho de otro modo: ¿hay o no hay equivalencia entre el deseo que es efectivamente realizado y el que no lo es? La Ley sagrada confirma esta equivalencia en numerosos casos: el que acude a una plegaria ritual que tiene lugar en grupo y se ausenta obtendrá el premio del que está presente en ella. Lo mismo vale para el que, pese a su pobreza, desearía poder cumplir las buenas obras de los que tienen dinero y riquezas. Obtendrá el mismo salario que estos últimos. ¿Pero será el mismo salario por las intenciones, o por las obras? El Profeta no especificó si era preciso reunir los dos aspectos, o si uno solo de entre ellos sería suficiente. Sin embargo, es evidente que los dos casos no son equivalentes. Por eso Jâlid ibn Sinân buscó la obtención efectiva de esta función de transmisión, con objeto de realizar la estación espiritual de la síntesis de estos dos elementos y obtener los dos salarios.

¡Pero Dios es el más Sabio!

27

El engarce de una sabiduría incomparable en un verbo de Muhammad

―――――――

S U sabiduría es incomparable, pues es el más perfecto de los seres traídos a la existencia en el seno del género humano. Por esta razón el género humano ha sido sellado por él. Él ya era profeta «cuando Adán estaba entre el agua y la arcilla» [103], mientras que, desde el punto de vista de su constitución corporal, se convirtió en el Sello de los profetas [...].

Él es la prueba más perfecta de su Señor, pues le fueron entregadas las Palabras Sintéticas, que son los «nombrados» correspondientes a los «nombres» que había recibido Adán [104] [...]. Su realidad esencial le confirió, por la triplicidad de su constitución [105], la cualidad de «solitario primordial», y por eso ha dicho, a propósito del Amor,

――――――――

[103] Célebre hadiz en el que el Profeta del islam describe su verdadera naturaleza, su realidad esencial, anterior a la creación de Adán.

[104] Como magistralmente indica Gilis, Muhammad es la prueba más perfecta de su Señor, porque ha reunido la totalidad de las Palabras, es decir, todas las partes del mundo que proceden de las Palabras divinas. El Hombre Universal que sintetiza el conjunto de la manifestación es el símbolo más perfecto de su Señor, pues «la realidad del mundo es según la Forma de Dios».

[105] Se trata de la perfección y la universalidad de su ser total, desde el triple punto de vista: esencial, espiritual e individual, o, expresado de otro modo, bajo el punto de vista de su constitución manifestada: espíritu, alma y cuerpo.

que este es el principio de los seres que Él ha traído a la existencia: «Se me han hecho amar tres cosas que pertenecen a vuestro mundo». Y dijo «tres», en virtud de la tríada presente en él. Después mencionó a las mujeres, al perfume y al «frescor» de su ojo, presente en la plegaria ritual.

Ha comenzado por las mujeres y ha terminado por la plegaria, porque la mujer es una parte del hombre por el origen mismo de la manifestación de su ser. El conocimiento que el hombre tiene de sí mismo está por delante del que tiene de su Señor, puesto que este es una consecuencia de aquel. Por esa razón ha dicho también: «Quien se conoce a sí mismo conoce a su Señor». Puedes comprender esta frase en el sentido de que este conocimiento es imposible y que el hombre es incapaz de obtenerlo (y es posible interpretarlo así), o al contrario, como una confirmación de la posibilidad de este conocimiento. Según la primera interpretación, sabes que no te conoces a ti mismo, de modo que no puedes conocer a tu Señor. Según la segunda, te conoces y, en consecuencia, conoces a tu Señor.

Muhammad es la prueba más evidente de su Señor, pues cada parte del mundo es una prueba del principio del que ella procede, que es siempre su Señor. Comprende bien esto.

Las mujeres le fueron hechas dignas de ser amadas. Él sentía hacia ellas la atracción que el Todo siente por la parte. Por eso, desveló la realidad interior verdadera expresada en Sus palabras sobre la constitución corporal del hombre: **E insuflé en él Mi Espíritu** (Cor. 15, 29; 38, 72), además del hadiz *qudsí* en el que Él expresa su deseo ardiente de encontrarse con el hombre. En efecto, Dios ha dicho al respecto de aquellos que Lo desean ardientemente: «¡Oh David, mi deseo de encontrarme con ellos es aún más ardiente!».

Se trata de un encuentro particular, ligado a la muerte del servidor, pues el profeta ha dicho en el hadiz sobre el

Anticristo [106]: «Ninguno de vosotros verá a su Señor antes de morir». ¿Cómo, pues, no tendrá Dios el deseo ardiente de encontrar a aquel que tendrá esta visión tras su muerte? Dios desea a estos Próximos [107], a pesar de verlos. Él desea que ellos lo vean igualmente, pero su condición terrestre se lo impide. Este hadiz *qudsí* es semejante a Sus palabras: **Hasta el límite de lo que nosotros sabemos** (Cor. 47, 31). Dios ha dicho esto, a pesar del hecho de poseer toda la Ciencia. El Altísimo desea ardientemente esta cualificación particular, que no puede ser actualizada más que en el momento de la muerte. Por ello, Él apacigua el deseo ardiente que tienen de Él. La misma enseñanza aparece en el hadiz siguiente: «En ninguna de las cosas que llevo a cabo es comparable Mi duda con la que experimento cuando debo tomar el aliento de un siervo Mío que no desea morir. Odio causarle daño, pero es absolutamente necesario que Me encuentre». Al expresarse así, nos está dando una buena noticia. No dice: «Es absolutamente necesario que muera», para no entristecernos con la mención de la muerte. Como el encuentro con Dios no puede tener lugar más que tras la muerte (como ha dicho el Profeta en el hadiz antes citado), el Altísimo ha dicho que «es absolutamente necesario que Me encuentre». El «deseo ardiente» de Dios está motivado por la existencia de esta relación particular.

El amado desea ardientemente verMe,
y Mi deseo de él es aún más intenso.
Los corazones laten con un deseo que el Decreto divino
[contraría.
Yo me lamento entre gemidos; él se lamenta entre gemidos.

---

[106] Sobre esta figura en la tradición islámica, remito al lector a mi obra *Los signos del fin del los tiempos según el islam*, Edaf, Madrid, 2007.

[107] El uso de este término coránico, que se aplica de forma particular a aquellos que han alcanzado la «identidad suprema», indica que la muerte de la que se está hablando aquí es la muerte iniciática.

Dios he dicho que Él «ha insuflado en él Su Espíritu», es decir, que Su deseo ardiente no es más que un deseo de Sí mismo. ¿Acaso no ves que lo ha creado según Su Forma porque él procede de Su propio Espíritu?

Como la constitución humana está formada por esos cuatro elementos que denominamos «humores», presentes en el cuerpo del ser humano, Su soplo produce una incandescencia en contacto con la humedad que encierra el cuerpo. Esta constitución hace aparecer el espíritu del hombre como algo de naturaleza ígnea [108]. Por esta razón, Dios ha hablado a Moisés bajo la forma de fuego. Si la constitución del hombre hubiera procedido directamente de la Naturaleza primordial, su espíritu hubiera sido una luz.

Dios ha usado a este respecto la imagen de la insuflación para indicar que el espíritu procede del Aliento del Infinitamente Misericordioso. Por el Soplo esencial, la esencia del espíritu del hombre se ha manifestado. Y es la predisposición del receptáculo en el que esta insuflación se produce la razón por la cual la incandescencia aparece como «fuego» y no como «luz». El Soplo divino se interioriza así en aquello que hace que el hombre sea un hombre, es decir, en su constitución individual bajo su modalidad corpórea.

Tras haber insuflado en él Su Espíritu, Dios ha sacado de él, y para él, a alguien a quien ha llamado «mujer». Ella ha aparecido según la forma del hombre, que por tanto siente hacia ella la misma atracción que siente una cosa por sí misma. Por su parte, ella sentirá por él la atracción que siente una cosa por su origen.

---

[108] Desde este punto de vista, como nos recuerda acertadamente Gilis en la edición francesa de esta obra, el espíritu corresponde al *jivâtmâ* (el «alma viva») del hinduismo. Recordemos que, según esta tradición, esta condición del *Atmâ*, el Espíritu universal, es considerada simbólicamente como «ígnea».

Las mujeres le fueron hechas al Enviado de Dios dignas de ser amadas, pues Dios ama a aquel que ha creado según Su Forma, y ante el que ha hecho prosternarse a los ángeles de luz, a pesar de la inmensidad del poder de estos y de la elevación de su grado, de la eminencia de su constitución, procedente de la Naturaleza primordial. Ese es el origen de la afinidad existente entre Dios y el Hombre.

La forma constituye la afinidad mayor, la más resplandeciente y la más perfecta. Ella es el «cónyuge» que hace doble la Realidad de Dios, de la misma manera que la mujer hace doble al hombre por su existencia, y le hace aparecer como «esposo».

Así, aparece una nueva tríada, compuesta de Dios, el hombre y la mujer. El hombre experimenta por su Señor, que es su origen, la misma atracción que siente la mujer por él. Dios hizo que las mujeres le fueran al Profeta «dignas de ser amadas» de la misma manera que Dios ama a aquel que fue hecho según Su propia Forma. El hombre, pues, no ama más que a un ser que ha venido a la existencia a través de él, pero su amor pertenece a Aquel a partir del cual él mismo ha venido a la existencia, y que no es otro que Dios. Por esta razón, el Profeta ha dicho: «Me han sido hechas dignas de ser amadas», y no ha dicho: «Las he amado», como si este amor viniera de él. En realidad, su amor dependía de su Señor. Él era «según Su Forma» hasta en el amor que le tenía a la mujer: él las amaba por el amor que Dios tenía por él, revistiendo así un carácter divino.

Como el hombre ama a la mujer, desea unirse a ella en la unión más completa en el amor. La forma de su constitución corporal no comporta una unión más grande que la unión sexual. La voluptuosidad invade todos sus miembros, y por esta razón se nos ha ordenado purificarnos de esta unión por medio de la gran ablución. La purificación debe de ser general, del mismo modo que lo es la extinción en la mujer en el momento del orgasmo.

Dios es celoso de Su servidor cuando este experimenta tal placer con otro ser que no es Él. Por eso lo purifica mediante la gran ablución, de modo que vuelva su rostro de nuevo hacia Él en el ser que se ha extinguido. (Es decir, que, en realidad, el servidor no se extingue más que en Dios, no ve más que Él, sea o no consciente de ello. Del mismo modo que su amor por la mujer es un Amor divino, su contemplación es también una contemplación divina. En la mujer, él ve a Dios por Dios y en Dios.)

Cuando el hombre contempla a Dios en la mujer, está contemplando el «polo pasivo» (es decir, que el hombre contempla a Dios en lo que representa Su aspecto «pasivo»), y cuando Lo contempla en él mismo bajo el aspecto de la mujer que ha traído a la existencia a partir de él mismo, Lo contempla en tanto que «polo activo». Y, finalmente, cuando Lo contempla en él mismo sin que esté presente en él la forma de lo que procede de él (es decir, la mujer), contempla un ser cuyo estado es pasivo en relación con Dios, sin intermediario, a diferencia del primer caso, en el que el estado pasivo es tenido en cuenta en relación al ser intermediario, que es el hombre. Por tanto, su contemplación de Dios en la mujer es más completa y más perfecta, pues Lo contempla en Su aspecto activo y en Su aspecto pasivo, mientras que, en él mismo, solo Lo contempla en Su aspecto pasivo. Esa es la razón por la que el Profeta amaba a las mujeres: contemplar a Dios en ellas es la contemplación más perfecta.

Dios jamás puede ser contemplado sin un soporte, ya sea sensible o espiritual, pues la esencia de Dios es **independiente de los mundos** (Cor. 3, 97; 29, 6). La Realidad divina es inaccesible desde este punto de vista, de modo que la contemplación implica necesariamente un soporte sensible. Por esa razón, la contemplación de Dios en las mujeres es la mejor y la más perfecta.

La mayor unión es la unión sexual, comparable a la orientación divina hacia aquel que Él ha creado para establecer como representante en la Tierra, es decir, al ser humano, de modo que Él pueda contemplarse a Sí mismo en él. Él **lo ha dispuesto de forma armoniosa, Lo ha equilibrado** (Cor. 82, 7), **y ha insuflado en él Su Espíritu** (Cor. 32, 9), que es su Soplo. Su exterior es criatura, su interior es Dios, y por esta razón Él lo ha investido con el poder de regir este santuario, diciendo: **Él dirige la Orden desde el cielo** (que significa elevación), **hasta la Tierra** (Cor. 32, 5), que es **lo más bajo de lo bajo** (Cor. 95, 5), pues es el más bajo de los elementos.

El Profeta ha designado a las mujeres (en árabe) con el nombre de *nisâ'*, que, en esta lengua, es un nombre plural, sin singular. Por esta razón ha dicho: «Me han sido hechas dignas de amor tres cosas de vuestro mundo: las mujeres… etc.», y no ha dicho «la mujer», puesto que pensaba en el hecho de que su aparición en la existencia es posterior a la del hombre. En efecto, el término árabe *nisâ'* sugiere la idea de un «retraso» [109] temporal.

El Profeta amó a las mujeres en razón del rango existencial de ellas, que expresa la pasividad. Ellas eran para él lo que la Naturaleza primordial es para Dios, que ha hecho eclosionar en ella las formas del mundo gracias a la orientación de Su Voluntad y a la Orden divina, que es el «acto sexual» en el mundo de las formas individuales, energía espiritual en el de los espíritus y planificación de premisas en el mundo de las ideas, con la intención de alcanzar la conclusión. Todo esto, en todos los aspectos que hemos mencionado, no es otra cosa sino la «unión sexual», esencial y universal, inherente a la dignidad espiritual de «solitario primordial».

---

[109] Ibn ʿArabî hace derivar el término *nisâ'* («mujeres») de la raíz *n-s-'*, que aparece también en términos como *nasî'* (mes intercalado cuya presencia hace «retroceder» al mes siguiente), o *nasî'a* («crédito»).

Aquel que ama a las mujeres de este modo, es decir, en función de su rango existencial, las ama con un amor divino, mientras que si las ama como consecuencia de un deseo natural, pierde la ciencia esencial que se encuentra encerrada en ese deseo: para él, se trata de una forma sin espíritu (aunque, desde el punto de vista de la realidad esencial, esté provista de espíritu, claro está), pues este no puede ser visto por aquel que se aproxima a su esposa, o a cualquier otra mujer, buscando simplemente el goce físico, sin saber de qué se trata en realidad, es decir, cuál es la verdadera naturaleza de este. Ignora de sí mismo lo que los demás ignoran de él. En efecto, en tanto que no Lo ha nombrado como Aquel que es el verdadero responsable del goce, los demás (a no ser que sean gnósticos) ignorarán de él lo que él ignora de sí mismo. Como se ha dicho:

Las gentes bien saben que estoy enamorado...
pero ignoran por quién es mi amor.

De este modo es ignorante: no ama más que el goce y a la mujer en tanto que ella es el soporte, pero el espíritu de la cosa se le escapa por completo. Si tuviera la ciencia, sabría qué es lo que goza y a quién goza, y alcanzaría entonces la perfección.

Del mismo modo que el rango de la mujer es inferior al del hombre, como se ha dicho: **Los hombres poseen un grado de superioridad sobre ellas** (Cor. 2, 228); igualmente, aquel que ha sido creado según la Forma ocupa un rango inferior a Aquel que lo ha constituido así. Este grado distintivo divino es aquel por el que Dios es «independiente de los Mundos» y «Agente primero», mientras que la Forma es «agente segundo», y no posee la primordialidad absoluta, que solo pertenece a Dios.

Estos son los rangos que distinguen a los seres. El Hombre Perfecto le otorga a cada ser el derecho que le pertenece. Por esta razón, el amor de Muhammad por las mujeres derivaba de la manifestación de un Amor divino, pues Dios **confiere a toda cosa Su Creación** (Cor. 20, 50), lo que es la esencia misma del derecho que ella posee de recibir la Realidad en virtud de su propia esencia. Él no se la confiere más que por el derecho que ella reclama, en virtud del nombre que ella lleva, es decir, su esencia, pues el nombre es la esencia de las cosas.

Él ha mencionado a las mujeres en primer lugar porque ellas representan el principio pasivo, del mismo modo que la Naturaleza primordial «precede» a aquellos que son traídos a la existencia a partir de ella por medio de la forma. La Naturaleza primordial no es en realidad más que el Soplo del Infinitamente Misericordioso, pues en Él se despliegan las formas del mundo, desde las más elevadas a las más bajas, gracias a la efusión del soplo divino en la Substancia primordial, pero únicamente en el dominio de la manifestación física [110]. Su efusión al respecto de los espíritus luminosos y de los «accidentes» (como los colores, los sabores y otras diferenciaciones cualitativas que los espíritus determinan en los grados inferiores de la existencia) es diferente.

En el hadiz del que estamos hablando, el Profeta ha hecho prevalecer el masculino sobre el femenino, para demostrar la importancia que les daba a las mujeres en su función ontológica y espiritual. Vemos cómo en el hadiz, al mencionar el número «tres» en árabe, usó la palabra *talâtun*, y no la palabra *talâtatun*, que es el que se usa, pues el número tres es masculino. De las tres cosas mencionadas en el hadiz (las mujeres, el perfume y la plegaria), una, «perfume» *(tîb),* es masculina en árabe, y eso sería suficiente para que el género del numeral usado para este

---

[110] Según algunos de los comentarios a esta obra, esta efusión del espíritu está en el origen de la distinción entre espíritus minerales, vegetales, animales y humanos.

grupo de tres elementos fuera masculino, y no femenino. Muhammad, siendo árabe, quiso, mediante esta «derogación» de la regla gramatical, preservar el sentido espiritual que había buscado en el hecho de que las mujeres se le hubieran hecho dignas de ser amadas, especialmente porque esto no fue el resultado de una elección personal por su parte. Dios le enseñó lo que él ignoraba, y el favor de Dios sobre él fue inmenso. Por esa razón hizo prevalecer lo femenino sobre lo masculino, alterando la regla gramatical de la concordancia del género del numeral. ¡Qué ciencia de sabidurías esenciales fue la suya! ¡Qué atención ponía a los derechos de cada cosa!

Él ha hecho, además, que el término final de la enumeración, es decir, la plegaria ritual, sea también una palabra femenina, siendo un reflejo simétrico del primero colocando entre ambos un término masculino. Ha comenzado por las mujeres y ha acabado por la plegaria ritual, que son dos términos femeninos, colocando al perfume entre ambos, como intermediario, al igual que él (el Profeta como Hombre Perfecto) es un intermediario en la existencia. El hombre está «insertado» entre la Esencia divina, de la que procede su manifestación, y la mujer, cuya manifestación procede de él. Él está entre dos femeninos: un femenino en cuanto a la Esencia, y un femenino en cuanto a la pasividad [111]. Del mismo modo, las mujeres son un femenino verdadero, mientras que la plegaria ritual no lo es (excepto por su género gramatical femenino). El perfume es una palabra masculina situada entre ambas, del mimo modo que Adán está situado entre la Esencia a partir de la cual ha sido traído a la existencia, y Eva, que ha sido traída a la existencia a partir de él.

---

[111] La Esencia divina y sus funciones aparecen aquí como «femeninas» en el sentido de que revisten un aspecto «maternal» y misericordioso al respecto de la Manifestación.

Si lo prefieres, puedes decir, en lugar de «la Esencia», «el Atributo divino», que también es un término femenino, o el Poder, que en árabe también es femenino. Sea cual sea tu escuela, siempre hallarás un femenino inicial. Esto se aplica incluso a aquellos que profesan la doctrina de la causalidad, y que hacen de Dios la causa de la existencia del mundo, puesto que el término «causa» (en árabe *'illa*) también es femenino.

En lo que respecta a la sabiduría relativa al perfume que mencionó tras las mujeres, se refiere a la fragancia de la existenciación, que se halla en ellas. Por eso dice la frase «el mejor perfume es el abrazo de aquella que amas».

El Profeta fue creado servidor desde el origen. Jamás elevó la cabeza, buscando el señorío. Jamás cesó de vivir prosternado, sin abandonar jamás el estado de receptividad, de pasividad, con el fin de que Dios trajera a la existencia a partir de él lo que trajo a la existencia. En efecto, Dios le confirió una función activa en el Mundo de los Soplos, es decir, el mundo en el que tiene lugar la renovación de la creación a cada instante. Los Soplos son las fragancias perfumadas. Por esta razón, el perfume le fue también hecho digno de amor, y por eso aparece mencionado en el hadiz tras las mujeres.

Él se expresó de un modo que respetaba los grados, que pertenecen a Dios según Sus Palabras: **Aquel que eleva en grados, poseedor del Trono** (Cor. 40, 15), pues ha mencionado a las mujeres, que representan la servidumbre absoluta de la Naturaleza primordial, antes del perfume, es decir, antes de las «fragancias de la existenciación». De ahí que no haya ser alguno que el Trono contenga, al que no le alcance la Misericordia divina. Es la Palabra de Dios: **Y Mi Misericordia se extiende a toda cosa** (Cor. 7, 156). En efecto, el Trono se extiende a toda cosa, y el Todopoderoso está sentado sobre Él. Por la realidad esencial de ese Nombre, la misericordia se halla extendida por el mundo, como he explicado en varios pasajes de este libro y en *Las revelaciones de La Meca*.

El Altísimo ha mencionado al perfume al respecto de esta unión sexual (entre esencia y la sustancia universales) para dar testimonio de la inocencia de Aisha, diciendo: **Las malvadas para los malvados y los malvados para las malvadas. Las buenas para los buenos y los buenos para las buenas. Ellos son inocentes de lo que los acusan** (Cor. 24, 26) [112]. Ha descrito sus fragancias como perfumadas porque la palabra es un soplo, y este es la esencia del olor que sale de la boca, perfumado o maloliente, según la forma (buena o mala) del discurso. En tanto que es divina por su fuente, la palabra es toda ella buena. Sin embargo, en tanto que loable o criticable, poseerá un buen o mal olor. El Profeta dijo acerca del mal olor del ajo: «Es una planta cuyo olor detesto». No dijo: «Es una planta que detesto», pues no se detesta la esencia de una cosa, sino únicamente lo que manifiesta. La aversión se suscita, porque sea contraria a la manera conveniente de actuar, por una incompatibilidad de temperamento o de objetivo, porque no esté en armonía con la Ley sagrada, o porque sea algo defectuoso en relación con la perfección buscada. No hay más casos.

Al dividirse la Orden divina en buena y mala, el perfume se le ha hecho digno de amor, excluyendo al mal olor. El Profeta ha descrito a los ángeles diciendo que les incomodan los vapores que emanan de la constitución física cuando se encuentra en un estado de putrefacción, pues el hombre ha sido creado de **una arcilla hecha de barro fétido** (Cor 15, 26), es decir, cuyo olor se altera como consecuencia de la permanente descomposición de los cuerpos. Los ángeles lo odian por su propia naturaleza.

---

[112] Aisha, una de las esposas del Profeta, fue puesta bajo sospecha al haber permanecido a solas con un joven árabe. Dios sale en su defensa en el Corán, desmintiendo las acusaciones que se vertían sobre ellos.

Del mismo modo, la particular naturaleza del escarabajo hace que lo incomode el olor de la rosa, que es uno de los mejores olores que existen. Aquel cuya naturaleza sea parecida se siente incómodo ante la verdad cuando la escucha, y sin embargo disfruta con el mentiroso. Es lo que Él ha dicho: **Y aquellos que creen en el mentiroso y que no creen en Dios** (Cor. 29, 52). Y los ha descrito como dirigiéndose a su propia pérdida: **Esos son los perdedores, que han perdido sus propias almas** (Cor. 6, 12). Aquel que no sabe distinguir el mal olor del bueno está desprovisto de toda capacidad de percepción.

El perfume que se le ha hecho digno al Enviado de Dios es aquel que emana de toda cosa. No hay nada más que él, el perfume omnipresente, inherente a la Realidad de las cosas, el perfume del Ser. Por tanto, ¿se puede imaginar que haya en el mundo un ser constituido de tal modo que no «oliera» más que el bien que emana de todas las cosas, pero no «oliera» el mal? Yo digo que tal cosa no puede existir, pues ni siquiera la encontramos en el Principio del que procede el mundo, y que es Dios. Sabemos que Él odia y que Él ama, siendo lo detestable aquello que Él detesta, y lo bueno aquello que Él ama. El mundo está hecho a imagen de Dios, y el hombre está hecho a imagen de Dios y del mundo. No existen por tanto seres constituidos de manera tal que no perciban, en eso que emana de todas las cosas, una realidad única. Todos los seres perciben lo que es bueno, y lo distinguen de lo que es malo, incluso si saben que eso que es malo para el «gusto» no lo es para lo que no es el «gusto» [113].

---

[113] Aquí, el «gusto» representa un aspecto de la Ciencia divina, ligada a condiciones particulares de la existencia, de modo que no tiene efecto tanto a nivel de la Unidad esencial del Ser divino, como de la universalidad de Su Misericordia.

La percepción sutil de lo que es bueno por su propia esencia en aquello que es malo o reprobable por el «gusto» (es decir, la percepción de la cosa), preserva de la sensación del mal. Sin embargo, lo que es imposible es que lo malo pueda ser expulsado del mundo, es decir, del Universo (pues este comporta necesariamente las dualidades cósmicas que afectan a la percepción y a los corazones, haciéndolos buenos o malos).

La misericordia de Dios está presente tanto en lo malo como en lo bueno. El malo es bueno a sus propios ojos, mientras que el que es bueno es malo a ojos del malo. No existe una cosa buena que no sea mala desde un determinado punto de vista.

El tercer término que aparece citado en el hadiz es la plegaria ritual. El Profeta dijo: «El frescor de mi ojo está en la plegaria ritual», porque ella es una contemplación, además de una conversación entre Dios y su servidor, como Él mismo dice: **RecordadMe y Yo os recordaré** (Cor. 2, 152).

La plegaria ritual es una obra de adoración repartida entre Dios y Su servidor. Una parte le pertenece a Dios y la otra a Su servidor, como Él nos ha dicho en un hadiz *qudsí*: «He dividido la plegaria ritual entre Mi servidor y Yo en dos mitades: una mitad Me pertenece y la otra le pertenece a Él. Lo que pide Mi servidor, a él le es devuelto. Cuando dice: "En el Nombre de Dios, el Infinitamente Misericordioso, el Misericordioso sin límites", Dios dice: "Mi servidor Me menciona". Cuando el servidor dice: "La alabanza es para Dios, el Señor de los mundos", Dios dice: "Mi servidor de alaba". Cuando el servidor dice: "El Infinitamente Misericordioso, el Misericordioso sin límites", Dios dice: "Mi servidor me elogia". Cuando el servidor dice: "el Rey del Día del Juicio", Dios dice: "Mi servidor me glorifica, se abandona por completo a Mí"». Esta parte le pertenece por completo al Altísimo. El servidor dice entonces: «A Ti adoramos y a Ti demandamos ayuda». Dice Dios entonces: «Esto es algo entre Mi servidor y Yo. Lo que pide Mi servidor a él regresa», introduciendo en este versículo una cierta asociación. Y, por fin, el servidor dice: «Guíanos por la Recta Vía, la Vía de aquellos sobre los que derramas Tu Gracia, no la de aquellos que son objeto de Tu Cólera ni los extraviados». Dice Dios entonces: «Estas palabras le pertenecen a Mi servidor y a él regresa aquello que pide». En efecto, esas palabras aluden exclusivamente al servidor, igual que las primeras se refieren exclusivamente a Él. De ahí la necesidad de recitar la *Fâtiha*, la primera azora del Corán, en la plegaria ritual, pues quien no la recite no ha completado la plegaria «repartida entre Dios y Su servidor».

Al ser un diálogo, la plegaria ritual es un recuerdo de Dios. Aquel que menciona a Dios permanece en Su compañía y Dios en la de él, pues, según un hadiz *qudsî*, Él permanece en la compañía del que Lo recuerda (o, dicho de otro modo, del que practica Su invocación). Y aquel que permanece en la compañía de aquel que recuerda, si está dotado de visión, ve a su Compañero, es decir, a Dios. Sin embargo, quien no esté dotado de la visión, no Lo verá. Por esa razón, aquel que realiza la plegaria ritual conoce su propio grado. ¿Ve a Dios por medio de una visión así cuando lleva a cabo la plegaria ritual, o por el contrario no Lo ve? Si no Lo ve, que Lo adore como si lo viera, que se Lo imagine ante él durante este diálogo, y que ponga el oído a lo que Dios le responda.

Si el orante dirige la plegaria ritual en el mundo que le es propio (es decir, sus miembros y los seres que tienen con él alguna relación de proximidad), así como en el de los ángeles que llevan a cabo la plegaria ritual con él (como ocurre siempre que alguien que dirige la plegaria), entonces obtiene el grado de los Enviados de Dios en la plegaria; este grado es el de representante de Dios. Cuando el que dirige la plegaria dice: «Dios oye a quien Lo alaba», los ángeles y los demás seres presentes responden: «¡Señor nuestro! ¡Y a ti la alabanza!», pues es Dios mismo quien ha dicho por la boca de su servidor: «Dios oye a quien Lo alaba». Considera, pues, la elevación del rango de la plegaria ritual, y a qué grado eleva a aquel que la lleva a cabo!

Aquel que no alcanza el grado de la visión en la plegaria ritual, no alcanza su supremo objetivo, y no encuentra en ella el «frescor del ojo», pues no ve a Aquel con quien habla. Aquel que, durante la plegaria, no está presente con su Señor, pues no se encuentra en el estado en el que puede verLo u oirLo, no se puede decir que la haya llevado a cabo verdaderamente, y no es de esos de los que el Corán dice: «Que presta oído y es testigo».

De todas las obras de adoración, la plegaria ritual es la que impide al orante dedicarse a cualquier otra cosa mientras la lleva a cabo. En la plegaria, el recuerdo de Dios presente en ella es mayor que eso que lo contiene (es decir, la plegaria misma). Ya he descrito en *Las iluminaciones de La Meca* cómo el hombre lleva cabo la plegaria ritual de forma perfecta. Dios ha dicho que **la plegaria ritual pone fin a la ignominia y a lo reprobado** (Cor. 29, 45) (y por esa razón el orante no puede hacer nada más mientras la lleva a cabo), pero en **verdad el recuerdo de Dios es mayor** (Cor. 29, 45). Es decir, el recuerdo de Dios que hay en ella. El recuerdo que Dios tiene de su servidor cuando Él responde a su demanda y a las alabanzas que Le dirige es «mayor» que el que el servidor tiene de su Señor, puesto que la Grandeza pertenece a Dios Altísimo. Por esa razón ha dicho: **Y Dios sabe lo que hacéis**. Y ha dicho también: **O quien presta oído y es testigo** (Cor. 50, 37). Y aquello a lo que debe de prestar oído es a la mención que Dios hace de él en la plegaria.

De todo lo anteriormente dicho forma parte la siguiente enseñanza: como la Realidad procede de un movimiento que hace pasar el mundo de un estado no manifestado a la existencia, la plegaria ritual reúne todas las tendencias, que se resumen en tres movimientos fundamentales. Un movimiento ascendente, que corresponde al momento en el que el orante permanece de pie, erguido, un movimiento horizontal, que corresponde al momento en el que se inclina, y uno descendente, que corresponde al momento de la prosternación [114].

La tendencia fundamental del hombre es la ascendente, la del animal es la horizontal, y la del vegetal, descendente. En cuanto al mineral, está desprovisto de tendencia propia: una piedra no puede moverse más que si alguien, que no es ella misma, la mueve.

El Profeta ha dicho en el hadiz: «El frescor de mi ojo ha sido puesto en la plegaria ritual». Se expresó de esta forma para no atribuirse este efecto a sí mismo, pues la manifestación de Dios que Él destina a quien lleva a cabo la plegaria ritual ha de atribuirse solo a Él, no a quien la lleva a cabo. Si el Profeta no hubiera mencionado esta cualidad en sí mismo, Dios le hubiera ordenado llevar a cabo la plegaria sin que Él se manifestara en ella, algo por otra parte inconcebible, pues la visión de Dios es el objetivo buscado. Como esta manifestación de Dios viene de Su parte como un puro don, la contemplación correspondiente es igualmente un puro don. Por esa razón ha dicho que el frescor de su ojo «fue puesto» en la plegaria ritual.

Se trata de la contemplación del Amado por el cual el ojo del amante es «refrescado», pues la raíz verbal árabe del término usado comporta las ideas de «estabilidad» y «reposo»: el ojo encuentra reposo en Su contemplación y no ve en las modificaciones incesantes por medio de las

---

[114] Estos tres movimientos corresponden a lo que en la tradición hindú se conoce como las tres *gunas: satva, rajas y tamas.*

cuales su Esencia se manifiesta nada más que a Él, tanto en lo que aún es una «cosa» como en lo que ya no lo es [115]. Por esta razón, no está permitido volverse físicamente mientras se lleva a cabo la plegaria ritual, pues esto es, como dice el hadiz, «algo que el demonio roba de la plegaria del servidor», impidiéndole contemplar a su Amado […].

El hombre conoce su estado interior. Él sabe si esta excelencia es o no es suya: **El hombre se conoce, aunque presente excusas a los demás** (Cor. 75, 14-15). Tratándose de sí mismo, el hombre sabe cuándo miente y cuándo es sincero. Nadie ignora su propio estado, pues tiene de él un conocimiento directo.

La obra que denominamos «plegaria ritual» comporta otra división más. En efecto, el Altísimo nos ha ordenado llevar a cabo la plegaria ritual, haciéndonos saber que es Él quien la lleva a cabo sobre nosotros, como dice el Corán: **Es Él quien lleva a cabo la plegaria sobre vosotros, así como Sus ángeles, para haceros salir de las tinieblas a la luz** (Cor. 33, 43). Hay, por tanto, una plegaria que procede de nosotros, y otra que procede de Él.

Cuando es Él el que la lleva a cabo, lo hace únicamente por su nombre «el Último», puesto que Él viene «después» de la realidad del servidor (y no «antes», como es el caso cuando se considera que esta realidad del servidor tiene por principio la Realidad eterna de Dios). Se trata, en efecto, del Dios que el servidor ha creado en su corazón por medio de su especulación racional o de sus convicciones dogmáticas, y que es la «divinidad» de las creencias, de la que ya hemos hablado. Esta se diversifica según la

---

[115] Es necesario hacer un comentario al respecto del término «cosa». La visión de una «cosa» no corresponde aún a la Realización Suprema. Para referirse a esta última, algunos sufíes utilizan la expresión «manifestaciones esenciales», que no se acompañan «ni de una necesidad ni de un objetivo».

capacidad de la predisposición propia a cada receptáculo. Cuando se le preguntó a Junayd sobre el conocimiento de Dios y sobre el gnóstico, dijo: «El color del agua es el color del recipiente que la contiene». Esta es una respuesta perfectamente adecuada, y que expresa la realidad tal cual es, y que no es sino Dios, cuando él «lleva a cabo la plegaria» sobre nosotros.

Cuando somos nosotros los que la llevamos a cabo, es a nosotros a quienes nos corresponde el Nombre «el Último». Estamos entonces en la estación espiritual correspondiente a ese nombre, de una manera análoga a la que hemos mencionado al respecto de Aquel a quien pertenece ese Nombre realmente. Estamos junto a Él según la capacidad de nuestro estado, y Él se manifiesta a nosotros únicamente bajo la forma en la que Lo abordamos. En árabe, la palabra *musallî*, además de significar «orante», designa al caballo que, en la carrera, va justo detrás del que va primero. Él ha dicho: «Cada uno conoce bien su oración y su alabanza», es decir, su rango en el hecho de que va «detrás» de este acto de adoración de su Señor, que es la plegaria ritual, y en su capacidad para celebrar Su trascendencia según eso que le ha conferido su disposición esencial.

Él ha dicho también: **No hay nada que no cante Su trascendencia por Su Alabanza** a su Señor, **Aquel que no se apresura a castigar, Aquel que perdona totalmente** (Cor. 17, 44). Como consecuencia de esa universalidad, la alabanza que el mundo le hace a Dios no puede ser comprendida en un modo distintivo, ser por ser. De todos modos, aquí hay un grado en el que la plegaria del servidor aparece como la plegaria de Dios, que es la Única Realidad y, por tanto, Su Alabanza es la única alabanza. Según este punto de vista, en el versículo: **No hay nada que no cante Su trascendencia por Su Alabanza**, el posesivo «su», en «Su Alabanza», se refiere al servidor, que la canta en ese grado del que hemos hablado.

Del mismo modo, hemos dicho de aquel que profesa una religión cualquiera, que elogie solo a la divinidad presente en su fe, y que se mantenga firme en ella. Las obras que lleve a cabo volverán a él, y no estará haciendo el elogio más que de sí mismo. En efecto, alabar una obra es alabar al autor de la obra, sea hermosa o no. Así pues, la divinidad que adora aquel que profesa una religión es su obra, destinada a sí mismo. El elogio que dirige a aquello que él adora es en realidad un elogio que se hace a sí mismo. Por eso critica a lo que adoran los demás. No haría eso si fuera ecuánime.

Aquel que se limita a un objeto de adoración en particular se muestra ignorante en esto, sin duda, por el mismo hecho de que se opone a los demás en sus convicciones dogmáticas al respecto de Dios. Si conociera el sentido de las palabras de Junayd («el color del agua es el del recipiente que la contiene»), dejaría a cada uno en paz con su propia creencia. Conocería a Dios bajo toda forma y en toda religión. No hay más que una opinión, no una verdadera ciencia, y por eso Dios ha dicho en un hadiz *qudsî*: «Yo soy conforme a la opinión que mi servidor tiene de Mí». Es decir, que Él no se manifiesta al creyente sino bajo la forma de su creencia. Si él quiere, de un modo absoluto; si él quiere, de un modo condicionado.

La divinidad de las religiones es prisionera de las limitaciones. Es la divinidad que contiene el corazón del servidor. Pero a la Divinidad absoluta nada la puede contener, puesto que Ella es la esencia de todas las cosas y la esencia de Ella misma. No podemos decir de una cosa ni que se contiene ella misma, ni que no se contiene. Comprende bien esto.

Y Dios dice la Verdad, y es Él Quien nos guía en la Vía.